책, 세상을
경영하다

우리시대 CEO들이 읽어야 할
경영 바이블 102권

책, 세상을 경영하다

— 심상훈 지음 —

평단

책머리에

독서가 경영이다

"삶은 무엇일까요?" 제가 강의할 때마다 화이트보드에 단골로 적는 문구입니다. 이를테면 '고통'이라고 말했다면, 현재 어깨가 무겁거나 아픈 정도일 겁니다. 만약 '고생'이라고 답했다면, 나이가 벌써 서른이 넘었다는 이야기가 되지요. '고행'은 무언가요? 그것은 철학적이지요. 또 종교적인 답이지요. 그래서일까요? 진지하게 사는 사람들이란 말이 되지요. '고해'도 다를 바 없습니다. 세상을 넓게 보는 것이 '고생'과 다른 약간의 차이지요. '고백'은 뭐랄까요. 세상을 밝게 살고자 애쓰는 사람들이 많이 선택하지요. 고백하면 마음이 어둡지 않고 차츰 밝아지는 걸 경험했기 때문입니다.

'줄탁동시啐啄同時'란 말이 있습니다. 병아리가 깨어날 때 알이 절로 깨지는 게 아니라고들 하지요. 알이 껍데기를 깨부수려고 스스로 힘을 쓸 때 어미닭이 바깥에서 이를 보고 도와주고자 쪼아준다는 의미입니다. 왜 그럴까요? 그래야만 계란은 패자敗者로 남지 않기 때문입니다. 줄탁동시 탓에 병아리가 닭이 되는 거지요. 요컨대 승자勝者가 된다는 뜻이지요. 이 얼마나 기막힌 자기계발의 비유인가요.

저는 사람이 변화하고자 힘쓸 때 독서야말로 나我의 한계를 깨부수는 것으로 절실히 필요하다고 보았습니다. 또한 살 만한 세상이 된다는 걸 깨우쳤습니다. 그러면 밖에서 누군가 도와주려고 나我를 기다릴 겁니다. 그걸 알았습니다. 이를 좋아했고 즐겼지요. 요컨대 운運이란 그런 겁니다. 여기, 나我를 끄집어내고 캐내고 닦아 발견할 수 있는 세상을 경영하기에 좋을 102권의 책을 소개합니다. 나我를 냉철하게 바라보는 좋은 거울(프레임)이 될 겁니다.

지난 5년을 1주일에 4권 책 읽기를 목표로 오로지 실천했습니다. 북 칼럼니스트가 되었지요. 주요 경제지에 연재하는 행운을 거머쥘 수 있었습니다. 그뿐인가요. 마침내 이렇듯 책까지 세상에 펴내게 되었습니다. 실로 고마운 일이죠. 이 얼마나 좋습니까? 그런 거죠. '독서의 힘' 때문입니다. 그런 탓에 개인의 한계를 뚫고 바깥을 깨부수는 변화를 이루고 경영의 지혜를 얻었습니다. 독서가 힘을 키워줍니다. 그것을 저는 체험으로 확신합니다.

저는 껍질에 갇히고 싶진 않았습니다. 해서 수많은 세월의 별밤을 책으로 세상을 알고자 두드렸습니다. 두들기니까 비밀의 문이 열리고 조금씩 실체가 보이기 시작합니다. 자신감도 생깁니다. 최선을 다할 때 밖에서 도와주려는 손이 나我를 지켜보고 기다려준다고 믿습니다. 이 책은 수많은 도와주는 손들 때문에 세상 밖으로 나올 수 있었습니다. 다행입니다. 사랑하는 아내와 딸, 나의 친구들에게도 고마운 마음을 전합니다.

2009년 9월 충정로 원려재에서
심상훈 올림

차례

책머리에 • 04

**제1부
책에서 경영을 발견하다**

대니 밀러 외 가족기업이 장수기업을 만든다 • 12 ｜ 피터 R. 가버 경영 불변의 법칙 • 15 ｜ 시어도어 레빗 경영에 관한 마지막 충고 • 18 ｜ 존 로버츠 경영의 미학 • 21 ｜ 문휘창 경영전략 묘수와 정수 • 24 ｜ 스테판 가렐리 경쟁의 역설 • 27 ｜ 김영한 굿바이 침팬지 • 30 ｜ 키스 소여 그룹 지니어스 • 33 ｜ 나카타니 아키히로 기획력 • 36 ｜ 이원재 내 인생에 가장 값비싼 MIT MBA 강의노트 • 39 ｜ 리처드 탈러 외 넛지 • 42 ｜ 비제이 고빈다라잔 외 늙은 코끼리를 구하는 10가지 방법 • 45 ｜ 제임스 서로위키 대중의 지혜 • 48 ｜ 이규원 대한민국 명당 • 52 ｜ 요하임 쿠르츠 로스차일드가와 최고의 와인 • 55 ｜ 앤드류 라제기 리들 • 58 ｜ 유정아 마주침 • 61 ｜ 로라 마주르 외 마케팅 거장에게 오늘을 묻다 • 65 ｜ 김기완·차영미 마케팅 카사노바 • 69 ｜ 쿠니모토 류이치 마케팅은 짧고 서비스는 길다 • 73 ｜ 조서환 모티베이터 • 77 ｜ 김예진 밥은 굶어도 스타일은 굶지 않는다 • 81 ｜ 토니 알레산드라 외 백금률 • 84 ｜ 최승호 브랜드 차별화 전략 • 87 ｜ 나심 니콜라스 탈레브 블랙 스완 • 90 ｜ 번트 H. 슈미트 빅 씽크 전략 • 94 ｜ 브라이언 트레이시 세일즈 슈퍼스타 • 98 ｜ 고야마 노보루 숫자에 주목하라 • 101 ｜ 데이비드 마이스터 외 신뢰의 기술 • 104 ｜ 로버트 브루너 외 애플과 삼성은 어떻게 디자인 기업이 되었나 • 107 ｜ 최효찬 5백년 명문가, 지속경영의 비밀 • 110 ｜ 춘카 무이 외 위험한 전략 • 114 ｜ 프레더릭 모턴 250년 금융재벌 로스차일드 가문 • 118 ｜ 차오성 이사, 천하의 경영자 • 121 ｜ 위단 장자 멘토링 • 124 ｜ 김태완 책문 • 127 ｜ 김원중 통찰력 사전 • 130 ｜ 이재규 피터 드러커의 인생경영 • 133

■ 책과 경영Management • 136

제2부
책에서 CEO를 발견하다

스콧 매클렐런 거짓말 정부 • 142 : 강판권 공자가 사랑한 나무 장자가 사랑한 나무 • 145 : 로버트 그린 권력의 법칙 • 148 : 데이비드 오길비 나는 광고로 세상을 움직였다 • 151 : 존 브록만 낙관적 생각들 • 155 : 유영만 내려가는 연습 • 159 : 조셉 커민스 라이벌의 역사 • 163 : 보도 섀퍼 외 리더 시스템 • 166 : 존 어데어 리더의 탄생 • 169 : 제임스 G. 마치 문학에서 배우는 리더의 통찰력 • 172 : 우한 명장 • 176 : P. T. 바넘 부의 황금률 • 179 : 최건수 사진 읽는 CEO • 182 : 김용희 상처 입은 봉황 선덕여왕 • 185 : 로버트 루트번스타인 외 생각의 탄생 • 188 : 던컨 휴잇 선부론 • 191 : 사라 알란 선양과 세습 • 195 : 게랄드 트라우페터 섬광처럼 내리꽂히는 통찰력 • 199 : 프리더 라욱스만 세상을 바꾼 어리석은 생각들 • 202 : 황인원 CEO 시를 알면 성공한다 • 206 : 고두현 옛시 읽는 CEO • 209 : 박찬철·공원국 장부의 굴욕 • 213 : 이어령 젊음의 탄생 • 216 : 홍호표 조용필의 노래 맹자의 마음 • 219 : 리우웨이리 직장 논어 • 222 : 시라카와 시즈카 한자의 기원 • 225 : 마이클 코다 힘의 원칙 • 229

■ 책과 경영자 CEO • 232

제3부
책에서 성공을 발견하다

존 하팩스 경쟁으로부터 편안해지는 법 • 238 ┊ 구본형 구본형의 더 보스 · 공병호 공병호의 소울메이트 • 241 ┊ 김미경 꿈이 있는 아내는 늙지 않는다 • 244 ┊ 박현정 나는 세계다 • 247 ┊ 안광호 나를 행복으로 이끄는 도전 • 251 ┊ 시오노 나나미 남자들에게 • 254 ┊ 모리야 히로시 남자의 후반생 • 258 ┊ 우테 헬레나 라이프니츠 당신의 인생을 바꿔줄 최고의 시나리오 • 262 ┊ 니시다 후미오 된다, 된다 나는 된다 • 265 ┊ 맥스웰 몰츠 맥스웰 몰츠 성공의 법칙 • 269 ┊ 김태광 미셸처럼 공부하고 오바마처럼 도전하라 • 272 ┊ 마스다 마츠히로 부자가 되려면 책상을 치워라! • 275 ┊ 방현철 부자들의 자녀교육 • 278 ┊ 정효경 사실은 대단한 나 • 282 ┊ 장영희 살아온 기적 살아갈 기적 • 286 ┊ 이지성 스물일곱 이건희처럼 • 289 ┊ 김혜남 심리학이 서른 살에게 답하다 • 292 ┊ 모로하시 데쓰지 십이지 이야기 • 295 ┊ 설흔 · 박현찬 연암에게 글쓰기를 배우다 • 298 ┊ 멜리사 헬스턴 워너비 오드리 · 티나 산티 플래허티 워너비 재키 • 302 ┊ 박완서 잃어버린 여행가방 • 305 ┊ 신인철 직장생활에서 놓쳐서는 안 될 33가지 기회 • 308 ┊ 쟈핑와 친구 • 312 ┊ 대니얼 코일 탤런트 코드 • 315

■ 책과 성공SUCCESS • 318

제4부
책에서 경제를 발견하다

최용식 경제병리학 • 324 : 이근우 경제학 프레임 • 327 : 레오나르도 마우게리 당신이 몰랐으면 하는 석유의 진실 • 330 : 댄 애리얼리 상식 밖의 경제학 • 333 : 브루스 E. 헨더슨 외 서브프라임 크라이시스 • 337 : 조준현 19금 경제학 • 340 : 서신혜 옛사람들에게 묻는 부자의 길, 전도 • 344 : 존 랄프 외 월스트리트 게임의 법칙 • 348 : 정철진 작전 • 352 : 토드 부크홀츠 죽은 경제학자의 살아 있는 아이디어 • 356 : 데본 리 콜래보 경제학 • 360

■ 책과 경제Economy • 364

제1부

책에서
경영을
발견하다

chapter 01
가족기업의 비밀을 파헤친다

| 가족기업이 장수기업을 만든다 |

대니 밀러·이사벨 르 브르통 밀러, 김현정 옮김, 황금가지, 2009.

가족. 한자로 '家族'이고 영어로는 'Family'다. 패밀리의 속뜻이 나ɪ를 중심으로 사랑하는Loving you 부모를 가리킨다Father·Mother는 것쯤은 비록 우스갯소리이지만 상식에도 착착 들어맞는다. 그래서 그랬는가. 한자학의 최고 권위자 시라카와 시즈카의 《한자 백 가지 이야기》(황소자리)에 따르면 글자의 형상으로 씨氏는 씨족이 함께 식사하는 의식과 관계가 있고, 족族은 군사적 맹세를 하는 의식과 관계가 있다고 한다. 그러니 두 글자는 각각 '집안'과 '무리'에 해당한다 하겠다.

이제는 군사적 맹세를 하는 시대가 아니라 '경제적 맹세'를 한다고 해야 옳을 것이다. 그래서 번성한 가족, 즉 집안끼리 무리(조직)를 지어서 군사적 행동 대신 비즈니스 활동을 영위하는 가족기업이 초우량 기업을 만드는 경영의 비밀이 된다는 주장이 그리 생뚱맞게 들리진 않는다. 이 책도 역시 맥락이 그러하다. 책은 세계적인 기업으로 성장한 가족기업의 성공과 장수 비결을 추적하고 파헤친다.

책 속에는 이름만 들어도 알 만한 미쉐린, 리바이스, 에스티 로더 등 글로벌 기업들이 속속 등장한다. 그런데 나는 솔직히 가족기업인 것을 몰랐다. 어쨌거나 저자들의 연구 자료에 의거, 수익 성장률·시장 가치·자산 수익률·주주 수익률 총액 등을 살펴보면 가족기업이 비가족기업에 비해 실적이 훨씬 뛰어났다는 것이다.

따라서 가족기업 하면 부정적으로 떠올리게 되는 이미지를 책은 독자로 하여금 순식간에 씻어버리도록 만든다. 그뿐인가. 오히려 당당하게 오랫동안 장수한 24개 가족기업 경영의 비밀이 무엇인지 알맹이의 실체에 주목하라고 권유하는 편이다. 그러면서 미국 전역의 근로자 중 절반 이상은 가족기업에서 일한다고 설명한다. 이윽고 일자리 창출의 78퍼센트를 가족기업이 창출한다고 주장한다. 미국만이 아니다. 아시아, 유럽, 남아메리카 등지에서는 해당 수치가 더욱 높다고 강조한다.

이 책에 소개된 가족기업들은 모두 최소한 20년 이상을 단연 시장 점유율 1~2위를 차지했다고 한다. 업계 리더 기업인 것은 물론이거니와 그중 절반 이상은 100년 이상 장수한 기업들이라며 이들 기업을 통해 기업 성공의 해답을 찾아보도록 교묘히 부추긴다.

저자들이 내놓은 주장의 핵심은 이렇다. 이른바 '4C'다. 그것은 가족기업들이 놀라운 성과를 이루면서 장수기업의 근간이 된 4가지

우선순위를 말한다. 말하자면 연속성Continuity, 공동체 의식Community, 관계Connection, 지휘Command로 이루어져 있다. 한 기업이 시장에서 우위를 차지하기 위해 기업 자체와 제품을 차별화시키는 기본 방침으로 역량을 키울 수 있는 기본 요소가 된다고 역설한다.

책은 무엇이 위대한 가족기업을 탄생시키는지 원인을 파헤치면서 위대한 가족기업의 우선순위를 차례차례 설명한다. 그러기 위해서는 브랜드 구축 전략과 장인 정신이 필요하며 뛰어난 운영 방식을 활용하는 가족기업의 사례와 혁신가와 협상가 등을 안내한다.

이 책의 핵심은 '가족기업의 곤경'(8장)과 '장수기업의 비밀'(9장)일 것이다. 결론은 이렇다. 책에 등장하는 가족기업들은 조화롭게 완전성을 추구했기 때문에 성공할 수 있었다고 한다. 장수기업의 지배 구조를 통해 한국의 기업들도 이제부터라도 가족기업의 면모와 열정, 리더십, 혁신, 사업 전략 등을 빠르게 배워볼 일이다. 가족기업을 초우량 기업으로 진정 만들고 싶다면 말이다.

중요한 사실은 장수기업의 경영자들은 성공을 중시하는 출세주의자가 아니라는 사실에 주목할 필요가 있다. 책에 따르면 장수기업의 경영자들은 '관리자'처럼 행동한다는 것이다. 단기적인 이익에 혈안이 되어 있지 않다. 오히려 장기적인 이익을 창출하려고 분주하게 움직인다. 또한 파트너십을 중요시 여긴다. 주주보다는 직원, 고객, 사회를 더 가치 중심에 두고 세심하게 배려한다. 그런데 아이러니하다. 이러한 가족 중시의 경영활동이 역설적으로 주주들에게 가장 큰 이익을 선사했다는 것이다. 이제 경영자의 철학은 장수기업을 위한 가족기업이 대안일 것이다.

chapter 02

조화가 이루어지면
변화는 자연스럽다

| 경영 불변의 법칙 |

피터 R. 가버, 손정숙 옮김, 전나무숲, 2008.

장사꾼과 기업인은 다르다. 이문을 남겨야 장사꾼은 버틴다. 하지만 기업인은 사람을 남겨야 지속경영이 가능하다. 고故 노무현 전 대통령이 선택한 새해(2003년) 국가경영과 공직사회 혁신의 교과서였던 《기업이 원하는 변화의 기술》(김영사)은 오로지 '변화'만을 강조했다. 그 덕분일까? 지난 과거 참여정부의 5년은 확실히 변화에 성공했다. 다만 문제는 경제 성장이 뚜렷하지 않았을 뿐이다. 그래서다. 자연스럽지 못한 변화는 '억지'로 뼈아픈 상처만을 아프도록 남기게 마련이다.

피터 R. 가버가 지은 《경영 불변의 법칙》은 경영 환경의 악화와 위기 상황에서도 꿋꿋하게 지속적으로 성장하는 기업들의 이야기를 기러기떼의 지혜에 빗대어 이야기를 푼다. 핵심은 '자연력'이다. 이걸 무릇 강조하는 셈이다. 놀라운 것은 10가지 자연력 즉 생존, 변화, 의사소통, 사명, 형평, 성과, 발견, 다양성, 성장, 혁신이 불황에도 흔들림이 없는 기업 경영의 원칙으로 제시된다는 점이다.

그렇다. 한자 정正과 무武와 기업의 '기企'의 공통점은 무엇인가? 바로 '그침止'의 지혜를 모태로 형성한다. 따라서 정正이란 한 번一에 그치는 것止이 자연스럽다는 걸 상징하는 셈이다. 진정 강력한 힘이란 조직의 내분과 다툼을 자연스럽게 그치게 만드는 힘武에 있다. 그렇다면 기업은 '업業을 기획하는 것'이라는 삼성의 고故 이병철 회장의 명언은 백번 생각해도 손뼉을 쳐야 할 지당하신 말씀이다. 문제는 업계에 널리 알렸건만 귀동냥만 했다는 것이 문제라면 문제다. 늘 이렇다. 듣긴 한다. 다만 《시크릿》(살림Biz)에서 강조하는 '끌어당기는 힘'이 부족하고 약하다는 것뿐이다.

소비자와 종업원이 걱정하지 않는(한자 '企'의 속뜻) 기업만이 기러기떼(V자 대형을 그리면서)처럼 힘들이지 않고 편하게 날 수 있다. 저자에 따르면 기러기들은 각각 혼자서 비행하는 것보다 무리(조직) 지어 비행할 때가 무려 70퍼센트는 '더 빨리' 이동한다고 전한다. 즉, "성공의 가능성을 최대한 끌어올리려면 조직은 엄청난 내적 에너지를 지닌 자연력을 토대로 운영 및 인사 시스템을 구축해야 한다."(8쪽)

어쨌거나 기업이 생존하기 위해서는 소비자는 물론이거니와 종업원들의 정보력과 네트워크 능력을 과소평가해서는 안 된다. 루슨트 같은 하이테크 기업들은 닷컴 붕괴에 대처해서 수천여 명에 이르는 종업원들을 해고시켰다. 하지만 그 대가로 숱한 노동자들을 잃고 자신의 체질을 약화시킨 나머지 하이테크 불황이 끝나고 난 뒤에도 완전 재기가 불가능해져 버렸을 수도 있다고 저자는 강조한다.

이 책의 백미는 각 장이 끝나는 곳에다 10가지에 해당되는 '자연력 체크 리스트'를 깔끔하고 보기 좋게 정리해놓았다는 것이다. '변화는 패러다임 이동을 내포한다'는 구절에서는 최근의 소자본 창업 시장의 변화를 추적할 수 있다. 예컨대 명품떡볶이전문점 '해피궁'이 그렇다. 마치 아이스크림 가게처럼 보인다. 지저분한 재래시장 분위기에서 벗어나 위생문제를 해결하고 노동력 집중도를 높이기 위한 콜드바 쇼케이스 변화로 소비자와 종사자에게 크게 각광을 받고 있다.

'70퍼센트는 더 빨리 이동'하는 기러기떼처럼 기업도 이제는 자연력을 바탕으로 체질을 경영해야 마땅할 것이다. 조화가 이루어지면 모든 것이 자연스러운 방식으로 흘러간다는 저자의 금과옥조의 충고를 더는 방치하면 궁극에는 당신의 기업은 바람과 함께 사라질 것이다.

chapter 03

경영에 관한
최고의 멘토를 만나다

| 경영에 관한 마지막 충고 |

시어도어 레빗, 정준희 옮김, 스마트비즈니스, 2007.

'세계화'라는 용어를 최초로 사용한 독일 태생의 경제학자 시어도어 레빗이 쓴 책이다. 2006년 타계했다. 그는 하버드대학 경영대학원 교수로서 오늘의 〈하버드 비즈니스 리뷰〉를 있게 한 장본인으로 유명하다고 한다. 원서는 1991년에 출간되었다. 국내에는 2007년 말에 출간되었다. 20여 년 세월이 지났지만 이 책은 경영이란 무엇인지 고민하는 이들에게 가르치는 바 크다. 가르침은 조직을 이끄는 길로 크게 3가지로 좁혀진다. 생각, 변화, 경영이 그것이다. 생각은 조직의 목표와 방향을 의미한다. 변화는 조직의 기회를 일컫는다. 경영은 조직과 구성원들이 효과적이면서 효율적으로 제 구실을 다하도록 하는 일을 단적으로 말한다.

오늘날 기업은 '어제'의 여건에 맞춰 업무를 처리하고 있는데, 이게 경영의 문제점을 야기한다고 지적한다. 과거 성공 경험에만 기대려고 하는 습관 때문이다. 그렇지만 "경영이란 어제를 되돌아보며 해야 하는 무언가가 아니라, 내일을 내다보며 해야 하는 무언가다"(13쪽)라고 아주 따끔하게 충고한다.

충고가 무릇 옳다고 보지만은 않다. 이를테면 '무능한 관리자'에 대한 정의가 그렇다. 자칫 참을성이 부족하고 화를 잘 내는 관리자가 유능한 것처럼 책은 오해의 소지를 만들기 때문이다. 겉으로 보기에 참을성도 많고 너그러워 보이는 관리자가 무능하다는 식으로 몰아붙이는 것에는 쉽사리 공감이 잘 가지 않는다.

그러나 의사결정에서 "성공적으로 업무를 수행하려면, 자제심과 분별력 그리고 철저함이 필요하다"(41쪽)는 지적이나 "효과적으로 제 기능을 하는 조직은 팀원들이 자발적으로 서로 협력하는 질서정연한 조직"(42쪽)이라는 인식에는 공감하는 바 적지 않다. 특히 압권은 촌철살인의 충고로 대기업의 문제점을 날카롭게 지적하는 것. 저자는 대기업에서 더 큰 문제는 우유부단함과 정체라면서 대기업에서 발생하는 중대한 실수는 서둘러서 생기는 실수보다 미루거나 아무 조치도 취하지 않아 생기는 실수가 더 많다고 지적한다.

그뿐인가. 모든 것이 계획대로 진행되고 있다는 보고를 듣는다면, 그것은 누군가가 바보이거나 거짓말쟁이라는 식으로 언급한다. 이윽고 가장 값지면서도 관리하기 어려운 대상은 경영자에게 '시간'이라고 강조하는데, 이만하면 충고는 독이 아니라 보약이 되는 셈이다.

저자는 기업 경영을 두고서 말하길 가장 중요한 요소는 '자금'과

'고객'이라고 강조한다. 창업하려면 자금이 필요하고 번창하려면 고객이 반드시 필요하기 때문이다. 그러므로 무엇보다 마케팅은 정情이 우선이다. 보지 않으면 마음도 멀어진다. 이처럼 기업의 포지셔닝은 고객에게 "낯선 기업, 멀리 있는 기업, 혹은 악명 높은 기업보다는 유명한"(184쪽) 기업의 이미지를 제고할 필요가 있다. 이를테면 테이크아웃 커피점이 그렇다. 얼른 생각하기에는 소비자가 '가격'에 민감할 것 같지만 뚜껑을 열면 현실은 그렇지가 않다.

따라서 잘 알려지지 않은 자체 브랜드 커피나 값이 더 싼 브랜드 커피를 선택하진 않는다. 왜 그럴까? 일반적으로 소비자는 커피 맛을 잘 구분하지 못한다. 다만 잘 구분하는 것이 있다면 유명 브랜드인지 여부이다. "소비자 입장에서는 낯익은 브랜드가 더 좋아 보인다"(185쪽)라는 사실을 여성 창업자는 반드시 유념해야 할 것이다. 내(창업자)가 좋아하는 아이템을 고집한다고 남(소비자)이 먼저 알아주진 않기 때문이다. "광고의 내용, 빈도, 방식, 장소가 상품에 대한 확신에 영향을 미칠 수 있다"(185쪽)는 지적에 깊이 공감하는 바다.

왜 그럴까? 성공하는 최고경영자CEO는 '비즈니스 런치'를 즐기려고 한다. 그것은 저녁식사 대접보다는 점심식사가 비용에서 부담이 적기 때문인 이유도 있지만, 또한 "가격만으로, 설명서나 기술적인 서비스, 배달, 판매업체의 능력과 평판만으로 구매 결정이 이뤄지지 않는다는 분명한 사실"(190쪽)을 본능적으로 잘 알고 있기 때문이다. 그러므로 책에서 저자는 절대로 '비즈니스 런치'를 과소평가하지 마라는 식으로 충고하는 것이다.

chapter 04

경영자라면 'PARC'는 알아야 한다

| 경영의 미학 |

존 로버츠, 이희문 옮김, 교보문고, 2008.

핀란드의 휴대전화·네트워크 장비 제조업체인 노키아Nokia는 1992년 거의 도산 지경까지 갔다. 그랬다는 노키아가 2000년 유럽에서 가장 높은 주가를 기록한 회사가 되었다. 어떻게 위기를 극복했기에 오늘날 세계적인 초우량 기업으로 우뚝 섰을까? 그 성공 비결이 궁금하다면 《경영의 미학》(교보문고)을 꼭 읽을 필요가 있다.

저자는 존 로버츠. 그는 미국 스탠퍼드대학에서 경제학·기업전략경영·국제경영 담당 교수 겸 수석 부학장으로 재직하고 있으며 이 시대 최고의 조직경제학자로도 유명하다. 조직경제학계의 대가인 저자는 기업에 필요한 4가지 조직 설계의 기능을 설명한다. 그러면서론의 명칭을 알파벳 머리글자를 합쳐 'PARC'라고 정의한다.

P는 사람People으로 조직은 사람의 집합체라고 설명한다. 조직원이 어떤 재능과 기술을 보유하고 있는지, 어떤 취향인지, 무슨 종교를 믿고 있으며, 얼마나 충성하는지 혹은 어떤 목표를 갖고 있느냐 등에 따라 경영자는 조직 설계를 다시 그리거나 지워야만 기업은 생존하기 때문이다.

A는 기업 조직의 특성인 구조Architecture를 말한다. 회사업무를 수직적·수평적으로 구분한 것이 '조직도'이므로 조직의 구조적인 특성을 기본적으로 경영자는 염두하고 있어야 한다. 아무리 좋은 신규 전략도 조직의 구조적인 특성으로 말미암아 씨를 뿌려도 뿌리를 내리지 못해 그만 기업 성장과 혁신을 가로막는 장애가 되기 때문이다.

R은 일상적인 일Routine을 뜻한다. 회사의 정책수립·업무 추진 절차의 집행·공식적이거나 비공식적인 잡무 등이 이에 해당된다. 특히 '회사 내에서 어떤 의사결정을, 누가, 어떤 직급에서 하는가? 그것을 또 누가 감독하고 검토할 것인가?' 하는 의사결정의 잘잘못 반복이 궁극적으로 기업의 성장과 이익창조에서 결코 무시할 수 없기 때문이다.

C는 기업의 문화Culture를 가리킨다. 직장 내에서 사용하는 특정 용어나 사고방식 행동들이 동료나 외부 관계자와 거래관계에 엄청난 영향을 미치고 반향을 불러일으키기 때문이다. 즉, 문화가 어떠하냐에 따라 직원들을 활발하게 움직이게 만드는가 하면 잘못을 방치하면 잘못된 기업문화와 주변 환경 관리의 소홀 때문에 기업의 경영자가 어찌지 못하는 막대한 손해도 볼 수 있기 때문이다.

모르던 것을 알게 되면 경영은 덜 힘들다. 알아야지 경영은 재미가 비로소 따른다. 아울러 기업의 성장속도는 차츰차츰 탄력이 붙는다. 어쩌면 최고경영자의 리더십은 완벽한 조직설계가 노키아처럼 가능해질 때 생겨나는 것인지도 모른다. 따라서 기업의 경영자라면 언제든지 '조직에서 상대적으로 활성화되지 못한 요소'를 예의 주시하고 찾아내서 변화시키려 노력해야 할 것이다. 이를 두고 '진인사대천명盡人事待天命'이라고 말하지 않던가.

그 유명한 고대 로마신화에 등장하는 생복사生福死를 주관한다는 '세 자매 여신'을 뜻하는 파르체PARCA에서 맨 마지막 알파벳 'A'를 저자가 굳이 따로 언급하지 않고 교묘하게 빠트린 이유는 과연 무엇 때문일까. 4가지만 해도 충분하다는 이야기일까. 아니면 '요행을 바라지 마라'는 뜻에서 의도함인가. 어느 경우이든 이 책이 반드시 최고경영자의 책꽂이에서 한 자리를 차지할 것은 뻔하다. 수시로 꺼내서 '전략을 수립하고 이를 수행하기 위한 회사의 조직을 구성하고 설계하는 것'에 이만한 참고서가 없다고 보기 때문이다.

이 책의 주장도 '장수기업'으로 초점을 맞춘다. 이를테면 "경영자가 현재 하고 있는 사업의 실적을 증대시키고 장기적으로 기업의 가치를 제고시키는 투자를 하는 것은 바람직하다. 그러나 현재의 사업 비용을 줄이고 단기적인 수익을 제고시키는 데는 높은 성과급이 부여되는 반면, 장기적인 투자를 하는 데는 낮은 성과급이 부여된다면 문제가 발생한다"(130쪽).

chapter 05
선택과 집중의 시대는 끝났다

| 경영전략 묘수와 정수 |

문휘창, 크레듀, 2006.

경영이란 무엇인가? 미국의 석유왕 존 록펠러가 말하길 "경영이란 보통 사람들을 최고로 능력 있는 사람들처럼 일하게 만드는 것이다"라고 정의했다. 이 책은 보통 경영자를 최고경영자로 만드는 것으로 초대한다. 경영은 번뜩이는 묘수로만 해결할 수 없다. 그렇다고 정석에만 기대는 정수만 가지고도 문제를 해결할 수 없는 게 우리가 진짜 고민해야 할 경영의 세계다.

저자는 서울대학교 국제대학원 문휘창 교수다. 전략경영이론의 대가인 마이클 포터의 다이아몬드 모델의 전문가이자 학자로도 잘 알려져 있다. 저자는 머리말에서 "진정한 학자는 복잡하게 보이는 현상의 원리를 쉽게 설명할 수 있어야 한다"고 강조한다. 그래서일까? 정수와 묘수에 대한 정의가 쉽다. 정수正手란 전체적인 상황을 고려할 때 가장 타당한 행위를 말한다. 반면 묘수妙手란 생각지 않는 어려움을 당했을 때 난관을 절묘하게 해결하는 행위를 말한다고 설명한다.

책은 첫 장부터 충격을 던진다. 기업이 지속적으로 경쟁우위에 서려면 기존에 상식으로 통하던 '선택과 집중'이 아닌 이제는 '종합 진단'이 필요하다는 메시지를 화두로 날려서다. 그러면서 대부분의 최고경영자가 '경쟁'을 잘못 이해하고 있다고 지적한다. 일반적으로 상대를 제압하고 자기만 오로지 살아남는 것이 경쟁이 아니라고 풀이한다. 진정한 의미에서 '경쟁'은 가능한 한 상대와의 지나친 힘겨루기의 결과물인 출혈을 피해서 서로 동시에 원윈win-win 전략을 취하는 것이 진짜 알아야 할 '경쟁'이라고 무릇 강조한다.

작금에 이르러 기업들은 블루오션 전략Blue Ocean Strategy을 더는 운운하지 않는다. 왜 그러는 걸까. 이에 대해 저자는 단칼에 정리한다. 요컨대 경쟁을 피해가는 방법(묘수)과 경쟁에서 이기는 방법(정수), 이 둘을 모두 전략적으로 구사해야 하는데 블루오션은 경쟁을 피해가는 면만 강조하고 있기 때문이라고 분명하게 지적한다.

어쨌거나 기업이 지속적으로 발전하기 위해서는 수시로 경쟁력을 점검해보아야 한다. 맞다. 그러기 위해서는 새로운 분석 모델로서 종합적 경쟁력 분석을 위한 이른바 '다이아몬드 모델'을 제시한다. 이 모델은 마이클 포터가 주로 사용했고, 다양한 사례의 분석과 적용이 가능하며 "기업의 경쟁력을 설명할 때도 이용했다"(40쪽)고 살핀다.

'다이아몬드 모델'이란 용어 그대로다. 즉, 생산요소, 시장수요, 관련·지원 분야, 전략·구조·경쟁. 이 4가지 측면(다이아몬드 모양을 한다)에서 분석 툴을 다루면서 이용한다. 책은 시종일관 경영자가 갖춰야 할 태도를 2가지로 제한한다. '생각思'과 '공부學'가 그것이다. 저자의 지적처럼 어쩌면 "우리나라 사람들은 학교를 졸업한 후에는 생각은 잘하는데 공부는 열심히 하지 않는다"(192쪽)고 해야 우리 사회가 솔직한 것일지도 모른다. 나아가서는 당면한 문제를 해결할 수 있는 묘수 찾기에 급급하고 해당 분야 문제의 근본 원인을 심도 있게 공부하지 않는다. 이는 심각한 문제다.

종일 먹지 않고 밤새도록 궁리만 한다고 문제가 해결되는 것은 아니다. 그렇다고 해서 책상에 앉아 책만 읽는다고 해서 문제가 해결되는 것도 아니다. 그러므로 배우되 생각하고, 생각하되 배우는 이론과 실제가 적절하게 조화를 이루어야 한다. 즉, 묘수와 정수를 경영전략에 고루 반영할 필요가 있다. 책은 단순히 경영전략에 관한 지식만 전달하진 않는다. 다이아몬드 모델 분석기법을 통해 기업들이 지속경영의 묘수와 정수를 찾길 바라면서 궁극적으로 핵심역량을 갖출 것을 당부한다.

학자로서 복잡하게 보이는 현상의 원리를 쉽게 설명하려고 애쓴 흔적이 보이지만, 수치와 도식 분석모델을 읽기는 솔직히 말하자면 쉽지 않다. 이 때문일까. 책 속의 에세이 '전략 플러스+'를 친절하게 담았다. 그 덕분일까. 읽는 맛이 지루하지만은 않다.

chapter 06
배고픈 조직이 경쟁력이다

| 경쟁의 역설 |

스테판 가렐리, 서소울 옮김, 비즈니스맵, 2008.

지식도 얕다. 교양도 없다. 그런데도 사업은 무척 잘한다. 비즈니스 리더들을 옆에서 보면 그렇다. 《경쟁의 역설》의 저자 스테판 가렐리는 "약간의 무지는 비즈니스에선 훌륭한 재능이다"(340쪽)고 말한다. 그러면서 개인·기업·국가의 능력과 경쟁력은 하등 상관없다는 식으로 이야기를 꺼낸다. 그러니 어쩌랴. 흥분되고 귀가 솔깃해진다. 이는 어쩌면 당연하다.

저자는 강조한다. 국가도, 기업도, 개인도 경쟁력을 생각하지 않고서는 미래를 담보할 수 없다. 그러면서 경쟁력이 왜 국가의 번영과 기업의 수익창출, 개인의 성공을 가늠하는 가장 강력한 도구인지 요목조목 근거를 들이대며 설명한다.

저자는 "'미래 경쟁력'을 판가름하기에 부(富)는 부족하다"(22쪽)면서 "국가·기업·국민이 남보다 빨리 경제발전을 이루도록 해주지만, 오늘의 번영이 내일도 계속되리란 보장을 해주진 못한다"(22쪽)고 못박는다. 그러고는 오히려 "부는 역으로 경쟁력에 위협이 될 수 있다"(23쪽)고 경고하면서 "재정이 풍부한 국가, 회사, 개인은 자기만족이나 오만, 무관심에 빠질 위험이 있다"(23쪽)고 설명한다.

이뿐만 아니다. 경쟁력 핵심요소 중 하나로 굶주린 조직이 성공에 대한 욕구와 성취동기가 훨씬 강하다는 점을 결정적인 결과를 만드는 '경쟁력'이라고 바로 꼬집어 강조한다. 진정한 의미에서 경쟁력이란 무엇일까? 열심히 잘하는 것만이 능사가 아니다. 무언가 부족하다. 저자는 운전을 잘하는 사람으로 비유한다. 사실 운전을 잘하는 사람은 널려 있다. 이 때문이다. 차라리 상대적으로 희소한 직업인 세무 전문 변호사가 진짜 중요하고 확실한 차별화가 이루어지는 경쟁력이라는 것을 새삼 깨우쳐준다.

경쟁력의 어원에 대해서도 짚는다. 저자는 '뭔가를 얻기 위해 다른 사람과 함께 싸우다'라는 뜻의 라틴어 'Competere'일 것이란다. 그러고는 경쟁력의 최종목표를 구체적으로 제시한다. "경쟁력 이론은 한 국가의 능력을 구체적으로 형성시키는 사실과 정책을 분석하는 학문이다. 그럼으로써 국가는 기업을 위해서는 가치창출의 증대를, 국민을 위해서는 부의 증가를 지탱하는 환경을 만들고 지속적으로 유지한다."(70쪽) 이 정의는 당장 이명박 정부가 정책에 참고할 만하다.

스테판 가렐리는 지난 25년간 경쟁력 연구를 선도해온 세계적 경쟁력 권위자다. 현재 스위스 로잔의 국제경영개발원IMD의 교수로 기업과 국가의 경쟁력에 대한 강의는 물론이거니와 유럽 휴렛팩커드의 특별자문위원으로 굵직한 글로벌 기업들과도 연계되어 있다. 그뿐만 아니라 정계에도 깊이 관여하고 있다. 이 점에 착안해볼 적에 '도덕성'을 따지기보다는 '실용주의'를 대통령으로 선택한 국민의 욕구에 부응하는 차원에서 스테판 가렐리의 《경쟁의 역설》이 국내에 출간된 것은 반갑기 그지 없다. 시기적으로 아주 적절하다.

어쨌거나 책은 "창출된 부를 국민에게 공평하게 돌려주지 않는 국가, 응당한 보건 및 교육 인프라를 보장하지 않는 국가, 정치사회적 안정을 유지하지 못하는 국가는 장기적으로 살아남지 못할 것"(72쪽)이라고 분명히 경고한다. 이 때문이다. "국가의 경쟁력 전략은 기업이 성장할 수 있는 경쟁력 모델과 일치해야만 한다"(83쪽)는 이야기도 참고로 들을 만하다.

그런 의미에서 저자가 책에서 제시한 "세 가지 비즈니스 행동 모델"(138쪽)도 주목할 만하다. 또 "기업의 경쟁력은 두 가지 핵심요소에 좌우된다"(239쪽)는 내용에도 밑줄을 그을 필요가 있다. 더구나 "호랑이, 고양이, 곰의 세 가지 동물 모델"(267쪽)과 만나면 책 읽는 재미에도 푹 빠질 수 있다.

'파란색 굵게 인쇄된 내용'만 얼추 읽어도 좋다. 그럴 만큼 내용이 알차다. 이게 이 책의 장점이자 특징이다. 저자의 따끔한 충고, "경쟁에서 이기는 법에 관한 감동적인 연설보다, 일할 만한 근로환경(구내식당, 체력단련시설, 직원교육 등)을 제공하는 것"(272쪽)에선 국내 기업 경영자들은 아마도 정신이 번쩍하고 들 것이다.

chapter 07
이구아나 기업이 될 것인가, 카멜레온 기업이 될 것인가

| 굿바이 침팬지 |

김영한, 이콘, 2008.

"하이에나가 아니라 표범이고 싶다"던 국민가수 조용필이 읽으면 딱 좋아할 만한 책이 나왔다. '굿바이 하이에나'가 아니라 《굿바이 침팬지》가 바로 그것이다. 대중가요 〈킬리만자로의 표범〉이 하이에나와 '굿바이' 하라고 노래했다면, 이 책의 저자인 김영한은 비즈니스에서 승리하고 생존하기 위해 침팬지와 결별하라고 주장한다. 요컨대 '진화의 법칙'이 자연생태계에만 있는 게 아니라는 것이다. 경제경영의 생태계에도 얼마든지 존재할 수 있다는 의미다.

누구나 창업한다고 성공하지는 않는다. 그러나 진화의 법칙을 제대로 알고 시대변화에 맞춰 상품과 경영기법을 진화시킨다면, 무한 경쟁의 세계시장에서도 통할 수 있다. 게다가 궁극에는 생존자(승리자)가 될 수 있다는 걸 이 책은 다양한 기업 사례를 다윈의 진화론에 연결시켜 알기 쉽게 풀어 설명한다. 이 책이 쓸모 있는 이유다.

예컨대 이런 식이다. 자연생태계에서는 자연이 생명체를 선택하지만, 비즈니스 세계에서는 시장이 기업을 선택한다. 이러한 모델을 '시장선택설'로 이야기하며 '시장선택→적자생존→진화'라는 냉정한 사이클이 비즈니스 생태계 안에서도 똑같이 적용되고 있다고 말한다. 또 '우리는 침팬지였다'에서는 1970~1980년대 고속성장기의 한국 기업들 역시 침팬지 무리와 같다고 비판한다. 그러면서 지금껏 한국 기업들은 침팬지 흉내만으로도 어렵잖게 국가경제를 일으켰던 게 사실이라고 회고한다. 하지만 '유가 200달러 시대'가 펼쳐질 수도 있는 미래의 경영환경에선 '어림도 없다'는 게 저자의 일갈이다.

그뿐만 아니다. 벤처기업의 대기업 흉내내기도 저자가 비판하는 주요대상이다. 팬택, 메디슨, VK와 같은 벤처기업들의 실패 사례를 지적하며 중소 벤처기업에 어울리는 선택과 집중, 차별화와 기동성 등으로 승부하지 못함을 지적한다. 저자는 섣부르게 대기업을 흉내냄으로써 자승자박의 길을 걸었다고 힐난한다. 만용과 과욕에서 비롯되는 엉뚱한 사업다각화를 경고한다. 이것이야말로 미래 비즈니스 세계에선 약藥이 아니라 오히려 독毒이라는 것이다. 이 대목에서 시퍼렇게 날선 지적에 가슴을 쓸어내릴 경영자들이 없다면 나만의 기우일까.

하이에나와 표범과 침팬지……. 당신이 경영자라면 과연 어떤 선택을 '지금' 후회없이 내릴 것인가? 그것이 나는 궁금하다. "바람처럼 왔다가 이슬처럼 갈 순 없잖아" 하고 애잔하게 절규하던 조용필의 노래, 그 가사의 의미는 내 보기엔 창업자라면 누구나 가슴에 품을 만한 꿈이자 목표를 토로함이 아니던가.

창업을 하든, 아니면 기업을 경영하든지 간에 마땅히 "내가 산 흔적일랑 남겨 둬야지" 하는 창업 의지와 경영철학이 진화를 위해선 무엇보다 필요하다. 그래야 한다. 제대로 된 비즈니스가 지속 가능해지기 때문이다. 더군다나 역사학자 아널드 토인비의 명언을 '사장 노트'에 기록한다거나 기억해낸다면 기업 생존을 위해서 정말 금상첨화다. "역사적 성공의 반은 죽을지도 모르는 위기의식에서 비롯되었고 역사적 실패의 반은 찬란했던 시절에 대한 기억에서 비롯되었다." 이 얼마나 멋진 명언인가.

저자는 우리에게 묻는다. '이구아나인가 카멜레온인가' 하고 말이다. 말하자면 섬(갈라파고스)에서 해조류나 뜯어먹으며 오랜 세월 안존하는 이구아나 기업으로 머물지, 아니면 시장선택에 따라 몸의 빛깔을 수시로 바꾸며 전 세계로 퍼져나가는 카멜레온 기업이 될 것인지…….

그런 의미에서 '비즈니스 진화 법칙'을 이해하고 실천해야만 된다. 비즈니스의 진화 법칙(자연선택설), 경영전략의 진화 법칙(포식자와 피포식자의 공진화), 상품의 진화 법칙(적자생존론), 비즈니스맨의 진화 법칙(잡종우세론), 리더십의 진화 법칙(동종경쟁론)까지 천천히 읽다 보면 어느새 이 책과 만난 것이 '뜻밖의 기쁨'인 걸 몸소 깨닫게 되리라.

chapter 08
혁신은 집단 협력에서 나온다

| 그룹 지니어스 |

키스 소여, 이호준 옮김, 북섬, 2008.

　　　　　　　　　이제까지는 천재 한 명이 세상을 바꾸었다고 생각했지만 천만에 말씀이다. 이것은 꾸며진 신화일 뿐이다. 진정한 의미에서 '혁신'은 아니다. 혁신은 한 명이 아니라 그룹에 속한 사람들이 다함께 협력하여 통찰력을 이끌어낼 때 나온다. 이 책이 던지는 메시지다. 혁신은 아래부터 예측하지 못하게 즉흥적으로 이루어지며 사람들은 종종 혁신이 일어난 뒤에야 상황을 인식한다. 역설적으로 말하면, 혁신은 계획에 따라 이루어지지 않고 예측할 수도 없지만 언제 어떤 방법으로든 일어날 수 있다는 말이다.

　50cc 슈퍼컵으로 미국시장을 장악한 혼다의 과감한 시도는 애초에 할리데이비슨과 정면 대결을 벌이자는 것으로 생각을 고정시키지 않

고 즉흥적인 시도로 대성공을 거둔 좋은 사례다. 이는 《그룹 지니어스》의 저자 키스 소여(미국 워싱턴대학 심리학과 교수)가 주장하는 집단 창조를 혼다가 해냈기 때문이다. 이처럼 다른 사람들과 의견을 교환하는 과정에서 나온 창조적 통찰력은 개인의 통찰력보다 훨씬 큰 위력을 발휘한다. 다양한 사람의 생각이 분수처럼 분출되도록 만들어 창조적인 혁신을 이루어내는 게 '그룹 지니어스'의 진정한 힘이다.

심리학자이자 경영컨설턴트인 저자는 지난 15년 동안 즉흥 연극 극단과 재즈 밴드와 기업을 연구한 결과를 토대로 "미래의 창조성은 개인이 아닌 집단의 협력에서 나온다"(4쪽)고 언급한다. 이뿐만 아니다. 책은 집단 천재성을 통해 한계를 뛰어넘는 혁신을 창출한 구체적인 기업의 사례를 추적하며 제시한다. 그러면서 '협력'이야말로 창조성과 혁신을 만드는 유일무이唯一無二한 힘이란 걸 보여준다.

저자는 창조성과 혁신은 '즉흥성'에서 나온다면서 자유로운 개인의 사고와 시간에 얽매이지 않는 환경이 미래조직의 성공 키워드로 중요하다고 강조한다. 재즈 밴드가 좋은 예다. "오늘날의 재즈는 아무런 대본 없이 연주한다는 점에서 오케스트라보다 더 적절한 혁신 모델이라 할 수 있다. 사람들은 종종 재즈 연주자들의 공동연주에 놀라움을 금치 못한다."(62쪽)

이윽고 저자는 "작은 아이디어들이 끊임없이 연결되어 하나로 모아지는 가운데 기존의 아이디어가 재해석되거나 새로운 아이디어가 탄생하는 것"(142쪽)이라면서 이를테면 진화론, 반지의 제왕, 산악자전거, 전신, 이메일의 공통점인 협력은 작은 아이디어들을 하나로 모아 놀라운 혁신을 이루어낸 것이라고 역설한다.

저자는 동양적 의미에도 정통한 것 같다. '다양한 사람들의 생각이 분수처럼 분출되도록'에서 한자 '협協'의 숨은 의미가 새록새록 그려져서다. 게다가 '그룹 지니어스'가 무엇인지 연상되기 때문이다. 씨티은행 최연소 수석 부회장으로서 금융의 신동이라 불렸던 존 리드의 현금자동인출기 아이디어는 그가 사무실에서 멀리 떨어져서 혼자 있을 때 나왔다. 그렇지만 이 아이디어를 실현할 수 있었던 것은 다양한 분야의 사람들과 그룹들이 오랫동안 협력한 결과 덕분이었다. '협력'이 왜 중요한지를 알려주는 귀중한 사례다.

성공한 CEO들은 실패를 통해 배우고 즐긴다. 이유는 간단하다. 현대그룹 창업자 고故 정주영 회장이 대표적 사례다. 입버릇처럼 "임자, 해봤어?"라고 말했단다. 끊임없이 아이디어를 내고 임직원에게 질문을 던지면서 많은 시간을 허비하는 대신 다른 사람들과 협력하여 새로운 아이디어와 천재성을 발휘하려고 의도했던 바가 아닐는지……. 이 책을 접하면서 든 내 생각이니 오해는 하지 마시라.

어쨌든 성공적 혁신을 이룬 사람들은 요행이나 뛰어난 아이디어 덕분에 성공을 거머쥔 게 아니다. 그들의 성공 비결은 작고 평범한 아이디어를 여러 사람들과 함께 논의하고 협력하는 가운데 놀라운 아이디어를 얻어 성공을 거두었다는 점에 주목할 필요가 있다. 따라서 '그룹 지니어스'란 잦은 실패에 굴하지 않고 여러 사람들과 함께 집단으로 논의하고 협력하는 가운데, 즉 태도에서 '천재성'이 생겨난다. 그것을 나는 이 책을 통해 공부했다.

chapter 09
기획력이
생존력이다

| 기획력 |

나카타니 아키히로, 이선희 옮김, 웅진윙스, 2008.

　　　　　　　　　　계속 열심히 노력하면 성공은 절로 따라올까? 꼭 그렇지만은 않다. 누구나 열심히는 한다. 다만 문제는 잘하지 못할 뿐이다. 열심히 일하면 일할수록 운이 좋아져야 한다. 그렇지만 존재의 이유를 찾지 못하고 좌절하기 일쑤다. 그럴 때, 이 책은 꼭 챙겨서 읽을 필요가 생긴다. 열심히 했다. 그런데 운이 잘 풀리지 않았다고. 거짓말이다. 아니다. 새빨간 거짓말이다. 아니다. 통계에 의존한 것이다. 이것은 정답이 아니다. 정답은 기획력이다. 내가 기획력을 갖추지 못해서 생겨나는 현상이기 때문이다.

　이 책은 "무한경쟁시대, 기획력이 곧 생존력이다"라고 주장한다. 저자에 따르면 기획은 특별한 사람만 할 수 있는 것이 아니란다. 이 얼마나 멋진 말인가. 저자는 평범한 사람도 기획을 얼마든지 할 수 있다. 그런다. 게다가 "기획은 돈이 들지 않는다"(93쪽) 식이다. 그러니 어쩌랴. 기획을 "돈이 없어서 하지 못한다"는 것은 그저 핑계에 불과한 것이다.

책 속의 메시지는 뜬구름 잡는 법이 없다. 예컨대 "좋은 아이디어는 자신의 머릿속에 있지 않다. 눈앞에 있는 고객이 말해주는 것이다"(24쪽)와 같이 실용화가 가능하다. 이 책의 매력이자 장점이다. 이뿐만 아니다. 선입견에서 자유로워질 것을 강력하게 주문한다. 놀라운 사실은 주문 내용이 실생활에서 얼마든지 적용이 가능하다는 것이다. 요컨대 이 책은 여타의 기획 관련 도서와는 확실히 사뭇 다른 느낌을 준다.

매출 때문에 고민하는가. 그러는 자영업자에게는 훌륭한 경영서로 읽힌다. 혹은 삶의 지혜가 부족한가. 그리 고민하는 일반인에게는 자기계발서로 손색없다. 부하직원에게는 직장상사에게 내 기획을 설득하는 방법을 담은 책으로, 비단 가정주부일지라도 수많은 사례를 통해 사소한 아이디어라도 돈 버는 것으로 짜낼 수 있는 참신한 기획력의 현주소를 쉽고 재미있게 담아서 책은 설명한다. 특히 입으로 어렵다, 틀렸다, 무리다 하고 푸념을 달고 지금까지 살았다면 이 책을 필독서로 해야 한다. 앞으로 숨어 있는 이익을 찾는 기획력의 고수가 될지도 모르기 때문이다. 이 책은 '친절한 책이다!' 라고 장담할 수 있다.

굳이 밑줄을 치면서 읽지 않아도 될 만큼 오렌지색 형광펜으로 중요한 내용을 덧칠해놓았다. 이를테면 '기획은 놀이다'. 다시 말해 기획은 이야기나 에피소드, 나중에 사람들에게 말해줄 수 있는 '거리'를 만드는 것이다. 혹은 선입견과 고정관념에서 벗어나 자유롭게 생각할 때 기회는 얼마든지 찾아오고, 그 기회를 포착하면 훌륭한 기획으로 만들어낼 수 있다. 또는 똑같은 물건을 팔더라도 우리 가게에서 사도록 하려면 어떻게 해야 할지 고민해야 한다. 그래서 기획이 필요한 것이다. 그리고 중요한 것은 새로운 제품을 만드는 게 아니라 새롭게 느끼도록 만드는 것이 '기획'이라고 오렌지색 형광펜으로 덧칠하는 식이다.

하루 30분씩만 투자하면……, 아니다. 독하게 마음 먹으면 하루 1시간이면 책 한 권을 다 독파할 수 있다. 그토록 짧은 분량이다. 에세이 형식인지라 읽기가 무겁지 않고 가볍다. 성공과 실패는 1퍼센트 차이다. '열심히'는 99퍼센트다. 나머지 1퍼센트가 임계치다. 스스로 사소한 생각이라고 노력하지 않았던, 즉 '기획력'이 아니라고 무시한 결과일 뿐이다. 그러니 '잘한다!'는 칭찬을 해야 한다. 이는 '기획의 기본 마인드'를 고무한다.

저자가 제안하는 기획 노하우를 바쁘다고 무시하거나 제발 외면하지 말자. 진정 이 책을 만나고자 한다면 앞으로 나 자신의 운은 술술, 절로 문제가 풀릴 것이다. 그리고 한마디 더 하자면 기획을 하고 싶은 사람, 현재 기획업무를 하고 있지만 벽에 부딪힌 사람, 기획과 현재 일이 아무 관계는 없지만 자신의 역량을 높이고 싶은 사람, 입지가 좋은 점포를 얻지 못할 소자본 창업자는 반드시 챙겨 읽어야 할 책이다.

chapter 10
세상에서 가장 싼 강의노트

| 내 인생에 가장 값비싼 MIT MBA 강의노트 |
이원재, 원앤원북스, 2007.

좋은 책은 꼭 마음으로 기억하려 애쓴다. 이 책이 딱 그러하다. 잘 다니던 직장을 때려치우고 MBA를 공부하겠다고 폭탄선언을 하는 후배들이 있다면 잔소리 대신에 선물로 주기에 아주 좋다. 그렇다고 MBA를 희망하는 독자만 봐야 하는 책은 아니다. CEO의 경영노트로도 활용됨이 적지 않다. 이를테면 P로 시작되는 세 개의 단어 'put, people, profit'와 곧장 맞닥뜨릴 수 있기 때문이다. 요컨대 사람을 이익보다 위에 놓으라는 의미다. 영어로 말하자면 "Put people above profit".

글로벌 기업의 경영 노하우를 종합하는 MIT MBA 2년 과정을 생생하게 지상紙上 중계하는 매력 때문일까. 단숨에 읽힌다. 심지어

MIT 강의실에 앉아서 수업을 듣는 상상이 들 때도 있다. 아무튼 학위의 실체를 밟진 않았더라도 간접 경험할 수 있는 기회를 제공한다. 이는 이 책《내 인생에 가장 값비싼 MIT MBA 강의노트》에서 맛볼 수 있다. 이를 두고 '절호의 기회'라고 하는 게다.

책은 1학년 1학기를 시작으로 1학년 2학기, 여름……. 이윽고 2학년 1학기를 시작해서 2학년 2학기로, 마치 경영대학원 수업과정을 밟는 듯 흥미롭게 잘 구성되어 있다. 1억 원이 아니라 단돈 1만 원짜리 두 장이면 수업료 다 지불하고도 끼니를 챙겨먹고도 은근슬쩍 멋진 커피전문점에 앉아서 따뜻한 차 한 잔이 가능하다.

이 때문일까. 박학다식하고 시문에 뛰어났던 당송팔대가의 한 사람인 왕안석이 남긴 〈권학문勸學文〉에 등장하는 "책을 읽으면 비용이 들지 않는다讀書不破費"하고 "책을 읽으면 만 배의 이득이 생기네讀書萬倍利"라는 한 구가 다섯 글자로 된 오언시가 비로소 이해되었다. 왕안석은 왜 이러한 오언시를 기록했을까? 저 혼자서만 몰래 간직할 때 이미 깨달음은 누구 말대로 썩은 고름 덩어리가 되는 것을 알았기 때문이 아닐까? 어쩌면 그럴지도 모를 일이다. 해서 "좋은 글을 좇아 기록하면 할수록 수단이 내공으로 켜켜이 생겨난다"는 의미로 항간에 "술술述術 풀린다"라고들 말하는 것일 게다.

경제부 기자로 활동하던 저자가 직접 미국으로 건너가 매사추세츠공과대학MIT MBA 2년 과정 동안 배운 경영교육의 핵심 내용을 상세히 기록해 책으로 담아냈다. 책은 기자 출신다운 특유의 단문과 속도감 있는 필치가 매력적이며 진솔하다. 이를테면 "MBA 2년 동안 내가 배운 것은 경영에 대한 지식이 아니라 지식을 지혜로 바꾸는 방법이었다. 돈 버는 기술이 아니라 문제 해결능력이었다"(16쪽)라는 식으로 속내를 드러내 까발린다. 심지어 '가장 큰 적은 바로 옆의 동료'라는 고백도 서슴지 않는다.

　인재제일주의. 이에 대해서도 조언한다. 인재를 체계적으로 확보하고 관리하는 회사는 승자였다. 그렇지 않은 회사는 패자였다. 이를 지적하면서 세계 최대 금융 스캔들을 터뜨리고 순식간에 파멸의 길을 걸었던 '엔론'의 경우, 결과적으로 능력이 뛰어난 인재를 골라낸 게 아니라 스스로 능력이 뛰어나다고 믿는 사람을 골라냈던 것이 스캔들의 실재인 이유였다고 설명한다. 이것이다. 자영업이든 기업경영이든 성공을 꿈꾸는 CEO라면 명심하고 반드시 경영노트에 기록해야 할 것이다.

　세계 최대의 카지노그룹 하라즈엔터테인먼트. 카지노 CEO로 변신했던 게리 러브먼이 어느 날 수업에 들어와 경제학이 어떻게 마케팅 현장에 적용되는지 열변을 토했다. 그 내용은 이렇다. 마케팅은 과학이었다. 그 과학이 현장을 만나는 순간 예술이 되었다. 즉, 과학은 돈 벌이 되지 않는다. 돈 벌이 하려면 예술이 되어야 한다는 뜻의 주장이다.

　그런 의미에서 나는 이렇게 내 생각을 정리했다. "소비자 만족이 과학이라면 소비자 행복은 예술이다"고 말이다. 말하자면 만족으로는 경쟁력이 약하다는 이야기다. 소비자가 과학이 아니라 행복을 느끼는 예술 수준의 제품과 서비스를 팔아야 돈 벌이 된다는 이야기가 아닐까. 어쨌거나 책 읽기를 마치면 MBA 과정을 수료하는 기분이 생겨난다.

chapter 11

타인의 선택을 유도하는 부드러운 개입

●

| 넛지 |

리처드 탈러 · 캐스 선스타인, 안진환 옮김, 리더스북, 2009.

                             요상한 제목을 단 책이다. 책 제목이 '넛지'다. 영어로 옮기면 'Nudge'인데, 본래 사전적 뜻은 "팔꿈치로 슬쩍 찌르다"라는 의미란다. 그런데 책의 저자인 러처드 탈러와 캐스 선스타인은 넛지를 두고서 "타인의 선택을 유도하는 부드러운 개입"으로 새로운 개념을 제시하며 설명한다.

    요컨대 넛지란 '자유주의적 개입주의'라고 하겠다. 궁극적으로 사람들을 바람직한 방향으로 부드럽게 유도하되, 선택의 자유는 여전히 개인에게 맡기는 상황을 단적으로 말함이다. 좀더 설명하자면 넛지란 부정적이고 강압적인 방법 대신 긍정적이고 자연스럽게 부드러운 개입을 통해 개인 혹은 집단의 행동을 설계자가 원하는 방향으로 이끌어내는 것을 의미한다. 이에 대해 저자들은 이렇게 주장한다.

우리는 하나님이 만든 세상이 아니라 "선택 설계자가 만들어놓은 세상 속에 산다"(16쪽)고 말이다. 말하자면 '선택 설계자choice architect' 는 사람들이 결정을 내리는 배경이 되는 정황이나 맥락을 만드는 사람을 일컫는다. 서울 청계천에는 꽤 많은 징검다리가 놓여 있다. 우리는 그것을 누군가 놓았는지 전혀 궁금하지 않다. 산책하다 건널지 말지의 선택의 자유는 개인이 얼마든지 누릴 수 있다. 하지만 징검다리는 아무렇게나 놓인 것이 아니다. 바람직한 방향으로 징검다리를 건널 수 있는 장소를 골라 돌을 놓았을 것이다. 이를 타인의 선택을 유도하는 부드러운 개입, 즉 '넛지'라고 하는 것이다.

그러니 잘못된 장소와 돌에는 사람들이 몰려들지도 않거니와 애써 그것을 밟고 건너지는 않을 것이다. 하지만 선택 설계가 비교적 잘 되었다면 사람들의 마음에 부드럽게 개입되는 것은 물론이거니와 흡족한 결과를 만들 수 있다. 그러기에 '넛지'를 알고 모르고는 결과적으로 이야기가 확 달라진다.

남자 화장실로 예를 들자. 대개 남자들은 볼일을 볼 때 조준하는 방향에 크게 신경을 쓰지 않는다. 그러기에 변기 주변을 깨끗이 청소해도 곧바로 더러워지기 십상이다. 변기 밖으로 튀는 소변의 양을 차마 어찌하지 못해서다. 이럴 때 자유주의적 개입주의, 즉 '넛지'가 필요하다고 책에서 저자들은 제안한다.

참고로 네덜란드 암스테르담에 있는 스키폴 공항의 남자 화장실에서 넛지의 실체를 발견할 수 있다. 이 화장실의 모든 남자용 소변기에는 중앙 부분에 검정색 파리가 이를테면 넛지 아이디어인데 그려져 있다고 한다. 검정색 파리 때문일까. 남자들의 조준 방향이 차츰 정확해지면서 변기 밖으로 튀는 소변의 양을 80퍼센트나 감소시켰다고 한다. 인간 행동에 대한 적절한 이해를 바탕으로 원하는 결과를 얻어낸 것이다. 이것이 저자들이 무릇 주장하는 똑똑한 선택을 유도하는 부드러운 힘, '넛지'의 좋은 사례이다.

이외에도 넛지는 선택 설계자가 사람들에게 어떤 선택을 금지하거나 그들의 경제적 인센티브를 훼손하지 않고도, 예상 가능한 방향으로 그들의 행동을 변화시키는 개입이 가능하다는 것을 다양한 사례를 들어 보여준다. 넛지를 적용할 수 있는 범위는 우리 생활 주변에서 찾으면 아마도 무궁무진할 것이다. 그러므로 이 책은 공공정책을 입안하는 담당 공무원은 물론이거니와 가격과 매출 혹은 마케팅과 인센티브에 민감할 수밖에 없는 기업 경영자나 자영업자에게 보물 같은 넛지 아이디어를 수없이 제공하리라 믿어 의심치 않는다.

넛지는 우리 실생활에 이미 깊숙이 들어와 있다. 다만 일반 사람들이 눈치를 빨리 채지 못하는 것뿐이다. 아이팟은 사용자 환경을 편리하게 바꿈으로써 대박을 터뜨렸다. 넛지가 작동된 결과이다. 또 동네 슈퍼마켓이나 편의점에 가보라. 그들은 넛지를 매일매일 실천한다. 식품 진열대를 살짝 바꿔 재배치하는 넛지로 25퍼센트 이상의 매출이 증가한다는 경험을 몸으로 이미 오래전부터 체득해왔기 때문이다. 다만 '넛지'라는 용어를 만들어내지 못할 뿐이다. 책, 그 속에서 엉킨 실타래를 풀 수 있는 절호의 기회를 만나자. 어쩌면 당신은 '똑똑한 선택을 이끄는 힘'을 금방 발견하고 적용할지도……. 그래서 조만간 대박을 터뜨릴지도 모를 일이다.

chapter 12
아이디어만으로는 성공할 수 없다

| 늙은 코끼리를 구하는 10가지 방법 |

비제이 고빈다라잔 · 크리스 트림블, 고빛샘 옮김, 21세기북스, 2008.

"누구도 해낸 적 없는 성취란, 누구도 시도한 적 없는 방법을 통해서만 가능하다." 17세기 영국의 철학자 프랜시스 베이컨이 한 말이다. 세계적인 제약회사로 유명한 화이자의 제프 킨들러는 그러한 아주 독특한 습관을 가지고 있다. 이른바 '경청의 기술'이다. 제프 킨들러 회장은 매일 1센트 동전 10개를 왼쪽 바지 주머니에 넣고 집을 나선다고 한다. 만나는 상대방의 이야기를 충분히 들었다고 판단될 때는 즉각 동전 하나를 오른쪽 바지 주머니로 옮겨놓기 위해서다.

"항상 시장의 목소리에 귀를 열어놓아야 한다. 어려울 때든 좋은 때든 소비자들의 목소리만큼 확실한 지표가 없다. 리더는 어려운 때일수록 최대한 소비자들과 가깝게 있는 사람들의 이야기를 듣고, 또 들어야 한다. 여기에 해답이 있다"고 늘 강조하는 제프 킨들러 회장은 그렇게 매일 하루를 보내면서 10개의 동전이 모두 왼쪽에서 오른쪽으로 채워지면 자기 자신에게 '100점'을 준다고 한다.

코끼리가 전혀 늙지 않을 수 없다. 마찬가지로 기업도 항상 청춘이고 혁신을 구할 수는 없다. 방법이 있다면 제프 킨들러처럼 '시장'에 귀 기울이거나 이어령 교수가 말한 것처럼 '새로운 것'에 '목말라 하고 궁금해 하고 해답을 찾는 노력에' 결코 게으르지 말아야 할 것이다. 몸(기업의 역사)은 비록 늙어도 마음(기업의 성장)만은 늘 청춘이고 봄날이고 싶다면…….

상큼한 제목이 빛나는 《늙은 코끼리를 구하는 10가지 방법》은 성장한계(늙음)를 돌파한 기업들의 혁신 코드를 주로 다루며 구체적으로 기업의 혁신을 어떻게 하면 되는지에 대해 자세히 언급한다. 이를테면 이런 식이다. 어느 날 기업의 CEO가 "혁신만이 내년 성장을 보장해주는 돌파구입니다"(34쪽)라고 말해놓고는 정작 CEO 자신은 "모든 일을 아랫사람들에게만 맡겨놓은 채 다른 곳에 신경을 쏟기 시작하는 것"(34쪽)부터가 큰 실수를 하나 저지른 것이라고 지적한다. 훌륭한 아이디어와 유능한 리더가 없는 것이 혁신의 큰 장벽이라고 생각한다면 그것은 CEO의 실수다.

저자들은 실수하지 않으려면 이렇게 하라고 조언한다. 즉, 기업의 경영자가 혁신을 완수하기 위해서는 기존의 아이디어 외에도 다음 5가지 행위가 수반되어야 한다. 자금을 끌어 모으고, 성공과 실패에서 교훈을 빨리 배우고, 불확실한 미래의 계획을 따르도록 사람들을 설득하고, 습득한 교훈을 바탕으로 조직을 재정비하고, 어떤 아수라장 속에서도 성과에 대한 기대를 충족시켜서 투자자들을 만족시켜야 한다는 것이다.

기가 막힌 아이디어를 내기만 하면 새로운 사업에서 수익을 낼 수 있다고 생각하는 경영자들이 너무 많다는 것이 문제라면서 이 책은 허울뿐인 '혁신'을 경계할 것을 주문한다. 저자들은 수년에 걸친 심층적인 사례 연구를 통해 전략적 혁신에는 3가지 전제조건이 필요하다고 강조한다. 지금의 사업을 성공으로 이끌어준 핵심 가정들을 '잊을' 것, 새로운 사업을 위해 조직의 기존 자산을 '빌려올' 것, 불확실한 신흥시장에서 성공하기 위한 방법을 '학습할' 것이 바로 그것이다. 풍부하고 극적인 기업들의 다양한 사례가 빛나는 책이다.

chapter 13
군중의 판단은 항상 정확하다

| 대중의 지혜 |

제임스 서로위키, 홍대운·이창근 옮김, 랜덤하우스코리아, 2005.

                                어느 남자 이야기다. 그는 기자인데 서른다섯 노총각이다. 또한 준비된 신랑감인데 정작 결혼할 여자가 없다. 이게 문제다. 어느 날이다. 노총각의 친구 셋이 만났다. 각각 신붓감을 한 명씩 추천하고자 약속해서다. 쪽지를 하나씩 폈다. 셋 모두 적어낸 신붓감의 이름은 똑같았다. 어떻게 이럴 수가······. 이처럼 문제의 '답은 천재가 아닌 대중의 손에 있다'고《대중의 지혜》는 주장한다. 원제는 'The Wisdom of Crowds'이다. 참! 시적詩的 표현이다.

    청마 유치환 시인의 〈깃발〉에 등장하는 '소리없는 아우성'처럼 제목은 강한 인상을 남긴다. 생각해보자. 아우성이 어찌 소리가 없다하는가. 또 대중은 바보가 일반적으로 통하는 상식이다. 그런데 어째서 지혜라고 하는가. 곰곰 생각하자. 그러면 시詩가 비록 역설적이나 진리로 닿는다. 이 때문이다.

미국 〈뉴요커〉지 논설위원이자 저명한 경영칼럼니스트인 제임스 서로위키는 '놀랍도록 정확했던 군중의 판단'을 시작으로 이야기의 보따리를 흥미진진하게 푼다. 영국 과학자 프랜시스 골튼은 1907년 어느 봄날에, 우연히 소의 무게를 알아맞히는 대회를 목격하게 된다. 살진 소 한 마리가 무대 위에 올랐다. 많은 사람들이 그 소의 무게가 얼마나 될지 내기를 하려고 줄지어 서 있었다고 묘사하는 식이다.

놀라운 것은 소에 관한 지식이 없는 사람들이 써낸 무게(?) 측정에 있다. 아무런 사전 정보도 없이 우후죽순 모인 군중의 판단이 실제 1,198파운드의 소의 무게를 1,197파운드로 거의 정확하게 적어냈다고 한다. 놀랍지 않은가. 이러한 대중을 그 누가 어리석다, 바보다, 때문에 옳은 선택과 결정을 내릴 수 없다, 그러는가.

이 책은 1부('대중의 지혜' 알아보기)와 2부('대중의 지혜' 적용하기)로 나뉜다. '개인의 독립성이 집단에서 중요한 이유'에서는 남의 것만 모방하려는 개미 투자자들의 심리와 펀드매니저의 고민을 비로소 이해할 수 있다. 기업 경영자라면 '회사의 법칙'은 반드시 참고할 만하다. 책은 신속하게 자기 조정하는 기업 '자라Zara'도 소개한다. 자라의 강점은 크게 2가지다. 첫째, 고객들의 변덕스러운 수요를 예측하고 그에 따라 조정하는 유연함에 뛰어나다. 그 결과, 소비자는 고객이 되며 고객은 단골로 감사함에 답한다(자라 매장에 가면 언제든지 개인이 찾는 옷을 살 수 있다는 신뢰가 생겨나서다).

둘째, 수만 명에 달하는 직원들의 행동과 판단을 하나로 잘 조화시켜 '고객이 원하는 옷을 만들어 판다'는 단 한 가지 목표를 놓고 매진한다. 기업이 잘 되려면 모든 경영 활동이 서로 충돌없이 잘 돌아가고 시간을 허투루 낭비하는 업무를 최대한 없애야 한다. 이게 바로 성공하는 기업의 법칙이다.

누구나 소비자를 상대로 한다. 다만 만족하는 고객이 없을 뿐이다. 그러나 만족은 1회성에 지나지 않는다. 매출의 80퍼센트를 차지하는 단골 20퍼센트를 지속적으로 유지하기 위한 과학 경영, 예술 마케팅이 뒷받침되지 않으면 성공하는 기업의 법칙은 내일부터는 아예 없다. 참고로 자라는 모든 의류 회사의 가장 큰 적인 재고더미를 사전에 방지할 수 있는 경영에 총력을 기울이는 회사로 유명하다. 그날 팔릴 상품만 매장에 갖다 놓을 수 있는 이유는 소비자보다는 고객이, 고객보다는 단골이 많아졌기 때문일 것이다.

저자는 기업의 "집단적 의사결정이라는 말은 사실 미사여구에 불과했다"(262쪽)고 한다. 미국 기업들 중에 실제로 그 말을 실천에 옮기려고 노력하는 경우는 별로 없었다고 한다. 한국 기업들도 마찬가지일 것이다. 하지만 이러한 수직적 기업의 문제는 조정 기능이 약하고 조정하는 데 따르는 비용이 엄청나다는 게 문제이다. 그런 의미에서 저자의 CEO 개인은 답을 주지 못한다는 지적에 동감하지 않을 수 없다.

'CEO가 매우 뛰어난 의사결정을 한다'는 생각은 잘못된 것이다. 이 사실에 어쩌면 샐러리맨들은 위안을 삼을 수 있을 것이다. 더구나 "서열이 높은 사람들은 정확히 알지 못하는 것도 일단 말하고 보는 경우가 흔하다"(243쪽)는 구절에서는 왠지 모르게 신나면서 통쾌한 면이 없지 않다.

그러나 무조건 '대중의 지혜'가 맹목적으로 신뢰할 만한 것인가? 저자가 주장하는 '대중의 지혜'는 집단이 항상 옳은 답을 준다는 의미가 아니며 평균적 관점에서 개인보다 나은 해답을 지속적으로 낸다는 의미로 경계하며 받아들여야 할 것이다.

또 최고의 CEO가 되기 위해서는 이 말을 명심하거나 좌우명으로 삼아도 좋을 것이다. "불확실성에 처해 있을 때 경영진의 집단적 판단은 가장 현명한 경영자 한 사람의 판단보다 우수할 것이다"(282쪽)라는 명언을 말이다. 21세기는 '레오나르도 다빈치' 같이 혼자 모든 것을 독식하며 해결하던 시대가 결코 아니라고 보기 때문이다.

그나저나 노총각 기자여, 그대의 현명한 결정을 위해서 평균적 관점에서 당신보다 친구들이 나은 해답을 신붓감으로 적어놓았던 것은 아닌지 진지하게 고민하는 것은 어떠한가?

chapter 14

명당은
따로 있다

| 대한민국 명당 |

이규원, 글로세움, 2009.

　　　　　　　　　　이 땅의 젊은이들이 아니라 모처럼 어르신들이 읽으면 좋을 책이 나왔다.《대한민국 명당》이 그것이다. 물은 위에서 아래로 흐른다. 법法이란 한자는 그것을 의미한다. 책은 바람과 물風水, 또는 양택(집터)이니 음택(뫼터)이니 하는 말에 절로 귀가 순해지는 나이가 아니면 좀처럼 읽기가 힘들어 보여서다. 하지만 행복한 가정을 꿈꾸는 가장이라면 나이에 상관없이 누구나 남녀를 불문하고 한 살이라도 젊었을 때 읽으면 틀림없이 생활에 유익함을 주기에 책은 가치에서 전혀 하자가 없어 보인다.

　책은 풍수 입문 40년, 종교 전문기자 출신인 이규원이 전국 풍수대가 50여 명과 4년에 걸친 명당 답산 끝에 내놓은 현장 취재기다.

이야기는 신라 말 경순왕릉부터 반기문 유엔 사무총장 생가 터까지 심지어는 고故 김수환 추기경의 서울 명동성당과 서울시 종로구 신문로 1가 42번지가 주소인 새문안교회까지 추적해 명당 비밀을 낱낱이 공개한다. 뜻밖이었다. 비슷한 위치의 건물이라도 풍수적으로 좋은 자리는 임대가 불티나지만 풍수적으로 좋지 않은 자리는 임대가 잘 되질 않는다는 이야기가…….

책에 따르면 새문안교회는 전후좌우에 새로 지어진 건물들이 풍수학적으로 도움을 주고 있는 축복받은 자리(명당)라고 한다. 그래서 그랬던가. 유독 그 앞을 지나칠 때면 왠지 내 마음이 자연 평온해지는 기분이 들었더랬다. 그렇다. 진정 어디가 명당이고 아니고는 명당을 알아보는 이가 있어야 한다. 또 명당에 알맞은 이가 살아야 명당이지 그렇지 않다면 명당에 산들 복록福祿을 누리는 것은 아닐 게다. 이것이 풍수가 미신과 다른 점이라고 저자는 강조한다.

풍수의 역사는 오래다. 중국 풍수가 우리나라에 전해진 건 신라 말과 고려 초 도선국사에 의해서다. '옥룡자비법'으로 불리는 도선의 비보풍수는 고려조와 조선조를 거쳐 현재까지도 맹위를 전혀 잃지 않고 있다고 한다. 왜 그러겠는가. 인물을 낳고 집안을 일으켜 세운 가정사 경험이 아버지의 아버지, 또 할아버지의 할아버지에게서 전해오는 이야기이기 때문이다.

그렇기에 한국의 명당은 효孝가 그 바탕이다. 바탕이 없는데 어느 날 갑자기 출세하고 부자가 되지는 않는다. 내가 조상을 잘 모시고 살아생전에 덕행을 잘 쌓아야 되는 이유에는 명당의 기운을 받을 수 있고 후손에게 전할 수 있기 때문일 것이다. 그러므로 나만이 잘 되어야 한다는 이기와 자만심은 명당도 하루아침에 명당이 아니게 되므로 저자는 이를 주의하라고 조언한다.

　흥선대원군은 아버지 남연군의 뫼터를 찾아 충청도 일대를 샅샅이 뒤졌다고 한다. 그래서 지금의 충남 예산군 덕산면의 명당을 발견하고는 아버지의 묘를 이장했고 당대 최고의 풍수 정만인의 예언(2대 군왕지지君王之地)처럼 아들 고종과 손자 순종까지 황제로 대를 이었다 한다. 10여 차례나 남연군 묘를 다녀왔다는 저자는 명당 풍수의 모범 학습장이라고 평가한다.

　도무지 믿기지 않는 이야기도 하나 등장한다. 아계 이산해 묘와 풍수 설화가 그러하다. 부모의 몽중 관계로 태어났다고 하니 그럴 수밖에. 아버지 이지번은 명나라 사신으로 산해관에 유숙할 적 집에 있는 부인과 동침하는 꿈을 꾸었다. 공교롭게도 수천 리 밖 집에 있는 부인도 같은 날 남편과 운우지정을 나누는 꿈을 꾸고 수태하게 되었다니……. 산해관을 기념하여 아들의 이름을 '산해'라고 지었다나? 하하하, 웃어야 할지 아니면 뻥이라고 해야 할지…….

　명당이란 진짜 무엇인지 우리에게 귀중한 가르침을 전하는 이야기를 하나 보자. 퇴계 이황 묘와 도산서원이 그러하다. "어찌 내세를 알겠는가, 지금 세상도 알지 못하거늘."(206쪽) 이것이다. 퇴계 이황이 왜 뭇사람의 존경을 받는 이름난 유학자인 줄 절로 깨닫게 만든다. 또 경기도 능내리에 있는 다산의 생가는 무엇 하나 나무랄 데 없는 명당이라고 한다. 언젠가 한 번은 그곳에 꼭 가고 싶다. 풍수와 명당이 그저 고리타분한 옛것이 아니라는 생각이 책을 읽으면서 자연 들어서다.

chapter 15

명문가의 최고 와인을 맛보다

| 로스차일드가와 최고의 와인 |

요하임 쿠르츠, 이선희 옮김, 뮤진트리, 2008.

세계에서 가장 질 좋은 레드와인을 아시나요? 로스차일드 가문이 1853년에 사들인 샤토 무통과 1868년에 사들인 샤토 라피트가 그 주인공이란다. 몰랐다. 세계적인 금융 명문가로 '로스차일드가'는 알았지만, 그 가문이 소유한 포도원이 그토록 유명한지는 전혀 몰랐다. 이 책은 제목《로스차일드가와 최고의 와인》그대로다. 가문의 역사는 기본이되 와인 이야기도 가득하다. 독자로서는 세계 명문가 이야기와 최고의 와인이라는 '두 마리 토끼'를 잡는 재미를 동시에 맛보는 셈이다.

홍성태 한양대학교 경영대학 교수는 한 신문에다 이렇게 말했다. "로raw의 시대가 온다"라고. 말하자면 '디지털이나 버추얼 리얼리티

(가상공간)와 같은 인공적인 것에 둘러싸여 있는 세상에 우리가 살고 있는 탓에 사람들은 점점 더 '단순하고 자신이 통제할 수 있는 삶으로 돌아가고 싶어한다'는 것을 지적한 바 있다. 이는 기미다. 빌미가 아니다. 즉 웰빙, 내추럴, 혹은 오가닉 등이 뜬 이유는 '자연으로 돌아가자'라는 소비심리 맥락과 맞물렸다는 그러는 이야기다. 그러면서 강조하길 마케터와 디자이너 모두 '로'의 시대에 어떻게 대처해야 할지 고민해야 할 시점이라고 의미심장한 충고를 우리에게 전한 바 있다.

그래 그랬던가. 이 책은 딱 '로'하다. 봇물처럼 쏟아져 나오는 실용적인 와인 소개 도서와는 사뭇 격이 다르다. 세련돼서다. 가문의 역사도 지나치게 포장하지 않는다. 책에는 '날것의' 또는 '가공하지 않은' 고지식함이 묻어나와 물 흐르듯 자연스럽다.

로스차일드 가문의 영광은 18세기 중엽 프랑크푸르트의 가난한 유대인 집단촌에서 시작된다. 흔히 '게토'라고 불리는 유대인 집단촌에 살던 사람들은 제대로 된 성姓을 가질 수 없었다. 그저 있다면 문 앞에다 색깔로 가문을 상징해 표식을 했을 뿐이다. '붉은 표식을 해둔 집'이라 해서 '로트쉴트'라고 불렸다고 한다. 그러던 것이 18세기 이후 유럽에서 가장 영향력이 있는 '로스차일드가家'로 영어식 발음으로 불렸던 것이라고 저자는 '날것의' 역사를 좇아 추적한다.

남자들은 좋아하고 여자들은 참 싫어할 이상한(?) 유언도 있다. 1812년 가문의 시조인 마이어 암셸 로스차일드가 남겼던 유언 내용이다. "내가 지시하노라. 내 딸과 사위, 외손자들은 (마이어 암셸 로스차일드와 아들들) 회사에서 진행되는 사업에 결코 참여하지 않기를 바라며 어떤 사업 기반을 위해서도 자금을 요구할 수 없고 해서도 안 된다. 오히려 내 아들들에게 계획한 사업의 권한과 소유권을 주어야 한다. 내 딸과 상속인들은 언급한 사업에 대해 요구할 권리가 없다. 아버지인 내 뜻을 거스르고 내 아들들이 충분한 소유를 하는 데 방해하는, 그러한 일을 저지른다면 그 누구라도 용서하지 않겠다."(35쪽)

이리 못을 박았다니……. 남자들이여, 만세 삼창을 불렀는가. 아니면 여자들이여 이를 무시하는가. 이하 각설하겠다. 남자든 여자든 빠트리지 않고 꼭 챙겨 읽어야 할 대목이 있다. 이 책에선 단연 '에필로그'이다. 저자는 "와인의 글로벌화는 결코 긍정적으로 받아들여지지는 않는다"(286쪽)고 주장한다. 궁극적으로 "국제적으로 통일된 무난한 맛에 맞추게 된다"(287쪽)는 염려 때문이다. 그러면서 덧붙여 말하길 "와인의 세계는 어지럽게 돌아가고 있고 더욱 복잡하고 다양해져서 지금으로서는 전망하기 어려울 정도다"(287쪽)라고 한계점을 드러낸다.

나는 이렇게 읽었다. 책이 결국 강조하는 것은 이것이다. "두 샤토의 성공 비밀은 실로 놀랍게도 백 년 이상 그들의 와인이 지속되어 왔다는 것뿐만 아니라 소유주의 연속성에도 기초한다. …… 어떤 스타일이 좋은지 어느 쪽 와인이 맛있는지는 각자의 기호에 달렸다. 결국 로스차일드 사람들은 금융자본가로서도 포도원의 소유자로서도 역사에 확실한 흔적을 남긴 것만은 분명하다"(292쪽)는 것이다. 저자는 아마도 그것을 말하고 싶었을 것이다. 논픽션 작가의 객관적이고 철저한 고증이 돋보이는 '날것의' '로' 한 제목 그대로인 책이다.

chapter 16

비즈니스 창의성을 깨우라

| 리들 |

앤드류 라제기, 이선혜·신정길 옮김, 명진출판, 2008.

중국 북송시대의 정치가이자 역사가인 사마광의 《자치통감》(삼화)에 따르면 독창적인 창의성으로 난국(전국시대)의 실마리를 풀어가는 것이 '정치'라는 걸 읽을 수 있다. '정치적 창의성'의 역사적 사례로는 그 유명한 소진의 합종책이 대표적이다. 친구 장의의 연횡책도 아이디어가 기발하긴 마찬가지다.

천하가 혼란하던 시대에 나라가 처한 위기와 한계를 극복하는 놀라운 지혜는 단지 화술과 모사에 불과하다고 생각한다면 그것은 '정치적 창의성'이 무엇인지 잘 모르는 것이다. 21세기가 오기 전, 지금까지는 어쩌면 '정치적 창의성'이 중요했다. '부와 성공'의 기회를 가져다주었기 때문이다. 그러나 앞으로는 '비즈니스'가 부와 성공의 기회를 제공하기 때문에 '비즈니스 창의성'을 모르고서는 전쟁터와 같은 비즈니스 세계에서 생존하기가 버겁고도 참 어려울 것이다.

앤드류 라제기가 펴낸 《리들》이란 책은 창의적 통찰력의 전조가 되는 도구들, 다시 말해 위대한 아이디어의 탄생 직전에 진행되는 행동과 사고 과정을 '리들 The Riddle'로 정의하여 설명한다. 왜 그랬을까. 비슷한 낱말로 쓰이는 '퍼즐 puzzle'로는 비즈니스 창의성을 강조하기엔 '수수께끼'라는 단어 이미지가 주는 식상함 때문이 아니었을까?

미국 경영전문지 〈패스트 컴퍼니〉에 의해 '올해를 빛낸 스마트 북'에 뽑힌 이 책은 비즈니스 창의성이라는 여행길에 오를 수 있는 나침반과 지도를 우리에게 선사한다. 저자는 "창의적으로 생각하는 것은 얼마든지 선택과 조절이 가능한 일"(21쪽)이라고 언급한다. 생각해보자. 20세기 경제는 모든 것을 점수로 환산하거나 네모상자 빈칸을 채우려는 퍼즐게임이 통했던 게 사실이다. 그러나 21세기는 통하지 않았다. 이제 퍼즐은 신대륙이 아니다. 반면에 비즈니스 창의성을 깨우는 부와 성공의 수수께끼 상자인 리들은 신대륙의 발견이다. 그것을 저자는 우리에게 선물한 셈이다.

저자에 따르면 창의성은 크게 3가지다. 파블로 피카소로 대표되는 '예술적 창의성'과 마리 퀴리로 대표되는 '과학적 창의성'과 제임스 다이슨('완벽한 흡입력'을 자랑하는 다이슨 진공청소기의 발명가)으로 대표되는 '비즈니스 창의성'으로 나뉜다고 한다. 그것들의 차이를 제대로 이해한다면, '백만 불짜리 아이디어'를 누구나 세상에 내놓을 수 있다는 주장을 편다.

요컨대 "우리는 왜 역사를 공부할까. 그것은 세상에 완전히 새로운 아이디어란 없기 때문이다"(37쪽)라는 따끔한 충고와 만나면 "이 세상에 순도 100%의 새로운 아이디어는 없다"(37쪽)라는 부연 설명에 자연 수긍이 간다.

그러나 소진의 합종책 대신에 장의의 연횡책이 통했던 것처럼 '새로운 콘셉트'는 가능하고 또 존재할 수 있는 것이다. 어느 날, 한국인, 중국인, 미국인 이렇게 세 사람이 한자리에 모였다. 그들이 좋아하는 숫자를 적자고 제안했다. 한국인은 숫자 '3'을 적었다. 숫자는 '완성'을 뜻한다. 그러나 '성급함'이 약점이다. 중국인은 숫자 '8'을 적었다. '발전'의 발과 팔은 의미가 상통한다. 그러나 속도가 '느리다'는 것이 약점이다.

미국인은 어떤 숫자를 적었을까? 답은 '5'이다. '중간'이다. 한국인처럼 성급하지도 중국인처럼 느리지도 않다. 그러한 미국인의 성격을 그대로 드러냄일까. 이 책의 저자도 비즈니스 창의성을 깨우는 열쇠를 5가지로 제시한다. '호기심, 제약, 연관성, 관습, 코드'가 바로 그것이다. 즉, 5가지 열쇠를 사용한다면 우리는 신의 영역이라 여겨지던 창의성의 세계를 이해하고, 필요한 아이디어를 만들어낼 수 있다는 주장일 터.

부와 성공의 기회를 창출할 수 있는 수수께끼, 즉 '리들'은 '문제해결과 현실화'가 아이디어를 죽이고 살리는 데 관건인 셈이다. 책은 창의성에 관한 내용이지만, 궁극적으로는 '기업이 어떻게 돈을 벌 수 있느냐'에도 초점을 맞출 수 있다. 그래서 《죽은 경제학자의 살아 있는 아이디어》(김영사)와 더불어 기업의 CEO나 임직원들에게 간만에 '속 시원한 책'으로 손색이 없다.

chapter 17
특별한 클래식 경영수업

| 마주침 |

유정아, 문학동네, 2008.

　　　　　　　무작정 활자를 좇는 빈약한 독서에서, 맛을 음미하고 생각하며 깊이 느끼는 풍요로운 독서로 나아가는 것. 해서 책꽂이에서 다시 꺼내 그것을 세우지 않고, 오랫동안 책상이나 침대에 눕게 하거나, 아니면 한적한 오후의 공원에 빈 의자거나 퇴근길 버스에서 뼛속까지 사랑하고픈 책을 만나기는 참으로 쉽지 않다. 만났다면? 그렇다면 운運이 튼 것이다.

　이 책《마주침》은 마치 잘 만든 영화처럼 다시 보고픈 충동을 느낄 정도로 아주 매력적이다. 그래 그랬던가. 나는 자주 그것을 손으로 애무하며 눈으로는 기꺼이 '마주침'을 허락한다. 이뿐만 아니다. 책 뒤에 실린 음반을 꺼내 클래식, "모차르트가 가장 궁핍하고 빚에 쫓겼던 시절 완성한 걸작 교향곡 40번의 1악장"(11쪽)을 하염없이 무시로 듣는다. 더없이 행복한 표정을 지으며……. (최근에 CD를 잃어버렸다. 속상하다!)

책의 저자이자 클래식 라디오 프로그램의 진행자였던 아나운서 유정아를 실은 고백하건대 나는 직접 만났다. 텔레비전 북카페 진행자와 패널로서 말이다. 이윽고 처음 만나 느닷없이 책을 들이대며 사인을 부탁하는 내게 그녀는 한치의 망설임 없이 친필 사인을 남겨 주었다. 감사했다! 가문의 영광이니…….

아마도 저자는 누구나 친구처럼 잘 대할지도 모른다. '두 현악기의 우정'을 통해서 "우정의 빛깔이야 그 어울림의 색깔처럼 다 다르겠으나, 음악을 통해, 음악으로써, 우리 모두도 그들처럼 누군가와 깊은 우정을 나누기를 바랐다"(336쪽)라고 말했기 때문이다. 내가 클래식을 다시 마주침하게 된 계기는 순전히 저자의 뛰어난 글 솜씨 때문이다. 전문가인 척 떠벌리지 않는다. 소탈하다! 마치 도시의 후미진 골목길 음악다방 DJ처럼 편안하다. 이렇듯 내용이 만만하다. 또 익살스런 구석이 많다.

이를테면 교향곡의 아버지 하이든을 소개하는 것이 그러하다. 하이든은 유머를 아는 사람이었고 자기 악단의 처지를 고용주에게 말할 줄 알며 인간관계에서 조화를 도모할 줄 알았던 따뜻한 성품의 소유자였다, 그런다. 경영자의 마음가짐이 하이든 같다고 한다면 내 보기엔 권력이 아니라 권위는 이미 '떼논 당상'일 게다. 또 "병으로 더이상 작곡을 할 기력이 없었던 말년에는 가끔 피아노 앞에 앉아 뚱땅거리는 것이 위안거리였는데, 그 뚱땅거리던 멜로디가 오늘날

오스트리아와 독일의 국가가 되었다"(52쪽)라는 대목에선 슬며시 하하, 웃음보가 터진다.

저자는 도발적으로 질문을 던진다. "음악은 누구의 것인가"(90쪽)라고 말이다. 바흐의 무반주 첼로 모음곡은 20세기 초 어느 날 우연히 헌책방에서 파블로 카살스가 그 악보를 발견하여 오늘날 우리가 들을 수 있게 되었다고 한다. 결론은 이렇다. 6곡의 귀중한 모음곡은 처음에 작곡자 바흐의 것이었다가, 200년 후 찾아낸 카살스의 것이었다가, 그 누구보다도 그 음악답게 연주한 슈타커의 것이었다가, 그 소리가 내 가슴을 파고드는 순간 나의 것이 되었다고 주장한다.

그렇다. '내 가슴을 파고드는 순간'이 내 것이다. 그렇지 않다면 내 것이라고 주장할 수 없다. 그렇기에 저자는 "진정한 소유는 진정으로 알고 좋아하는 것일 때 가능하다"(93쪽)고 이야기하는 것이리라. 남자와 여자의 사랑도 무릇 그렇지 않을까. 그러고 보니 '남편'이라고 부르는 말은 '소유욕이 없는 말'이지 싶다. 왜냐하면 말 그대로 남의 편, 즉 내 것이 아니라 남의 것이기 때문이다. 하하. 그만 따지자. 이하 생략이다.

음악의 조예가 깊은 유정아 아나운서는 직업적인 면모도 드러낸다. 이를테면 '3분 스피치'가 그것이다. 그러고는 "진정한 고수는 유연한 법이다"(180쪽)라고 쐐기를 박는다. 이윽고 클래식은 꼭 이래야 한다거나 연주회는 이래야 한다거나 연주기법은 이래야 한다거나 고집을 부리지 않는다, 식으로 저자의 음악 지론을 그득 담아낸다. 그러니 클래식이 어렵지 않다. 괜스레 좋아진다.

피아니스트 백건우도 거론한다. "모른다고 솔직히 말할 줄 아는 사람은 이후 알기 위한 노력과 자세가 되어 있는 사람이고 모른다고 말하지 않는 사람은 영원히 알 준비가 되어 있지 않은 사람"(379쪽)이라는 주장이 어디 클래식만 통할까. 인간사, 사회, 문화, 비즈니스에도 마찬가지로 통한다. 이는 창업자나 경영자가 꼭 명심해야 할, 즉 지속경영의 핵심을 파고드는 큰 가르침일 터.

어쩌다 달콤한 휴식, 따뜻한 위안, 클래식 감상이 필요할 때, 아니면 휴식을 취하면서 덤으로 '특별한 경영수업'까지 받고 싶을 때, 당신이 언제든 마주침이 필요하다고 원할 때 짠하고 마주침이 가능한 책이다.

chapter 18

거울을 보지 말고 세상을 보라

| 마케팅 거장에게 오늘을 묻다 |

로라 마주르·루엘라 마일즈, 김민주·송희령 옮김, 비즈니스맵, 2007.

　　　　　　　　　마케팅! 늘 접하는 말이지만 막상 꼬집어 물으면 잘 모르는 경우가 많다. 그래서 마케팅의 아버지 필립 코틀러는 사람들이 '판매와 마케팅을 계속 혼동하고 있는 것'이 '큰 문제'라고 지적한다. 브랜드 자산과 브랜드 전략 분야의 최고 권위자인 데이비드 아커도 자신이 거장으로 인정받는 이유에 대해 "나는 항상 배우고 연습하기를 좋아한다"(76쪽)고 답한다.

　비즈니스 전문작가인 로라 마주르와 루엘라 마일즈는 마케팅 거장들이 왜 다른 경제경영 분야보다 논란의 여지가 많은 마케팅을 연구하며 인생을 바치게 되었는지, 마케팅을 연구하는 동안 어떤 신념을 지녔는지, 그 이론을 세운 배경은 무엇인지 알고 싶어 이 책《마케팅 거장에게 오늘을 묻다》를 썼다고 밝혔다. 책에서 12인의 마케팅 석학인 거장들에게 던져진 인터뷰의 주제는 '전문가의 길'과 '오늘날의 마케팅에 대한 평가'와 '인생철학'이다.

책은 제법 두텁다. 하지만 단숨에 읽힌다. 옮긴이의 내공이 출중해 번역의 맛을 잘 살렸기 때문이다. 주요 내용을 빨간색으로 처리한 세심함과 영어 본문은 독서의 흥미를 배가시킨다. 가장 큰 장점은 만만치 않은 분량이지만 읽을거리가 많아 지루하지 않다는 점이다. 재미있는 강의를 듣는 기분이다.

예컨대 미국 기업과 일본 기업의 차이점, 미국 뉴저지주에 본사를 둔 커머스뱅크Commerce Bank의 성공 사례는 시사하는 바가 크다. 기술적 비전을 제시한 마케팅 전문가 레지스 맥케나와 만나면 국내 온라인서점 '예스24'가 왜 성공할 수 있었는지 알 수 있다. 그가 말한 로지스틱스Logistics는 소자본 창업자의 적자생존을 위한 필수요소다.

'로지스틱스'란 어떻게 하면 상품과 서비스를 고객의 집 문 앞까지 배달해줄 수 있는지를 연구하는 것으로 소프트웨어 프로그램에 의해 작동하는 서비스 네트워크를 말한다. 오늘날 대부분의 기업은 컴퓨터·소프트웨어·고속 네트워크 없이는 어느 사업부서도 효율적으로 운용할 수 없다고 레지스 맥케나는 설명한다. 로지스틱스는 결국 "고객이 원하는 모든 것을 효율적으로 제공해주는 것 또한 훌륭한 마케팅"(136쪽) 활동을 뜻한다. 이윽고 레지스 맥케나는 마케팅을 이렇게 정의한다. 훌륭한 마케팅 실력을 갖추려면 계속 질문을 던져야 한다. 또한 훌륭한 마케팅은 스스로 닦아가는 길에서 나오는 것이며, 자신의 경험으로 배워서 구축해야만 한다고 조언한다.

마케터로 성공할 수 있는 방법에 대해 돈 페퍼스와 마사 로저스는 이렇게 강조한다. 진정으로 성공할 수 있는 마케터는 바로 고객이 인생을 좀더 편안하게 살 수 있도록 도와주는 사람이라고. 그러기 위해서는 고객의 부담을 덜어주고, 고객의 문제를 해결해주고, 고객의 신뢰를 얻어 고객이 기업에 자기 인생의 많은 부분을 내맡기도록 이끄는 것에 목표를 두어야 한다. 이는 모든 기업이 명심해야 한다. 기업에 꼭 필요한 능력이기 때문이다.

켈로그 경영대학원의 필립 코틀러 교수는 잘만 하면 기업의 미래를 창조해주는 것이 바로 마케팅이라고 개념을 정립한다. 그는 경제학자들조차 수많은 상품이 지나가는 복잡한 유통 채널을 무시한다고 지적한다. 그러면 시장화에 성공할 수 없다고 한다. 특히 고객관리의 중요성이 점점 부각되고 있다는 점을 집중적으로 거론한다. 그렇다면 어느 기업이 마케팅을 잘하는 것이고 또 어느 기업이 마케팅을 잘못하는 것인지 궁금하지 않을 수 없다. 이에 대해 필립 코틀러는 마케팅을 매우 잘하는 기업 사례로 '스타벅스'를 설명한다.

스타벅스는 단순히 커피소매점에 머물러 있지 않다. 매장에서 음악도 판매한다. 슈퍼마켓, 편의점에서 자사 제품을 판매한다. 그리고 전 세계 수많은 국가에 진출해 있다. 반대로 마케팅에 실패한 기업을 살펴보면 신기술, 새로운 라이프스타일, 새로운 경쟁자 파악을 제때에 하지 못했다는 공통점이 있다고 주장한다. GM사가 대표적인 사례다. 일본의 자동차회사들이 하는 것을 구경만 하다가 낭패를 보았다고 분석한다.

압권은 이것이다. 실패한 기업을 살펴보면 관료주의 경영을 하고 있으며, 스스로 자만심에 빠져 있다고 공통점을 발견한다. 창을 통해서 바깥세상을 보는 것이 아니라 거울로 자신의 모습만 보고 있는 셈이다. 기업이든 자영업이든 성공하기 위해서는 기꺼이 '귀'를 열어두고, 고객처럼 행동하고, 고객의 문제를 '도와주는 손'으로 업을 닦고 덕을 쌓을 필요가 있다. 그런 의미에서 나는 기업企業의 기企는 '고객의 걱정을 그치게 만드는 마케팅의 힘'을 상징한다고 본다. 이것을 12인의 마케팅 거장들은 한결같이 주장한다.

chapter 19

연애와 마케팅의 공통점

| 마케팅 카사노바 |

김기완 · 차영미, 다산북스, 2008.

　　　　　마케팅이란 무엇인가? 누군가 묻는다면 얼른 답하기 어렵다. 그러나 '연애 같은 것'이 '마케팅'이라는 걸 안다면 언제, 어디서 묻는다 한들 곧바로 대답할 수 있을 것이다. '연애 잘하는 사람이 마케팅도 잘한다?'는 질문을 이 책 《마케팅 카사노바》가 잘 보여주고 있다. 게다가 '국내 최초 연애소설'의 형식을 빌려 썼기에 책 읽기도 쉽다.

　사실 연애와 마케팅은 공통점이 수없이 많다. 상대(소비자)를 무시하면 안 된다. 상처를 주면 둘 다 성공하기 어렵다. 어쨌든 상대를 유혹하려면 카사노바처럼 행동해야 한다. 카사노바는 사랑하기로 마음먹은 여인의 단점은 아예 보지 않았다고 한다. 그러니 바람둥이

카사노바 앞에서 어느 여인이 무너지지 않았겠는가?

저자는 서문에서 이렇게 말한다. "변화하는 환경 속에서 급변하는 소비자의 니즈needs와 원츠wants를 찾아내고 고객에게 더 큰 가치를 지닌 상품을 제공하는 마케팅은 연애만큼이나 가슴 벅찬 일이다." 그러면서 "하얀 눈이 펑펑 내리는 화이트 크리스마스"가 싫다면 "애인이 없어서다"라고 이야기한다. 그렇다. 애인이 없다는 것은 나이가 들었거나 마음이 닫혔거나 늙었다는 이야기와 하등 다를 바 없다.

세계적인 작가 시오노 나나미는 《남자들에게》(한길사)라는 에세이에서 '멋있는 남자가 되기 위한 전술 10과 2분의 1'을 주장했다. 그는 "모든 것이 가능한 것처럼 보이는 나이 때는 거만하고 불손한 것이 어울린다"면서 갑작스레 "상냥하고 온순해지는 것은 인생이란 불가능한 것도 있다는 것을 스스로 깨닫는 나이에 이르러서다"(171쪽)라는 날카롭고 빼어난 명언을 남겨주었다. 그게 어디 남자뿐이겠는가. 여자도 마찬가지다.

책 속의 여주인공 '유사랑'은 친구 미선이와 이런 이야기를 한다. "우린 이제 완전히 철 지난 크리스마스 케이크 신세야." 그러면서 이렇게 한탄한다. "케이크가 제일 잘 팔리는 크리스마스이브는 여자 나이 스물넷을 뜻하고 크리스마스 다음날인 26일부터 케이크를 찾는 사람들이 없어지듯 여자 나이 스물여섯은 가치가 땅에 떨어지기 시작하는 나이"(16쪽)라고 말이다.

여자도 남자도 연애를 잘하려면 '나잇값'을 생각하고 '상냥할 필요'가 있다. 한계를 인정하는 거야말로 '지혜'이다. 또 그것을 알면 절로 상냥해지고 부드러워진다. 책 속의 남자 주인공은 '나도전'이다. 어디서나 볼 수 있는 흔한 남자다. 그는 바람둥이 친구 '형기' 앞에서 애인이 없는 것을 푸념한다. "인간 나도전, 뭐가 부족해서 그 흔한 여자 하나 없냐!" 그러자 친구는 딱 잘라 말한다. "그 흔한 남자니까."(23쪽)

여자들에게 있어도 그만, 없어도 그만인 남자가 바로 흔한 남자다. 고객에게 있어도 그만 없어도 그만인 상품이 흔한 상품인 것처럼······. 여자(남자)가 보자는 것, 먹자는 것, 놀자는 것에 일일이 맞추다 보니, 어느새 흔한 남자(여자)가 되는 것이다.

이렇듯 '흔함'은 연애에서든 시장이든 상품가치에 매력이 없어서 잘 팔리지 않는다. 그렇다면 연애나 시장에서 성공하려면 어떻게 행동해야 될까? '나도전'의 누나는 따끔하게 충고한다. "요는 그 숨은 마음까지 알아내거나 상대가 너를 만나고 싶은 마음을 불러일으켜야 한다는 거지."(57쪽) 좀더 상세한 설명이 필요했을까. 이 책은 '마케팅 포인트'라는 팁을 별도로 구성한다.

"고객의 마음은 복잡하고 미묘하다. 때로는 고객의 말과 행동이 다를 수 있고, 고객도 자신이 무엇을 원하는지 정확히 알지 못하는 경우가 많다. 마케터는 바로 이런 고객의 마음에 답을 제시할 수 있어야 한다"고 책은 강조한다.

이 책은 "200명을 사로잡기 위해 200번 식탁을 차렸다"고 전해오는 카사노바의 후일담처럼 마케터는 급변하는 시장과 고객의 마음을 읽는 고객 중심 사고를 체화해야 시장에서 승리의 기쁨을 맛볼 수 있다고 주장한다.

이야기는 나이 서른이 되도록 제대로 된 연애 한 번 못해본 제과

회사 마케터 '나도전'이 목표고객 '유사랑'의 마음을 사로잡고 훔치는 과정을 낱낱이 연애와 마케팅의 공통점으로 몰아가는 전개 방식을 취했다. 구성이 탄탄하다. 마케팅 서적이라기보다 마치 재미난 소설 같아 단숨에 읽히는 매력을 선사한다. 또 남녀 연애 공부에 도움이 된다.

여자의 사랑을 얻거나 고객의 사랑을 얻으려면, 남자든 마케터든 상대에게 다가서는 방법을 모르고는 곤란하다. 따라서 상대의 마음을 멋지게 훔치는 작업, 프러포즈를 제대로 구사해야 한다. 연애도 그렇다. 성공하려면 '작업의 정석'을 알아야 한다. 마찬가지로 보통의 마케팅 방법으로는 고객의 마음을 얻기 힘들다. 그래서일까? 책은 '마케팅 카사노바'가 돼라고 안내한다. 저자들이 발견한 최강의 마케팅 프로세스는 마법의 주문, 'I-L-O-V-E-U'이다. 그 길을 함께 따라 가보자.

"그녀가 나를 사랑하는 것이 옳다고 확신하는 모습을 보았을 때 나는 얼마나 행복했던가."(208쪽) 카사노바가 자신의 회고록에 남긴 명언이다. 책은 '한 번 찍은 고객(애인)은 반드시 사로잡는 작업의 정석'에 대해 '연애와 마케팅의 공통점'을 들어 이야기한다.

chapter 20

이세탄 백화점은 어떻게 다른가

| 마케팅은 짧고 서비스는 길다 |

쿠니모토 류이치, 이철우·백인수 옮김, 중앙북스, 2007.

장사가 안돼서 '죽겠다'고들 한다. 이런 푸념이나 하소연을 뚝 그치게 해줄 책이 있다. 《마케팅은 짧고 서비스는 길다》라는 제목을 달았다. 매출 부진 이유를 찾으려면 꼭 읽어야 할 책으로 보인다. 재간savvy에 의존하는 마케팅만 가지고는 시장에서 1등이 될 수 없다. 1등이 되려면 서비스의 품격으로 고객을 떠나지 못하게 붙잡고 유혹해야 하기 때문이다.

이 책은 고객을 떠날 수 없게 만드는 진정한 힘에 대해 일본 최고의 백화점 이세탄의 성공 경영의 비밀, 즉 고객을 끌어당기는 힘의 법칙이 무엇인지 낱낱이 보여준다. 왜 고객이 다시 가고 싶은 곳으로 이세탄 백화점을 꼽았는지 그 비밀을 까발린다.

곳Place, '입지立地'를 말한다. 아무 곳에나 세우면 곤란하다. 그래서다. 깐깐하게 입지를 결정할 필요가 있다. 다만 이것은 명심하자. 입지만 좋다고 가격이 싸다고 홍보만 잘한다고 장사가 잘 되는가? 아니다. 그렇다면 자본력이 좋은 창업자만 '돈' 잘 벌 것이다. 하지만 세상사 어디 그러한가.

실제로 '의외' 상황이 현장에서 속출한다. 계속되는 경기 침체에도 아랑곳하지 않고 입지가 좋지 않음에도 장사가 잘 되는 집이 있다. 이들의 공통점은 입지나 기술로만 경쟁하려 들지 않는다. 오래 버티거나 망하고 싶지 않다면 잘못된 창업자의 인식, 제한된 사고의 관념을 확 뜯어 고쳐야 한다. 이세탄 백화점을 보자. '매장은 판매기술을 경쟁하는 곳이 아니다'라는 정의가 돋보인다. 그 덕분일까. 이세탄 백화점은 '일본 최고'다. 매장을 일본어로 '오카이바'라고, 흔히 말하는 '매장'과 사뭇 다르게 표현된 용어란다.

'왜 장사가 안 될까?' 이에 대해 자문자답하던 중, 백화점을 둘러보다 무언가 잘못을 하나 포착한다. 판매 직원부터 매니저까지 '얼마나 팔렸나'에만 관심을 두고 있었던 것이다. 매출 이야기만 나누고 있었다. 말 그대로 100퍼센트 매장이었던 것이 문제였다. 매출이 부진해진 원인이다. 가장 중요한 '고객의 처지에 선다'는 식의 태도, 즉 팔려고만 하는 재간, '마케팅'은 있으나 팔리게끔 하는 고품격, '서비스'가 빠졌던 것이다.

'계산 후에 비로소 서비스의 기회가 생겨난다'는 고객 창출의 기회를 망쳤던 것이다. 그래서다. 이세탄 백화점은 "상품을 구매하고 돌아가는 고객과 개인적인 대화를 나누며 자연스레 에스컬레이터까지 안내하고 인사를 한다"(35쪽)와 같이 마케팅에 국한하지 않고 서비스 질 향상에 주력하기 시작했다. 매장의 품격을 높이기 위해서다.

품격은 '배려'가 만든다. 2장 '상황에 맞는 세심한 배려가 고객의 마음을 사로잡는다'는 이를 구체적으로 보여준다. 특히 "고객이 기다리는 시간을 줄이자"(88쪽)는 구절과 만나면 일본인 특유의 세심한 배려가 놀랍다. 이를 국내 자영업자도 배울 필요가 있다. "고객은 '무엇을 살지, 어느 정도 가격대의 물건을 살지'를 정하는 데 오랜 시간이 걸려도 살 것을 일단 결정하고 나면 기다리는 것을 싫어한다"(89쪽)는 조언은 딱히 백화점만 아니고 음식장사이든 서비스업종에도 통한다.

이세탄 백화점은 고객에게 고품격 서비스를 제공하는 데 소홀한 법이 없다. 고객 불만의 시작은 전화 응대에 있다면서 대충대충 답하지 말고 정확히 알아보고 확인한 후 고객에게 다시 전화를 거는 것을 서비스의 원칙으로 삼는다. "서비스의 좋고 나쁨은 아침조회를 보면 알 수 있다"(159쪽)에서 말하는 '교차조회'도 배울 만하다. 높은 수준의 고객 서비스이다. 소홀함이 없도록 완전 '사각지대 없는, 매우 독특한 서비스'가 가능하다.

이세탄 백화점은 남성 고객도 배려한다. 예컨대 "남성관 1층 안쪽의 계단 바로 앞 공간에 흡연용품 코너를 마련했다. 여기서는 100종류 2,000개비의 시가를 진열하고 있다"(248쪽)에서 알 수 있듯이 쇼핑에서 '남성의 존재감'을 무시하려 들지 않는다. 이러니 쇼핑을 싫어하던 남성 고객도 '사업장'을 '그리워' 한다. 자연 매출이 높아질 것이다.

업종 불문하고 책은 '종업원 교육'의 교재로도 손색없다. 소자본 창업자는 경쟁력을 키울 수 있다. 필독서로 안성맞춤이다. 너무 '일본적'인 게 싫다면 국내 소설가 서유미가 쓴 《판타스틱 개미지옥》(문학수첩)도 볼 만하다. 그러나 이 책을 먼저 읽은 다음에 보면 '더욱' 재미가 쏠쏠하다. 마음心이 없으면亡 바쁘다忙. 핑계다. 반면 마음이 생기면 책 읽기는 바쁘지 않다. 혹시 바쁘신가요?

chapter 21

소비자의 가슴속에 가치를 심어라

| 모티베이터 |

조서환, 책든사자, 2008.

육성은 진실하다. 문체는 편안하다. 책 속의 한마디 한마디가 '현찰'과 같다는 생각을 좀처럼 떨칠 수 없다. 저자는 '쇼를 하라'는 광고로 유명한 KTF의 조서환 부사장. 그는 국내 최고의 마케터, 명강사, 저술가로도 유명하다. 《카사노바는 책을 더 사랑했다》(열린책들)라는 이색적인 제목의 책을 쓴 존 맥스웰 해밀턴은 "명사 저술가의 매력은 그들이 글을 잘 쓴다는 데 있지 않다. 노래를 잘 부르거나, 공을 잘 던지거나, 농담을 잘해서 유명하다는 데 있다"고 날카롭게 지적한 바 있다.

그렇다. 출판업자치고 명사와 출판 계약을 하지 않을 사람은 미치지 않았다면 아마도 없을 것이다. 그렇다고 반드시 그들이 계산한 것처럼 명사와 계약했다고 무조건 '잘 팔리는 책'이 되진 않는다. 그렇지만 이 책《모티베이터》는 무척 잘 팔릴 것 같다는 이상한(?) 기대가 생긴다(나중에 확인해보니 예상은 적중했다). 이런 기대는 '현찰과 같다'고 말할 수 있는 콘텐츠가 책 곳곳에 보석처럼 빛나고 있어서다.

어쨌거나 누가 뭐래도 저자는 '국내 최고의 마케팅 대가'로 '유명한' 것만은 틀림없다. 그것도 이론에만 정통한 강단학파가 아니라 국내시장에 정통한 강호학파의 고수高手로서 말이다. 책 읽기가 귀찮다면 덤으로 딸린 강연용 CD만 틀어도 웃다가, 손뼉 치다가, 진지해졌다가 어느새 눈이 환해지는 걸 발견하거나 체험할 수 있을 것이다.

저자는 프로(프로페셔널)다. 프로는 한마디로 '꾼'이다. 꾼은 언제 어디서든 막힘없이 둥글둥글 잘도 굴러간다. 결코 모나서 중도에 멈추는 법이 없다. 꾼, 그것은 둥근 '바퀴'다. 그런데 겉모양만 그럴싸한 바퀴를 말하는 것은 아니다. 반드시 여섯 가지 'ㄲ'의 축軸을 지니고 있어야만 완전해지기 때문이다. 어느 하나라도 부러지거나 따로 놀면 인생이든 비즈니스 바퀴든 제대로 굴러가지 못한다.

그래서일까. 저자는 성공의 핵심 축에 대해, "꿈·꾀·끈·깡·꼴·끼의 여섯 가지는 따로 떼어놓을 수 없이 이어지면서, 마케팅 리더십을 발휘하는 데 커다란 축을 이룬다. 그래서 이 여섯 개 'ㄲ'을 갖추지 않으면 실질적으로 마케팅에서 성공하기 굉장히 힘들다(142쪽)"고 언급한다.

꿈은 목표다. 목표가 있는 사람은 성공한다. 어디로 가고 있는지 알기 때문이다. 저자의 어릴 적 꿈은 장군이었다. 그런데 나이 스물하고도 세 살. 소위 시절 사고로 오른손을 잃고 꿈도 잃게 된다. 하지만 사랑은 잃지 않았다. "직장을 그만두고 병원 옆에 방을 얻어 하루 종일 나를 간호했다"(16쪽)는 아내와 결혼했기 때문이다.

꾀는 꿈을 실현하기 위한 실질적인 전략이다. 애경에 신입사원으로 입사해 서른다섯의 나이에 다국적기업의 임원이 된 이야기를 읽다 보면 남다른 '꾀'가 한몫했다는 걸 알 수 있다. 그중 압권은 그 유명한 '하나로 샴푸' 성공담이 그렇다.

끈은 네트워크로 인맥관리를 말한다. 인맥관리의 기초는 역시 헌신과 사랑과 봉사라고 한다. '조직 안의 네트워킹과 조직 밖의 네트워킹'에는 저자가 어떻게 인맥관리를 했는지 보다 상세히 다루고 있다. 예컨대 "핸드폰에 천 명이 입력되어 있으면 그 사람은 인맥관리에 성공한 사람이라고 하고, 200명 이상이면 인맥관리에 신경을 쓰고 있는 사람"(258쪽)이라는 구절과 만나면 인맥관리의 중요성에 대해 마음을 굳게 다잡게 된다.

깡은 배짱이다. 인내심과 끈질김, 투지와 추진력을 말한다. 이에 대해 저자는 "수없이 많은 난관에 봉착할 때마다 포기하면 이루어지는 것이 하나도 없다"(141쪽)고 이야기한다. 꼴은 얼굴이나 옷차림을 말하는 것 같지만 정확히 말하면 신뢰다. 그 신뢰는 모양이 섰을 때 나온다. "아, 정말 꼴사납다"고 하면 신뢰가 안 선다는 말이다. 끼는 순간순간 일을 해결하는 데 발휘되어야 할 기질이라고 말한다. 꾀가 전략이라면 끼는 전술이라고 저자는 설명한다. 이렇듯 6개의 'ㄲ'은 평범한 한 사람을 '꾼'으로, '프로페셔널'로 만든다.

초록이 있어서 단풍은 아름다운 것이다. 마찬가지로 프로게임에 선수가 있기에 관전이 재미있는 것이다. "딸린 자식이 둘이나 되는 손 하나 없는 놈"(31쪽)이 주변에서 숱한 무시와 푸대접과 따가운 눈총에도 마침내 뛰어난 실적을 달성하는 성공비결은 한 편의 인생승리 드라마다. 그것을 오롯이 담아낸 자전적 스토리는 진한 감동과 더불어 새로운 출발을 다짐하게 하는 동기부여를 제공한다. 주장의 핵심은 이것이다. "소비자의 마음을 끊임없이 두드려 결국 불을 지핀 결과"(80쪽)였노라고.

그는 원칙을 지키는 모습은 감동을 준다고 지적한다. 그러면서 "나는 마케팅 믹스 '4Ps'를 이야기할 때마다 '4P 외에 하나의 P가 더 있어야 된다. 바로 철학philosophy을 가진 사람people이 있어야 한다'는 말을 빠뜨리지 않고 강조하고"(111쪽) 있다고 말한다. 마케팅은 제품 싸움이 아니라 인식의 싸움이다. 즉, 마케팅에서 마켓(시장)은 장터가 아니라 소비자의 가슴속이다.

소비자의 가슴속을 끊임없이 움직여서 내 제품의 가치를 심어놓는 것이 마케팅의 정의다. 그래서 "마케팅이란 움직이지 않는 시장market을 끊임없이 움직이도록 -ing를 붙여서 현재진행시키는 것이다"(113쪽)라는 대목은 무척 인상적이다. 저자의 말마따나 이 책은 "많은 사람들한테 좋은 영향을 주고 싶기 때문"(245쪽)에 쓴 것이므로 그저 읽고, 감명 받고, 새로 옷깃을 여미고, 다시 다짐해서 정말 용기를 얻어서 재도약하는 계기가 되기에 딱 알맞다.

chapter 22
비즈니스를 위해 '열정'을 태우다

| 밥은 굶어도 스타일은 굶지 않는다 |

김예진, 콜로세움, 2008.

"초등학교 6학년 때 나는 이미 160cm였다. 중학교 1학년 때 내 맘대로 돌아가지 않는 것이 인생인 걸 깨달았다. 나는 한번 좋아하는 일에 빠지면 거기서 헤어나오는 방법을 아예 몰랐다. 나는 나이는 어려도 사는 게 자신 있었다. 나는 고등학생 때 비즈니스에 뛰어들었다. 그때 나는 시장 사람들에게 얕잡아 보이지 않으려고 하이힐을 신었으며 동대문 시장을 발품 팔며 누비고 다녔다." 여기서 말하는 '나'는 SBS〈진실게임〉에 '고등학생 CEO'로 출연해 '4억 소녀'로 유명해진 김예진을 말한다.

방송스타 못지않게 이미 유명해진 그녀가 자신의 삶과 인터넷쇼핑몰 경영 노하우를 몽땅 털어내《밥은 굶어도 스타일은 굶지 않는다》라는 책을 펴냈다. 성공스토리를 잔뜩 담아낸 책이 대개 식상하나 이 책은 확실히 뭔가 다르다. 군데군데 놓인 사진과 명언 팁을 보고 읽는 재미가 여느 성공스토리 책과는 다르게 교훈적으로, 무거우면서도 더러는 말랑말랑 가볍게 읽히기 때문이다.

그동안은 인터넷쇼핑몰 창업만 부추기는 책들이 무수하게 쏟아져 나왔다. 하지만 성공 창업의 조건에서 98퍼센트가 부족했다. 창업이 중요한 게 아니라 성공 조건은 경영이 더더욱 중요해서다. 이 책은 창업에 대해서만 이러쿵저러쿵 안내하지는 않는다. 책에는 98퍼센트가 삶과 경영을 담아내고 있다. 그래서다. 육성은 솔직하고 발칙하며 진지하고 당당하다. 그렇기에 이야기가 예사로 가볍지만은 않다. 인터넷쇼핑몰 창업을 희망하거나 운영하고 있다면 꼭 읽어야 할 필독서로 감히 추천하고 싶다.

성공 창업은 반드시 창업자의 4가지 마음가짐四考이 필요하다. 첫째는 아이템 선정에서 즐기는 마음이 중요하다. 인터넷쇼핑몰의 90퍼센트는 망한다는 통계를 언급하면서 저자는 창업자가 좋아서 시작한 일이라면 우선은 일 자체를 즐기라고 당부한다. 돈은 그 후에 자연적으로 따라온다는 게 그의 지론이다. 그러니까 창업자가 좋아하지 않는데 남이 성공한 아이템이라고 졸졸 뒤만 따른다면 성공하기 어렵다는 이야기다.

둘째는 고뇌와 번민의 시기를 거쳐야 시장이 제대로 훤하게 보인다는 것이다. 저자는 잘 나가는 쇼핑몰과 잘 안 나가는 쇼핑몰의 차이점은 '개성'이라고 언급하면서 "여기, 세상에서 단 하나밖에 없는 쇼핑몰 있어요!"(96쪽)라고 자신할 때 성공 창업이 가능하다고 이야기한다. 또 인터넷쇼핑몰은 대부분 저가 정책을 펴고 있으므로 '싸구려'보다는 '가격의 거품을 빼서 저렴하다'는 인식을 심어주는 게 중요하다면서 인터넷쇼핑몰 운영의 기본 중의 기본이라고 설명한다.

셋째는 손이 자주 가는 옷을 낚는 것이 중요하다면서 립합이 가장 사랑하는 스타일은 믹스매치라고 고백한다. 무조건 많이 입어보고, 가장 어울리는 믹스매치 포인트를 찾는 게 최고의 스타일로 꼽으며 이게 돈을 벌 수 있는 비결이었다는 것이다. 또 계절에 민감해야 한다고 충고한다. 인터넷쇼핑몰 운영자에게 가장 두려운 것이 바로 재고이고 이를 감당할 수 없다면 돈을 벌어도 버는 게 아니라는 것이다.

넷째는 시장에서 승리하는 비결의 원칙을 '수없는 발품만이 살길이다'고 제시한다. 일본의 창조력 관련 연구의 선구자적 인물로 유명한 다카하시 마코토의 4고考법, 즉 심고心考, 사고思考, 수고手考, 족고足考가 이 책에는 고스란히 성공 경영법으로 푹 스며들어 있는 셈이다. 덕분에 그녀의 스타일이 죽지 않고 살아난 것은 아닐까.

결론은 이렇다. 나이는 어리지만 자신의 비즈니스를 위해 '열정'이란 엔진을 활활 태우는 모습에서 존경스럽다. 그러니 막무가내로 깎아내리고 비방을 하며 그녀에게 안티를 걸고 싶진 않다. 다만 바람이 있다면 4억 소녀가 아니라 40억 처녀, 아니다. 이 땅에서 400억 아줌마로 잘 성장해주길 나는 소망한다. 대한민국 인터넷쇼핑몰 시장의 무궁한 발전을 위해서!

chapter 23
상대가 원하는 방식으로 대하라

| 백금률 |

토니 알레산드라·마이클 오커너, 유강문 옮김, 참솔, 2002.

내용이 참 알차고도 좋다. 그런데 이 책이 그렇게 잘 팔리진 않았다. 대개 이런 책의 공통점은 제목이 독자들에게 십중팔구 어렵다는 것이다. 이를 지적하지 않을 수 없다. '세계를 지배하는 인간경영의 새로운 원칙'이라는 부제를 친절하게 달았다. 그렇지만 제목부터 어려워 선뜻 손이 가질 않는다. 오죽하면 출판시장을 비꼬는 말로 '제목장사'라는 말이 있겠는가. 사람도 첫인상이 중요하다. 책도 마찬가지다. '첫인상'이 어떠냐가 잘 팔리고, 안 팔리고를 결정한다. 즉, 성공과 실패를 좌우한다.

내 장사를 이제 처음 시작한다, 그러는 창업자에겐 나는 종종 이 책을 꼭 읽어보라고 권장한다. 그러면 "알겠다!"라고 말할 뿐, 실제로 구매한 창업자들은 그저 한둘 정도에 머무른다. 왜 이럴까? 제목에서 무슨 내용인지 알 수 없어서 그랬다는 변명은 비록 궁색하지만 전혀 그것이 이해가지 않는 것은 아니다. 그러니 "미안해요!"라고 하진 말자. 차라리 그럴 바에는 "부담스럽다!"라고 말하는 게 훨씬 솔직하고 좋다.

내 장사로 성공하고 싶은가? 그러려면 무엇보다 소비자, 즉 고객을 잘 파악해야 한다. 소비자가 어떤 성향을 갖고 있는지, 또 어떤 스타일인지 즉각 알아채야 그에 알맞은 서비스 제공이 딴에는 현장에서 통通하고 가능해진다. 이쯤 되면 고객 감동은 당연하다. 게다가 매출도 탄력적으로 상승한다. 아무것도 모르고 소비자를 직접 상대하려는 것보다 어리석고 바보 같은 세일즈나 마케팅은 없을 터.

소비자의 성격은 분명하게 드러난다. 언제나 신호(언어, 음성, 몸짓)를 보낸다. 다만 창업자나 종업원이 눈치를 채고 적절하게 응대하지 못하는 것뿐이다. 책은 내 장사로 만날 수 있는 소비자를 감독형, 사교형, 관계형, 사고형 등 4가지로 분류해 그에 합당하면서도 최적화를 발휘할 수 있는 '백금률 The Platinum Rule'을 제시한다.

'대접받고 싶은 대로 그를 대하라'는 황금률과 달리 백금률은 '상대가 원하는 방식으로 그를 대하라'는 가르침으로 보면 된다. 이 백금률의 쓸모와 매력은 무궁무진하다. 술수를 부리라는 것이 아니다. 저자가 일러주는 백금률의 요체는 "다른 사람들을 조종하기 위해 아첨하라는 것이 아니다. 이보다는 다른 사람들의 언어를 배우라는 충고이다"(23쪽)로 보는 것이 타당하다.

성격 유형을 살펴보면 감독형은 단호하고 정력적이며 결단력이 있어 위험을 감수하는 편이다. 그런가 하면 사교형은 외향적이고 낙천적이며 열정적이어서 모든 일의 중심에 서려고 하는 편이다. 그리고 관계형은 모험보다 안전을 선호하며 차분하고 신중한 편이다. 그런가 하면 사고형은 자기통제력이 강하며 매사를 치밀하게 처리하는 특징을 지녔다고 한다. 나는 어떤 유형인가? 그것이 궁금하다면 또 타인들과 성공적인 인간관계를 맺고자 한다면, 게다가 막 비즈니스에 입문했다면 이 책부터 당장 펼쳐보자.

창업자, 즉 자영업자와 만나 이 책을 많이 소개했다. 그중 가장 기억에 남는 사람들이 있다. 부부다. 6년째 인연이다. 그들은 강원도 원주에서 세계맥주전문점(와바)을 창업해 꽤 성공했다. 1년 전부터인가. 남편이 혼자 사장으로 맥줏집을 운영한다. 아내는 서울로 상경했다. 이름은 '안오미'다. 원주에서 서울로 올라온 이유는 도봉구 방학동에 있는 홈플러스 1층에 '휠라' 매장을 오픈했기 때문이다.

최근에 매출이 어떠냐고 물어봤다. 그랬더니 한 달 매출이 7,000만 원으로 올랐다고 대답했다. 이 책이 결과적으로 매출에 상당한 도움을 준 것이다. 다른 사람들, 즉 소비자를 세심하게 관찰하고, 그들과 대화가 성공적으로 이루어진 덕택이다. 그래서일까. 소비자를 고객으로 만들기가 쉬웠으며 책을 통해 '고객의 성격 유형에 맞는 세일즈로 성공하기'를 틈만 나면 수시로 꺼내 읽는다고 한다. 어쨌거나 기억하시라. 이 책에서 강조하는 '의사소통의 능력이 매출'을 좌우한다는 걸 깨닫기 바란다. 그럼 "앗싸~ 파이팅!"이 절로 외쳐질 게다.

chapter 24
똑같은 물도 가격과 가치는 다르다

| 브랜드 차별화 전략 |

최승호, 새로운제안, 2008.

"빛깔은 아직 푸르렀지만 바람이 불 때마다 파스스 파스스 하는 소리가 가을이 오는 것을 알린다고, 오늘 만남에서 윤수는 말했다. 보이는 것이 같아도, 소리가 달라요. 똑같은 초록이라도 봄나무 하고 여름나무 하고 가을나무 소리가 다 달라요······. 보이는 게 전부가 아닌가 봐요." 공지영의 소설《우리들의 행복한 시간》(푸른숲)에서 사형수 윤수가 여교수 유정에게 아는 것과 깨닫는 것의 차이에 대해 말하는 대목이다.

제품이 비슷해 보여도 브랜드가 무엇이냐에 따라서 소비자가 제품을 대하는 느낌(인지와 태도)이 천양지차이다. 말 그대로다. 하늘과 땅 사이와 같이 엄청난 차이다. 카페모카를 예로 들자. 브랜드는 가격이 5,000원이다. 하지만 노브랜드는 절반 가격(2,500원)을 받더라도 장사가 잘 되지 않는다. 왜 그럴까? 그 이유를 하나하나 밝히고자 이 책은 우리를 초대하며 안내한다. 그렇다면 브랜드 차별화란 무엇인가?

가령 물은 에비앙, 커피는 스타벅스, 시계는 롤렉스, 오토바이는 할리데이비슨⋯⋯. 이와 같다. 결국은 브랜드이다. 차별화가 관건이다. 똑같은 물이어도 브랜드 차별화를 성공하고 못하고에 따라 시장이 지불하는 가격이나 가치는 다른 것이다. 해마다 시장에 출시되는 제품은 2만여 개. 이 중에 브랜드로 성공하는 제품은 불과 200여 개다. 설사 브랜드로 진입하더라도 3년 살기가 어렵다. 겨우 생존하는 브랜드는 20개에 지나지 않는다고 한다. 계산하자. 0.1퍼센트이다. 반면 99.9퍼센트가 시장에서 생명력이 사라진다. 왜 그럴까?

왜 어느 브랜드는 오래 장수하고 어느 브랜드는 꽃도 피우지 못한 채 단명할까? 이 물음에 도모커뮤니케이션컨설팅의 전략컨설턴트 최승호가 펴낸 《브랜드 차별화 전략》은 해답을 요목조목 제시한다. 해답은 어떻게 해서 제품을 넘어, 브랜드로 각인되고 꾸준히 소비되는지 그 과정을 인지·태도·행동이라는 커다란 틀에 맞춰서 지각→기억→이미지 형성→태도 형성→태도 변화→심리적인 요인→구매 동기→관여도→구매 행동까지 단계별로 풍부한 실전 사례를 곁들여 알기 쉽고 재미있게 소개하고 있다.

저자는 요구르트와 누드는 무슨 관계냐면서 2003년 서울우유의 요구르트 신제품 론칭을 위한 '누드 퍼포먼스'에 대해 그것은 한마디로 'Crazy이다'고 강조한다. 이는 '누드'에 주의를 기울이다가 정작 요구르트의 브랜드조차 모른 채 곧바로 무관심해지는 상황과 맞닥뜨린다. 그러니까 크레이지Crazy한 것을 크리에이티브Creative한 것처럼 여겨서는 안 된다는 말이다.

'꿈, 희망, 하늘, 새로움, 시작……' 이런 뜻이 포함된 브랜드는 소비자를 기분 좋게 만든다. 하지만 '강간, 살인, 폭력, 마약……'과 같은 단어들은 좋지 않은 이미지가 연상돼 소비자의 주의를 끄는 것에는 비단 성공하지만 시장에서 장기간 통하지 않는다고 경고한다. 요컨대 네거티브 전략은 소비자 방어만 더욱 활성화할 뿐이다.

책은 시장에 통하는 광고와 브랜드 차별화 전략을 주로 언급한다. '비아그라'의 효능을 '할머니도 졸게 만든다'며 유머러스하게 표현한 광고에서 깨달음과 동시에 웃음이 터진다. 게토레이가 이온음료 시장에서 스포츠음료 시장으로 리포지셔닝한 덕택에 생존한 비결은 흥미롭다. '브랜드 묘지이론'을 제시하면서 롯데리아가 왜 '자바커피'라는 브랜드를 스스로 죽이면서 '엔젤리너스 커피'로 재론칭했는지 독자로 하여금 고급 브랜드를 묘지로 보낸 이유가 '바로, 이거구나!' 하는 생각을 들게 만든다.

책은 '브랜드 매니저'를 반복한다. 저자의 의도다. 일반 독자의 눈높이에 맞춤하지 못한다. 그래서일까. 일반인들보다 브랜드 전략가, 커뮤니케이션 플래너들에게 유익할 것이다. 이게 책으로 옥에 티다.

chapter 25

검은 백조가 나타났다

| 블랙 스완 |

나심 니콜라스 탈레브, 차익종 옮김, 동녘사이언스, 2008.

　　　　　　　　　속이 뻥 뚫린다. 개운하다. 그렇지만 허리를 곧추 세우고 읽게 만든다. 참 놀라우면서도 한편 재미있는 책이다. 〈뉴욕타임스〉 선정 베스트셀러로 저자는 미국 월가와 시카고 증시에서 20여 년간 증권 분석가이자 투자 전문가로 일했다고 한다. 대학 문턱에도 못 가봤다는 데이비드 리카도와 닮았다면 풍부한 현장 감각을 들 수 있다.

　하지만 미국 와튼스쿨에서 경영학석사를 취득한 뒤 프랑스 파리 제9대학에서 금융공학으로 박사학위를 취득한 이력의 소유자라는 점에서 닮진 않았다. 강단이 아니라 강호 세계, 즉 현장인 금융시장을 중심으로 탁월한 경제이론을 폈다는 점에서는 매우 비슷하나 '잘 팔리는 책'을 썼다는 점에서는 분명코 다르다는 이야기다(저자의 다음 책은 400만 달러의 선인세를 조건으로 계약된 상태라고 한다).

답답한 심정이라면 13장(화가 아펠레스, 또는 예견할 수 없다면 무엇을 할 수 있는가)부터 읽어볼 일이다. 특히 정부에 강한 불만이 있다면 저자의 충고 '정부가 내놓는 계획을 구체적으로 파악하라'를 집중해서 읽으면 아마도 속이 뻥하고 뚫리게 될지도 모른다. 정부가 '예측'을 하겠다면 말릴 수는 없다에 가만가만 귀 기울일 필요가 있어서다. 또 그들의 주장에 연연하지 말라면서 정부에서 일하는 공복들의 목표란 그들 자신의 생존과 지위에 보장에 있는 것이지 진실을 밝히는 데 있지 않다, 식으로 분명하게 말한다.

반토막 난 주식이나 펀드에 한숨짓지 말자. 그럴 바에는 '경제 예측가나 사회과학 분야의 예측가들의 말'이 항상 '백조'가 아니라 '블랙 스완'이 될 수 있음을 받아들이자. 오죽하면 저자가 '그들은 단지 연예인일 뿐이다'라고 왜 그러지 않던가. 사람들은 언제나 '블랙 스완'이 없으리라고 생각하고 행동한다. 이것이 문제와 오류를 왕왕 일으킨다. 그러나 세상에는 종종 예상 밖의 일이 걷잡을 수 없이 펑펑 터진다. 그렇지 않던가.

'그럴 리가 없다'고 이야기한다면 당신은 '플라톤과 헛똑똑이'일 것이다. 우연성과 불확실성 문제를 중심으로 풀어나가는 저자의 섬뜩한 이야기들. 그 보따리는 풀기가 두렵다. 하지만 막상 풀어놓으면 '조금씩 부자가 되어가는 나'를 마침내 발견하게 만들 것이다.

책에서 저자는 역사란 박물관 같다고 덧붙인다. 또 역사란 이야기 짓기의 결과물이라고 못 박는다. 그러기에 우리가 역사책에서 교훈을 얻으려면 세심한 주의가 필요하다. 왜냐하면 우리가 역사에서 얻어내는 것은 어쩌면 부정적인 확증이기 때문이다. 칼 포퍼는 역사가들의 미래 예측 작업에 대해 비판했지만, 저자는 과거에 대한 역사가들의 접근 방법에 결함이 있음을 지적하려고 애쓴다. 이유는 간단하다. 과거(역사)를 바라볼 때는 순진한 유추에 빠지기가 쉬워져서다. 이를테면 이야기 짓기의 결과물로 대표적인 텔레비전 속 역사드라마가 그것이다.

작가 윌리엄 골드먼은 영화 흥행에서는 "무슨 일이 일어날지 아무도 모른다!"고 외쳤다고 한다. 솔직한 고백이다. 왜냐하면 영화제작자가 흥행이 될지 안 될지를 정확하게 예측해 알 수 있다면 수없이 많은 영화가 개봉되거나 히트 칠 수 없었기 때문이다. 그러기에 책은 "먼저 긍정적 우연과 부정적 우연의 차이를 구분하라"(279쪽)고 잘못된 예측의 위험성을 충고한다. 해서 먼저 긍정적 우연과 부정적 우연의 차이를 구분하라고 충고한다. 이 이야기는 예견 불가능성에 의해 오히려 엄청난 성공을 거두었고 또 거둘 수 있는 것과, 미래를 읽지 못해 해악을 입을 수 있는 것을 구분하라는 의미다. 그러므로 검은 백조에는 두 종류가 있는데, 긍정적인 것과 부정적인 것이 있다.

저자는 비꼬아 직설적으로 충고한다. "돈을 빌려준다면, 최선의 결과는 돈을 되돌려받는 것이다. 그러나 채무자가 지급불능 상태에 빠지면 대부한 돈을 날리게 된다. 반대로 채무자가 큰돈을 벌어들였다 해도, 아마도 그는 수익을 나눠 줄 생각이 전혀 없을 것이다"(340쪽)라고 말이다. 검은 백조의 긍정적인 면이 영화 같은 분야에서 일어난다면 부정적인 면은 금융, 보험, 군사, 안보와 같은 분야에서 얼마든지 일어날 수 있다는 점을 환기시킨다.

　영어가 짧은 나는 오매불망 이 책이 나오기를 기다리다 단숨에 읽기 시작했던 기억이 생생하다. 어쨌거나 이 책 덕분에 적어도 '검은 백조'가 나타난다는 쪽으로 '희망의 대기실에 살다'는 앞으로는 정말이지 가능해지지 않을까 싶다. "자신이 어디로 가는지 모를 때에야말로 주의해야 한다. 자신이 원하는 곳으로 갈 수 없기 때문이다"(342쪽)라는 말처럼 머릿속이 복잡할 때일수록 책꽂이에서 꺼내 읽으면 속이 뻥 뚫리는, 그러면서 아주 시원해지는 책이다! 이는 기대해도 틀림없다.

chapter 26
오디세우스의 '빅 싱크'

| 빅 씽크 전략 |

번트 H. 슈미트, 권영설 옮김, 세종서적, 2008.

과거에는 품질이 소비자 선택의 주요 고려사항이었다. 그러나 이제는 달라졌다. 품질보다는 오감적·감성적·관계적 체험이라는 요소가 구매 결정권을 좌우하는 시대다. 좋은 품질은 너무나 당연하다. 기본이다. 그렇다. 미래는 남다른 '체험'을 고객에게 제공하는 마케팅에 총력을 기울일 필요가 있다. 기업 생존경쟁을 위해서다.

'체험 마케팅'을 강조했던 독일 출신의 번트 슈미트 미국 컬럼비아대학 교수가 체험 대신에 이번에는 '큰 생각'을 일관되게 강조하는 내용으로 《빅 씽크 전략》을 펴냈다. 슈미트 교수는 한국어판 옮긴이인 권영설 한경 가치혁신연구소장에게 이렇게 말했다. "미스터

권, 번역할 때 마음대로 수정해도 괜찮아요. 당신은 내 책의 한국어판 번역자가 아니라 또 다른 저자이니까요" 하고 말이다. 이만한 신뢰가 없다. 그래서다. 굳이 원서와 한국어판을 비교 대조하면서 읽는 수고가 없어도 좋으리라는 안심이 절로 생긴다.

이 책은 기존의 경제경영서와는 사뭇 다른 느낌을 준다. 전문 작가가 아니라 현직 교수가 지은 책이라고는 믿기지 않을 정도로 위트와 흥미가 이곳저곳에 번뜩인다. 또 내용은 어떤가. 영화와 음악 이야기가 잔뜩 나온다. 어디 그뿐인가. 생뚱맞게 스테이크와 냉면이 경영학으로 빗대어 나온다. 그래 그랬던가. 읽을수록 흥미가 살아나는 책이다. 2시간 혹은 반나절 정도면 충분히 완독이 가능하다. 그럴 만큼 두께는 얄팍하다. 그렇다고 내용이 결코 가볍지는 않다. 진지하다. 또 알차다.

특히 최고경영자, 팀장, 개인 혹은 자영업자들에게 '큰 생각'이 무엇이고 '작은 생각'이 무엇인지를 정확하게 구체적으로 제시하는 까닭에 적지 않은 지혜를 주리라고 믿는다. 저자가 지적하길 '큰 생각'은 소비자의 기대치나 선호도, 경험을 완전히 바꿔버리는 경쟁력이 될 것이나 '작은 생각'은 복지부동, 저항, 편협한 생각, 위험 회피 등의 특징을 보일 것이라고 설명한다. 그러니 어쩌랴. 큰 기업을 일구고 싶다면 생각이 커야 할 것이다. 그렇다면 '큰 생각'은 무엇이고 '작은 생각'은 무엇이란 말인가.

이를테면 오디세우스와 아가멤논이 좋은 예다. 트로이 목마(큰 생각)를 이용한 오디세우스는 10년 동안 포위하고 공격해도 성과를 거두지 못했던 적의 성문을 여는 쾌거를 마침내 이룬다. 빅 싱크 전략을 구사한 결과다. 그러나 저자는 빅 싱크의 성공은 여러 변수에 좌우된다는 것도 친절히 알려준다. 따라서 목마를 건설하는 에페이우스, 적에게 가짜 선물을 주는 첩자 시논, 가장 용감한 병사 등이 나섰기에 전략을 성공적으로 이룰 수 있었던 것으로 빅 싱크 전략 핵심의 비결을 제시한다.

반면 스몰 싱크로 안주한 까닭에 아가멤논은 끝내 패배라는 상처를 입는다. 왜 그럴까. 저자는 강조한다. 리더십은 경영학의 영원한 화두라면서 아가멤논의 리더십은 컴퓨터 프로그램과 별반 다를 바 없었다고 분석한다. 컴퓨터가 아무리 성능이 좋더라도 인간에게 흉내내지 못하는 특성이 있는데, 그것은 자신감, 결의, 열정, 지구력 등이라고 소개한다. 이것을 저자는 세 가지로 좁힌다. 해서 '빅 싱크의 세 가지 축'이다. 배짱guts, 열정passion, 끈기perseverance가 그것이다. 그것이 없다면 그저 '작은 생각'일 뿐이라고 가르친다.

배짱은 자신의 의지를 다른 사람들에게 강요하고 무시하는 게 아니다. 또 무뚝뚝하거나 성깔을 부리라는 것도 아니다. 진정한 의미는 가치, 헌신, 책임을 다하는 것을 일컫는다. 또 배짱은 외부에서 오는 압력에 맞서 자신의 의견을 지킨다는 뜻이다. 결국 배짱은 두려움을 극복하고 불안을 내다보는 용기가 있다는 이야기다. 열정은 강력한 감정을 말한다. 끈기는 아이디어 발굴에서 평가, 전략 수립, 실행에 이르기까지 이 모든 것을 끝까지 밀고 나갈 수 있는 지구력을 의미한다.

저자가 주장하는 경영이란 이렇다. "만약 당신이 경영과 리더십이 분석, 숫자놀음, 잘 규정된 문제해결에 지나지 않는다고 생각하면 수

단방법을 가리지 말고 임원을 로봇으로 바꾸면 된다. 하지만 만약 혁신적이고 넓게 생각하며(빅 싱크 전략을 진정 원한다면) 직원을 이끌어가는 임원을 원한다면, 미안하지만 당신은 여전히 사람들과 어울리는 쪽에서 훨씬 더 많은 아이디어를 찾아낼 수 있을 것이다."(195쪽)

저자는 성공, 인재, 리더십에 목마르다면 무엇보다 배짱, 열정, 끈기가 있는 사람들을 채용하라고 조언한다. 또 망하고 싶지 않거든 혁신적인 아이디어(빅 싱크)를 위해 여러 업계를 발굴하는 것에 게으르지 말 것이며, 고정관념을 죽이고, 미래를 내다보고 과거를 되돌아보면서 수시로 전략을 해체하고, 무엇보다도 마음을 열고 생뚱맞은 것을 탐색하여 연결하라고 알려준다. 오디세우스가 그랬던 것처럼 그렇게……..

chapter 27

창업의 비결

| 세일즈 슈퍼스타 |

브라이언 트레이시, 이우성 옮김, 씨앗을뿌리는사람, 2002.

        지금은 난세다. 그래 그랬던가. 나는 한자 '어질 인仁'을 습관인 양 낙서한다. 낙서하는 이유는 간단하다. 파자破字의 맛 때문이다. 후한시대 허신의 '설문해자'에 수록된 540개의 부수자와 주석을 번역한 바 있는 서울대학교 인문학연구원의 염정삼 박사는 사람人을 "천지의 태어난 것 가운데 가장 귀한 것"이라고 했다. 그러면서 이 한자는 '팔과 다리의 모양을 상형하였다'고 일찌감치 소개했다.

    이야기가 다소 엉뚱한 방향으로 흘렀다. 다시 한자 인仁에 대해 말하겠다. 나는 인仁을 이렇게 파자해서 풀이한다. "사람人의 평생 고민 두 가지二를 풀어야 어질다"고 말이다. 그 두 가지가 뭐겠는가. 나는 곧잘 '취업과 창업'으로 그것을 해석한다. 취업이 먼저다. 다음이 창업이다. 취업이 잘 되면 창업도 동시에 잘 된다. 소비자가 없는 비즈니스는 현실에서 가당치가 않다. 이 때문에 정부에 바랄 것도 없이 취업과 창업에 실질적인 도움이 될 만한 책이 있다.

《세일즈 슈퍼스타》가 그것이다. 왜 하필 이 책인가? 하고 물으면 나는 이렇게 답하겠다. 취업을 가장 쉽게 할 수 있는 자리가 세일즈이고 구멍가게 장사라도 할라치면 세일즈를 모르고는 안 되기 때문이라고……. 서울 목동에서 꽃집을 운영하는 최정원씨는 이 책이 매출 활성화에 많은 도움을 준다고 고백한 적 있다. 또 최근 들어 매주 1회에 걸쳐 컨설팅 수업을 일대일 방식으로 듣고 있는 남정우씨는 자신감이 생겼다고 말했던 기억이 난다. 여담이지만 나는 예비창업자에게 항상 이 책을 지속적으로 반복해 읽을 것을 꼭 권한다. 이야기가 빗나갔다. 자, 다시 책에 대해 말하자.

저자 브라이언 트레이시는 고등학교를 중퇴했다. 이후 뒤늦게 공부를 시작했다. 그 결과, 경영학석사다. 하지만 공부를 본격적으로 시작하기 전에는 무려 22개의 취업전선을 갈팡질팡 헤매고 다녔다. 이우성에 따르면 지금 당신보다 "앞서 나가는 사람들은 단지 성공의 비결을 당신보다 조금 일찍 배워서 적용했을 뿐이다"(11쪽)라고 강조한다. 그러면서 성공하고 싶거든 이 책에 소개된 21가지의 비결을 배우고 그대로 실천해볼 것을 호언장담 권유한다.

21가지 비결은 대충 이렇다. 확신의 힘(1가지), 3퍼센트의 투자(6가지), 신용을 얻는 5단계(12가지), 6의 법칙(13가지), 7가지 성공 비결(21가지)이 바로 그것이다. "오늘날 상위 10퍼센트에 속하는 사람들은 누구나 최하위 10퍼센트에서 시작했다"(28쪽)는 구절과 만나면 없던 용기와 자신감이 생겨난다.

수입을 늘리기 위해서는 더 많이 배워야 한다고 조언하는가 하면 오래된 격언을 빌려서 "지금 하고 있는 일만 더 많이 하면, 지금 얻고 있는 결과를 더 얻을 뿐이다"(3퍼센트의 투자)라고 쐐기를 박는다. 이처럼 성공에는 끊임없이 자기계발이 필요하다. 이 때문이다. 내 수입의 3퍼센트를 자기계발에 재투자하라고 주문한다. 주요 내용을 적자면 이렇다. 자기계발은 크게 3가지다. 꼭 지켜야 할 철칙이다. 첫째는 '앞서가는 이들은 책을 읽는다'이다. 그러고는 매일 한 시간씩 독서에 투자하란다. 둘째는 '들으면서 배운다'이다. 매 순간을 최대한 활용하라는 뜻이다. 셋째는 '전문가에게서 배우라'이다. 단 한 명의 전문가와의 만남이 당신을 거지에서 백만장자로 탈바꿈시킬 수 있기 때문이다.

지금 장사가 안 된다고 울상 짓고 있는가. 그런 자영업자가 꼭 읽으면 좋을 구절을 그대로 소개한다. 수입을 늘리고 싶다면 꼭 연습해보길 진정 바란다. "매월 1일에 그 달에 벌고 싶은 금액을 결정하라. 그리고 남은 29일 동안, 어떻게 하면 수지가 맞을지 생각하고 노력하라. 바로 당신이 사장이다."(65쪽) '장사'를 오른쪽에서 왼쪽으로 읽으면 '사장'으로 읽힌다. 그렇다. 사장의 자격은 사思가 출발선이다. 출발선을 찾지 못하면 사死장으로 신세가 끝나기가 십상이다. 해서 이 책을 먼저 읽고 취업이든 창업이든 도전해볼 일이다. 좋은 결과를 얻고 싶다면…….

chapter 28
경영은 '숫자'에 담겨 있다

| 숫자에 주목하라 |

고야마 노보루, 이정은 옮김, 비즈니스맵, 2008.

"어느 한 어둠 속에 나를 묻어두는 것도 나이고, 거기에서 나를 꺼내 빛 속으로 나아가게 하는 것도 나이다." 소설가 한승원의 〈어둠에서 빛 찾기〉란 글에 나오는 대목이다. 참 멋진 말이다. 불황이라는 어둠 속에 기업이 갇히게 되는 것도 사장의 몫이고, 거기에서 어둠을 뚫고 빛 속으로 나아가게 하는 것도 사장의 몫이라고 주장하는 책이 나왔다. 《숫자에 주목하라》가 바로 그것이다.

이 책을 막상 펼치면 "후회와 반성을 거듭하는 사장 자신을 새삼 느꼈노라"고 고백할지도 모른다. 더구나 30년간을 사장으로 있으면서 100퍼센트 현장만을 중시하는 일본인(고야마 노보루)의 생생한 경영 노하우인 '돈과 숫자'에 담긴 깊은 뜻이 오롯이 관통해 있다는 점에서 진정 감사하고픈 마음이 애틋하게 생길지도 혹 모른다.

'경영자의 인격은 숫자로 결정된다'로 시작되는 차례만 훑어도 신선하고 충격적이다. '마진은 신경 써도 대차대조표는 안 보는 경영자가 90%'라는 것에 상당 뜨끔해 하는 사장이 한둘 아닐 것이 가히 짐작되고도 남음이 있다. 언제 사업을 접어야 하는지 갈팡질팡 고민하는 독자를 위해 '철수 타이밍'을 숫자를 보고 결정하라고도 조언한다. 또 '시장의 평균에 현혹되지 마라'는 충고는 가히 압권이다. 무엇보다 압권은 '대차대조표에 적힌 숫자를 움직이면 자금 운용이 바뀐다'라는 메시지다. 특히 '재고는 자산資産이 아니라 사산死産이다'라고 주장하는 대목과 만나면 아찔하다. 그러다가 한편 한 줄기 빛처럼 읽혀 반가운 것도 사실이다.

그러니 어쩌랴. 이 책을 '사장의 방'으로 안내하는 수밖에 별 도리가 없다. 그렇다고 결산서 보는 법이나 숫자 보는 법을 다룬 '교과서'로 받아들이면 곤란하다. 실제로 그런 책들은 도움이 되지 않는다고 저자는 못 박는다.

예컨대 자기자본비율이 그러하다고 말한다. "교과서적인 해설서에는 자기자본비율이 높을수록 대출이 적고 경영이 탄탄하다는 증거라고 설명하고 있다"(68쪽)면서 이는 표면적인 해석일 뿐이므로 곧이곧대로 믿다가는 낭패를 볼 수 있다고 무섭게 경고한다. 요컨대 사장이라면 교과서에 실린 이론이 아니라 실무에 도움이 되는 '숫자 보는 법'을 알아야 한다는 조언의 의미다.

저자는 강조한다. 회계사나 세무사가 하는 충고는 '다 거기서 거기다'는 것이다. 그러기에 도움을 받더라도 사장 자신이 정작 숫자 경영을 모르면 낭패를 당한다는 이야기다. 기업의 진짜 실력은 '매출 총이익'으로 가려진다. 참고로 매출 총이익이란 매출에서 매출원가를 뺀 나머지를 말한다. 그러기에 매출이 많아도 매출 총이익의 비중이 낮은 회사는 소리만 요란한 '빈 수레'에 지나지 않는다.

즉, 매출보다 매출 총이익이 왜 중요한지는 매출 총이익이 고정비용을 밑돌면 기업은 적자를 피할 수 없어서다. 적자라도 은행에서 돈을 빌릴 여지가 남아 있다면 다행이나 자금 운용에 압박이 가해지면 도산을 면키 어렵기 때문이다. 그러니 '매출 총이익 감소세'는 사장이 경계해야 할 적신호가 되는 셈이다.

그렇다고 매출만 늘리면 능사인가? 이건 아니다. 그렇다면 무엇이 정답인가. 이에 대해 저자는 "경영자가 매출만 중시하는 전략을 내놓으면 사원들은 매출 목표액을 달성하려고 가격 인하에 관대해진다"(71쪽)는 자신의 경험담을 털어놓는다. 이 얼마나 진솔한가.

결국 이익은 무시한 채 가격 인하율과 인하폭을 멋대로 판단하고 매출만 늘리려고 한다면 위험천만하다. 대박이 아니라 쪽박 차기 딱 알맞은 행동이다. 결국에 저자가 시종일관 강조한 '매출 총이익이 늘지 않는 상태'에 회사는 빠지고 만다는 것이다. 아직도 '숫자'를 몰라도 회사는 잘 돌아간다고 우기시는가. 여전히 숫자는 경리 담당자나 회계사나 세무사만이 알아야 한다는 생각을 버리지 못하겠는가. 이 책과 만나면 고만 잘못된 생각이라는 판단이 정신 번쩍하고 들 것이다.

chapter 29

'자기 중심'을 버려라

| 신뢰의 기술 |

데이비드 마이스터 · 찰리 그린 · 로버트 갤포드, 정성묵 옮김, 해냄, 2009.

"책은 자살을 미뤄준다." 이 이야기를 믿어야 하는가, 아니면 신뢰해야 하나? 믿음이란 나만이 갖는 것이다. 반면 신뢰는 다르다. 타인이 내게 주는 것이기 때문이다. 이처럼 믿음과 신뢰는 아주 다른 뜻이다. 비즈니스 세계도 다르지 않다. 고객을 상대로 전문 서비스(경영컨설팅, 회계, 법률, 보험, 투자 등)를 제공하는 3명의 컨설턴트가 공동으로 《신뢰의 기술》을 펴냈다.

책은 '고객 관리'에 대한 이야기다. 비즈니스 성사에서 핵심을 차지하는 '신뢰'를 어떻게 하면 성공적으로 유도할 수 있는가? 그것에 대해서 서비스 제공자(나)가 반드시 알고 실천하면 좋을 실용적 지식과 노하우를 상세히 기록해 전한다. 저자들은 풍부한 현장 경험을 기반으로 한 실질적인 조언을 던진다. 그러기에 설득력에서 무척 돋보인다. 절로 수긍이 되고 더불어 신뢰가 생긴다.

신뢰받는 서비스 제공자가 되려면 어떻게 행동해야 할까? 책은 '5가지 자세가 필요하다'고 무릇 강조한다. 이를테면 ① 상대방에게 초점을 맞추는 능력, ② 자신감, ③ 자아 강도_{Ego Strength}, ④ 호기심, ⑤ 포괄적인 프로페셔널리즘이 그것이다. ①의 핵심은 상대, 즉 고객이 중심이다. ②의 핵심은 신뢰가 쌓이지 않는 흔한 이유 중의 하나로 '자신감 부족'을 조심할 것을 당부한다. ③이 강조하는 자아 강도란 인간의 보편적인 마음의 힘, 즉 힘든 일이나 어려운 일이 닥쳤을 때 버텨내는 힘을 가리킨다. 요컨대 지나친 책임감은 모자람만 못하다는 뜻이다. 사사건건 자기가 나서서 책임을 지려는 것이 잘못된 '자기 중심'의 태도라는 지적이다. 결코 '고객 중심'이 아니라는 이야기다. ④는 호기심의 요체를 아는 것이 아니라 모르는 것에 초점을 맞춰 끊임없이 질문을 던지는 것을 말한다. ⑤는 타인의 전문성을 인정하라는 뜻이다. 그들의 도움을 구하는 전문가의 태도를 가리킨다.

주의할 점은 무엇인가? 이를테면 고객을 별로 좋아하지 않거나 관심을 갖지 않으면서 서비스 제공에만 매달리는 것은 무의미하다고 주장한다. 그러면서 진정으로 '고객을 위하는 마음'을 가지라고 조언한다. 그것이 비즈니스 성사의 요령으로 더더욱 절실해서다. 이것이 철칙이다. 함부로 마음에도 없는 행동을 하면 곤란해진다. 심중_{心中}이 곧 발각되기 때문이다. 이런 관계는 위태롭다. 흔들릴 수밖에 없는 구조다. 이 때문이다. '효과는커녕 반감만 살 뿐이다'라고 경고하는 것이다. 어디 그뿐인가.

'접대는 선택사항이지만 교제는 필수사항'이라고 조언한다. 또 비유컨대 "연애 상대를 오래 속일 수는 없다"(93쪽)고 주장한다. 심지어 그 폐해에 대해서 아주 노골적으로 불만을 터뜨린다. 예를 들어 잿밥(명성, 섹스, 돈, 위로 등)에만 관심이 있는 연애 방식은 부정적인 반응을 일으킨다는 것이다. 해서 신뢰를 얻으려면 장기적인 관계를 추구해야 한다고 충고한다.

책의 본론은 '신뢰 구축의 기술'을 설명하는 제2장이다. 신뢰 방정식의 4가지 구성 요소를 먼저 설명한다. 다음으로 '신뢰 구축 프로세스 5단계'를 논한다. 4가지 요소란 말, 행동, 감정, 동기를 가리킨다. 신뢰를 얻으려면 필히 두루 4가지 요소를 잘해야 한다는 조건을 붙인다.

그러면서 '자기 중심성은 신뢰 관계의 독'이니 조심하라고 조언한다. 즉, 고객을 섬기는 일보다 자기 자신에게 관심을 보이면 '비즈니스 실패'라는 메시지다. 그러기에 책은 거듭해서 '자기 중심을 경계하라'고 당부하는 것이다. 고객에게 "Yes!"를 이끌어내고 싶은가? 그렇다면 5단계 프로세스, 즉 관여하기, 경청하기, 윤곽잡기, 비전 세우기, 투신하기를 힘써 배우자. 나는 확신한다. "이 책이 자살(부도)도 막아준다"는 것을.

chapter 30

디자인 경영을 하지 않으면 기업은 죽는다

| 애플과 삼성은 어떻게 디자인 기업이 되었나 |

로버트 브루너·스튜어트 에머리, 최기철 옮김, 미래의창, 2009.

방에는 창문이 있어야 한다. 왜? 없으면 답답하니까. 그런 거다. 기업 경영에서도 마케팅과 기술개발만이 능사가 아니다. 이제 기업이란 방에 디자인이란 창문을 달아야 한다. 애플과 삼성은 일찍감치 알았으나 정작 세계 최초로 휴대전화를 만든 모토로라는 이를 몰랐기에 세계시장에서 몰락의 길을 걷게 된 것이다.

그렇다. 《애플과 삼성은 어떻게 디자인 기업이 되었나》의 핵심 메시지도 이것이다. "Do you matter?" 무엇이 문제인가? 도대체 기업의 제품과 서비스가 왜 안 팔리는가? 세계적인 경영학자 톰 피터스는 "제품은 경험을 팔고, 서비스는 꿈을 팔아야 한다"고 말했던 적 있다. 맞는 이야기다. 기막힌 통찰력이다. 이 책을 쓴 로버트 브루너와 스튜어트 에머리의 조언도 알고 보면 톰 피터스의 주장과 어찌 보면 맥락이 같다. 오히려 더 직접적일지도 모른다. 그래서 기업 경영진이나 임직원에게 실질적으로 도움이 된다. 차례만 살펴봐도 무엇을 말하려는지 얼른 짐작할 수 있다. "디자인이 문제다. 디자인이 주도하는 기업으로 전환하라. 아니면 제품은 고객 체험의 세계로 가는 출입구다. 또 제품과 서비스는 소비자들에게 이야기를 전한다"와 같이 강조해 전달하려는 메시지가 '소비자의 체험＋꿈＝디자인 경영'이란 게 명약관화하다.

책의 주장은 이것이다. 매우 단순하다. 요컨대 "Design or Die-디자인 경영을 하지 않으면 죽는 기업이 된다"로 간단히 읽힌다. 디자인 경영이란 디자인이 주도하는 기업문화에서 나온다. CEO에서 말단 직원까지 모두 디자인에 총력을 기울이고 기업 경영의 모든 면에 디자인 정신이 스며든 기업만이 살아남는다. 물론 디자인 기업이 아닐지라도 운이 좋아 멋진 제품을 만들 수는 있다. 레이저폰을 출시한 모토로라가 그랬던 것처럼. 하지만 그 후 기업의 운명은 어땠는가. 소비자들의 기억에서 바람과 함께 사라지지 않았는가 말이다. 말하자면 머리부터 발끝까지 디자인 기업이 되지 않았기에 모토로라는 레이저폰의 성공을 계속 이어갈 수 없었다.

디자인이 주도하는 기업이 되어야 한다. 그렇다고 디자인을 디자이너에게만 맡기라는 뜻은 아니다. 이 책이 강조하는 것은 디자인을 최고의 전략적 요소로 설정하는 것이 필요하되 기업문화로서 CEO부터 말단 직원까지 디자인에 동참하라는 것이다. 그러기 위해서는

CEO부터 생각을 바꿔야 한다. 플레이 버튼을 3번 정도 눌러도 음악이 나오지 않으면 세상이 끝날 것처럼 생각한 스티브 잡스처럼, 불량품을 쌓아놓고 사원들이 보는 앞에서 모조리 부숴버린 이건희처럼, 항공사들의 서비스에 불편을 느껴 자신이 직접 항공사를 만든 리처드 브랜슨처럼……

이 CEO들의 공통점은 단순히 기업의 최고의사결정권자를 의미하는 CEO Chief Executive Officer가 결코 아니었다는 것이다. 이들은 한결같이 '고객이 되어보기'를 자청해서 체험을 했다는 것. 이를 지적하지 않을 수 없다. 따라서 최고체험책임자 Chief Experience Officer로서 충실했다. 그 덕분에 '디자인이 주도하는 기업으로 전환'하는 데 성공한 것이라고 봐야 마땅하다. "진정 게임의 지배자가 되고 싶다면 이 책을 읽어라." 존 스컬리 전 애플 CEO의 추천사이지만 내가 꼭 하고픈 말이기도 하다.

어찌 됐든 CEO의 역할이자 고민의 핵심에는 언제 어디서나 제품과 서비스가 알맹이로 차지하게 된다. 최고의사결정권자로 권력을 초지일관 앞으로도 꿋꿋하게 휘둘리고자 하는가? 아니면 최고체험책임자의 역할에 충실해 권위를 지키고 기업을 지속적으로 살릴 것인가? 선택은 순전히 CEO가 결정할 몫이다. 당신의 "제품과 서비스는 소비자들에게 이야기를 전한다"(223쪽). 그것을 애플과 삼성이라는 기업을 좋아하는 소비자는 정서와 느낌을 사랑하는 것이고, CEO들은 단지 잘 들으려고 방관하지 않고 집중하고 노력했을 뿐이다.

chapter 31

기업은 '창조적 파괴'를 원한다

| 5백년 명문가, 지속경영의 비밀 |

최효찬, 위즈덤하우스, 2008.

'쪼끼쪼끼'를 아시나요? 대한민국, 동네 생맥줏집하면 가장 먼저 떠오르는 프랜차이즈 브랜드이다. 창업자는 김서기 대표다. 올해(2008년)로 창립 10주년을 맞이했다. 이만하면 명가名家는 틀림없다. 다만 '프랜차이즈 명문가名文家'로는 약간 격格이 미흡할 정도다. 브랜드만 알려졌다고 해서 그것이 반드시 명문가는 아니다. 프랜차이즈 명문가라면 '존경할 만한 가치'가 기업문화로 녹아들고 내재해 있어야 한다.

그러면 미래에도 '지속경영'이 가능하다. 만약 그렇지 않다면 명가로는 유명할 수 있으나 프랜차이즈 명문가로는 흠이 생겨나는 것이나 다름없다. 그래서일까. 최근 소식에 의하면 마초와 같았던 김서기 대표가 부드럽게 변했다고 그런다. 강하기만 해서는 물기 없는 나뭇가지처럼 부러지기 십상이다. '남성다움을 알면서 여성다움을' 추구할 줄 알아야지 부러지지 않으면서 오래 지속되는 것이 경영의 세계다. 이 책《5백년 명문가, 지속경영의 비밀》의 저자인 최효찬 박사도 그것을 책에서 강조한다.

"500년 전의 명문가 경영자들은 하나같이 '화성 남자'와 '금성 여자'를 조화한 캐릭터를 갖고 있었다."(6쪽) 그렇다. 남성적인 마초로는 지속경영은 한계에 부닥친다. 한계를 돌파하려면 강약을 조절하는 남성성과 여성성을 조화하는 경영자의 리더십이 절실히 필요하다. 프랜차이즈 기업이라고 해서 예외는 아니다. 일본의 대표적인 명문가 기업의 하나인 '마쓰시타전기'의 창립자이자 우리에게 '경영의 신'으로 잘 알려진 마쓰시타 고노스케는 이러한 경영철학을 명언으로 남긴 바 있다. "당신 회사는 무엇을 만드는 회사인가?"라는 질문을 받으면, "사람을 만드는 회사다"라고 답했다니……. 이 얼마나 훌륭한가.

책은 명문가의 사상과 행적만 추적하는 데 그치지 않는다. 얼마든지 현대 기업의 경영에도 효과적으로 접목시킬 수 있는 내용이 그득하다. 그런 점에서 가문 경영의 원칙이 곧 경영자로서 볼 적에 '소중하고, 빛나는 책'이다. 최고경영자 혹은 명문가 기업을 진정 원한다면 필독서다.

왜 사람들은 영웅을 기대하는가? 워런 버핏이 말한 대로 "영웅은 살아가는 힘을 제공한다". 이 때문이다. 최효찬 박사는 자수성가형 인재는 위기를 두려워하지 않는다고 지적하며 언급한다. 맞는 이야기다. 사실 망하더라도 제로베이스다. 다시 시작(출발선)하면 된다. 저자는 조선의 대표적인 인물로 백사 이항복을 꼽는다. 백사는 독학으로 당대의 핵심 인재가 되었다. 그의 부친 이몽양은 형조판서를 지냈지만 백사는 아버지의 후광을 입지 못했다. 또 가르침을 주는 스승도 없었다. 독학으로 혼자 공부했다. 9세 때 부친상을, 16세 때 모친상을 당했다. 차후엔 백사의 가문은 4명의 영의정과 1명의 좌의정을 배출했고, 내리 8대째 판서(장관급)를 배출하는 대기록을 세웠다.

안동의 전주류씨로 넘어가자. 이 가문은 외가인 의성김씨 청계 김진의 가풍을 벤치마킹해 성공적으로 가문을 열어나갈 수 있었다. 이에 착안해 저자는 이렇게 강조한다. "새로 시작하는 가문이나 기업은 믿고 의지하고 본받을 수 있는 '큰 언덕'이 필요한 법이다." (95쪽)

이 땅에 수많은 군소 프랜차이즈 생맥줏집 브랜드에 '쪼끼쪼끼'는 여태까지 '분가'를 위해서 벤치마킹 모델이었다. 그러나 안주安住하고 과거의 화려했던 성공에만 초점을 맞춰서 경영활동에 자만自慢이 보인다면 지금과 같은 '고난의 시기야말로 모래성처럼 와르르 무너지기 십상'이다.

'창조적 파괴의 원조, 서계 박세당'에 유독 김서기 대표는 관심을 보였다. 거듭 그것을 읽고자 마음먹었다 말한다. 비주류 프랜차이즈 기업으로 출발해 성공의 텃밭을 일구었던 과거를 잊고 주류라는 기득권을 누리면서 신생 프랜차이즈 기업을 마치 '사문난적斯文亂賊'으로 대하려는 오만과 편견에서 벗어나고자 해서다. 그러기에 김서기 대표는 시장 상황을 외면하는 주류가 아니라 시장 상황을 돌파하는 '창조적 파괴자'가 되기 위해서 마초 이미지를 벗으려고 하는 것이다.

그의 책상에는 직접 쓴 메모가 하나 붙어 있다. "자신의 부富를 제대로 사용하지 못한다면 나라 밖에서 일생을 마치게 될 것"이라는 글귀는《한비자》(현암사)에 나온다. 김서기 대표는 씩 웃으며 다짐한다. 지금과 같은 "고난의 시기야말로 창조의 원동력"이라고 한 서계 박세당처럼 회사를 명문가로 키우겠다고……. 내 보기엔 김서기 대표는 국내 프랜차이즈 기업 중에 몇 안 되는 영웅이다. 나는 그의 기업을 연구한다. 연구하는 기쁨이 있기 때문이다.

chapter 32

'똑똑한 기업'이 무너지는 이유

| 위험한 전략 |

춘카 무이 · 폴 캐롤, 이진원 옮김, 흐름출판, 2009.

"은행은 돈이 필요치 않다는 사실을 입증할 수 있는 사람에게 돈을 빌려주는 곳이다."(봅 호프) 기막힌 말솜씨다. 그러나 미국의 코미디언 봅 호프 Bob Hope만이 그렇게 말했다고 나는 보진 않는다. 은행을 좀 이용해본 서민들이라면 누구나 할 것 없이 거개 느끼는 감정과 하등 다를 바 없어서다. 하지만 이젠 상황이 달라졌다. 투자은행 Investment Bank이 생겨났기 때문이다. 춘카 무이와 폴 캐롤이 쓴 《위험한 전략》에 나오는 투자은행 '그린 트리 파이낸셜 Green Tree Financial'이 대표적 사례다.

이 기업은 똑똑했다. 그런데 왜 망했을까? 그린 트리는 1990년대 내내 미국 서민층의 사랑을 받았다. 금융 혁신 때문이다. 혁신은 서민들이 주택을 쉽게 소유할 수 있게 해주었다. 조립식 주택을 뜻하는 트레일러 주택이 인기리에 상품으로 팔렸다. 유행을 타면서 그린 트리는 급성장했다. 당시 관행이던 15년 만기가 아니라 30년 만기로 모기지 대출 상품을 내놓았다. 그 결과는 대박이었다. 그린 트리는 매년 30퍼센트 성장세를 과시했다. 다만 위험한 전략인 걸 몰랐을 뿐!

상품에는 치명적 결함이 숨어 있었다. 일반 주택은 시간이 지날수록 부동산 가치가 올랐지만 트레일러 주택은 시간이 지날수록 가치가 떨어진다는 것을 간과했으니……. 예상치 못했다. 이뿐만 아니다. 채무자가 더 많아질수록 더 높은 이익을 일단 올릴 수 있는 '매각이익' 회계 편법까지 쓰면서 고속 성장과 엄청난 흑자 평가, 즉 내실이 아닌 외형만 키우려는 유혹에 빠졌다. 이에 대해 책에는 이렇게 쓰여 있다.

"트레일러 주택의 경우 채무자와 장기 채권 보유자를 제외하고 모든 사람이 이익을 챙기는 데만 급급했다. 딜러는 5만 달러짜리 트레일러 주택을 한 채 팔 때마다 1만 달러 이상을 챙겼다. 따라서 그들은 자격이 없는 매수자도 트레일러 주택을 구입하도록 유도했다. …… 금융기관은 5퍼센트가 채 안 되는 계약금을 건 집에도 대출을 해주었다. 대출을 받으려는 사람이 주택 계약금을 마련하지 못하면 딜러가 200달러짜리 중고 총을 받고 2,000달러를 내주어 계약금을 쓰게 했다."(62쪽)

그 결과, 그린 트리는 2002년 파산한다. '위험한 전략'인 줄 모르고 '똑똑한 전략'인 줄 착각한 결과 때문이다. 그렇다면 똑똑한 전략이란 무엇인가? 미연에 위험한 전략을 막으려면 안전망을 구축해야 한다. 특히 반대자의 의견이 제대로 전달되는 시스템 구축이 절실히 필요하다. 모토로라가 좋은 사례다. 모토로라는 한때 이리듐 프로젝트를 장밋빛 희망인 줄 알고 추진했다. 반대자의 의견이 있었다. 1980년대 초반 휴대전화의 기술적 한계를 뛰어넘지 못할 것이라는 의견을 경영진은 외면했고 무시했다. 그 결과, 밀어붙이기 식으로 하다가 엄청난 손실을 입었다. 곧 사업을 매각할 수밖에 없는 형편에 다다랐다. CEO의 독단에 제동을 걸어줄 반대자가 없었기 때문이다.

이와 반대로 IBM의 톰 왓슨 주니어는 반대 의견을 적극 수렴해 지속적인 성공신화를 만들어낸 경우에 해당된다. 이처럼 기업의 운명을 건 전략이 성공할지 실패할지 경영진과 반대되는 의견을 활용할 수 있는 공식 창구가 시스템되어야 한다. 그러면 전략의 맹점을 발견하고 수정·보완할 수 있는 기회를 놓치지 않기 때문이다.

한때 똑똑한 기업으로 영광은 왜 한순간에 물거품 되는가. 스스로 위험한 전략을 똑똑한 전략으로 착각하는가. 책은 한때 잘 나가던 영광의 훈장을 단 기업도 한순간에 무너질 수 있는 것을 경고한다. 책은 지난 25년간 실패한 750개 기업을 조사·분석한 결과를 모두 낱낱이 공개한다. 이유는 실패 패턴을 피할 수 있는 최선의 방법을 제시하기 위해서다. 따라서 책은 기업 '성공'에 초점을 맞추지 않는다. 대신 기업 '실패'의 초점을 맞춰 그 원인과 결과를 분석하고 해결 대안을 제시한다. 우리가 책을 지금, 읽어야 하는 이유는 이것이다.

책은 반복되는 실패 유형을 7가지로 요약한다. 1. 시너지 효과에 대한 환상 2. 첨단 금융 기법의 덫 3. 맹목적인 기업쇼핑, 롤업 4. 변화를 거부하고 주력 사업 고수하기 5. 내실 없는 인접사업 진출 6. 시장성 없는 첨단기술에 몰입하기 7. 무모한 몸집 불리기, 기업 통합이 그것이다.

여기서 한국 기업도 예외는 아닐 것이다. 그래서일까. 금호아시아나 그룹이 왜 대우건설을 3년 만에 다시 내놓았는지 이 책을 읽으면 눈치 챌 수 있다. "책은 실패에 대비한 보험 역할을 해줄 것이다. 전략에 대해 중요한 토론을 할 때마다 다른 기업을 실패로 이끈 전략을 당신이 취하고 있는 것은 아닌지 이 책을 통해 확인할 수 있다"(16쪽)는 이야기가 아주 틀리지 않다. 최고경영자라고요? 그렇다면 이 책에 등장하는 만화(14쪽)는 꼭 보시라. 곧 당신이 허점투성이라는 것을 발견하게 될 것이다.

chapter 33

'세계금융황제' 로스차일드 가문의 신화

| 250년 금융재벌 로스차일드 가문 |

프레더릭 모턴, 이은종 옮김, 주영사, 2009.

부자 3대를 못가고, 기업의 수명은 고작 30년이 평균이라는데……. 어째서 로스차일드 가문은 250년이나 계속되는 걸까? 그 성공비결을 담은 《250년 금융재벌 로스차일드 가문》은 거침없이 로스차일드가家를 추적한다. 저자는 오스트리아 출신의 유대인 프레더릭 모턴이다. 영국 출신의 역사가인 데릭 윌슨이 《로스차일드》(동서문화사)에 주목했다면, 이 책은 로스차일드 가문의 '인간적인 면모'를 파헤쳤다. 이를테면 '세계금융황제'로 로스차일드 가문의 신화를 미화하거나 전면에 부각시키려고 애쓰지 않는다. 참고로 '마이어의 다섯 아들들'(제3장)이나 '미스터 나탄'(제5장)을 먼저 읽어보시라. 그러면 금방 알 수 있다.

그렇다고 해서 책은 '자녀교육'에만 성공비결의 초점을 맞추지 않는다. 자신의 몫으로 가문의 문장에 화살을 추가로 넣었던 나탄 로스차일드의 사례(정작 그 문장을 한 번도 드러낸 적이 없다는 사실에 저자는 주목한다)가 그렇다. 게다가 "나탄은 남작 지위를 사용하거나 과시한 적도 없으며 많은 훈장을 받았지만 일평생 단 한 번도 달아본 적이 없다"(114쪽)는 대목과 만나면 로스차일드 가문의 '인간적인 면모'를 한껏 강조하려는 의도를 쉽게 엿볼 수 있다.

가문의 시조는 마이어다. 그는 다섯 아들의 성격과 재능에 맞게 자녀교육에 힘썼다. 그 결과 로스차일드 가문은 유대인이라는 한계를 극복한다. 오늘날 세계사(유럽사)에서 빠지지 않고 등장하는 '세계 명문가'로 지속될 수 있었던 것이다.

큰 아들 암셀은 본가인 프랑크푸르트에 남았다. 장자로 형제들의 후방을 지원하는 일가의 '총지배인' 역할이 그의 성격과 재능에도 어울렸기 때문이다. 둘째 살로몬은 인내심과 품위가 좋아 '예의 바르다'며 비엔나로 보내졌다. 그곳에는 의식을 중시하는 함스부르크 왕국이 있었기 때문이다. 셋째 나탄은 유능했지만 거칠고 강한 성격의 소유자다. 때문에 런던으로 보내졌다. 당시 런던은 세계 최대의 금융 중심지였다. 그 덕택에 나탄은 워털루전투의 승리 소식을 듣고 증권시장을 무자비하게 조작하며 거액을 주무르게 된다.

막내 제임스는 파리로 갔다. 모략이 뛰어나서다. 당시 파리는 음모의 도시였다. 성격적으로 제임스에겐 '딱'인 도시였다. 넷째 칼만은 나폴리로 갔다. 그는 탁월한 재능도 없었고, 그렇다고 부지런하지도 않았다. 무슨 기회를 주어도 훌륭히 해내지 못할 게 분명했다.

그렇기에 '관리 통제'의 역할만 주어졌다. 이것은 참 놀랍다. 해낼 만한 능력이 없는 사람에게 큰일을 맡겨봐야 감당치 못한다.

저자는 가문의 영광이 '가족'에 있다고 강조한다. 가족은 단결의 도구였으며 힘의 원천이자 양심의 기관이었다는 것을. "이 삼위일체에 생명을 불어넣었던 어떤 정신이 내가 이 책을 쓰는 동안 나를 매혹시켰다"(12쪽)고 말이다. 말하자면 어떤 정신(?)이라는 것은 돈 버는 재주만은 아니다. 물론 '가족의 결속'이나 '정보 네트워크' 등이 많이 도움된 것은 사실이다. 사회를 위한 기부와 자선도 한몫했을 것이다. 그러나 무엇보다 중요한 것이 있다. 즉, 250년 금융재벌이자 명문가로 로스차일드 가문이 유지될 수 있었던 진짜 비결은 '철저한 후계 승계'이지 싶다.

출가한 딸과 사위는 기업경영에 참여할 수 없다. 유산도 대외적으로 공표하지 않는다. 철저히 금지한다. 이뿐만 아니라. 철저하게 '시대와 함께 호흡했고, 시대에 가장 민감했다'는 것이다. 즉, 과거의 영광에 도취되거나 변화할 때를 놓쳐서는 '로스차일드 가문 정신'에 위배되는 것이다.

프레더릭 모턴은 주장한다. 가족은 단결의 도구였다. 가족은 힘의 원천이었다. 가족은 양심의 기관이었다. 이 삼위일체에 생명을 불어넣었던 어떤 정신, 그것을 우리는 기필코 이 책에서 찾아내야 한다. 또 어떻게 기업을 경영해야 좋을지, 또 수성守成해야 좋을지 시사하는 바 적지 않다. 만약 지금 최고경영자를 꿈꾸거나 명문가 시조이길 진정 바란다면 읽기에 딱 좋을 책이다.

chapter 34

천하를 경영하는 자

| 이사, 천하의 경영자 |

차오성, 강경이 옮김, 바다출판사, 2009.

한때 중국을 읽으려면 먼저 김용을 읽으라는 소문이 항간에 돌았다. 김용은 누구인가. 그는 무협소설사에 길이 남을 불멸의 고전 《사조영웅전》, 《신조협려》, 《의천도룡기》를 쓴 무협작가 '김용金庸'(중국어 발음 '진용') 선생을 말한다. 말하자면 선생은 원고지 시대가 낳은 천부적인 입담꾼(스토리텔러)이다. 반면 이 책 《이사, 천하의 경영자》를 쓴 차오성曹昇은 원고지 시대가 아니라 인터넷 시대가 탄생시킨 중국 역사 전문 발군의 '스토리텔러'라고 하겠다.

차오성은 이제 겨우 서른하나. 김용은 팔십이 훨씬 지난 나이다. 뜨는 해와 지는 해다. 김용에 비해 역사 이야기를 소설로 풀어내는 입담이 장난 아니다. 단연 발군이다. 두루 고전에 해박하다. 이 점에서 가히 차오성은 김용과 묘하게 쌍둥이처럼 겹친다. 그래서일까. 차오성을 두고서 평단이 말하길 "루쉰의 예리함과 밀란 쿤데라의 감각을 지녔다"고 극찬을 했단다. 내 보기엔 틀리지 않는 이야기다.

다만 나는 이렇게 비틀어 평하고 싶다. 김치로 비유하자. "김용이 곰삭은 맛(정통)이라면 차오성은 신선한 겉절이 맛(퓨전)"이라고나 할까. 그리고 '독자로 하여금 책장을 잡는 순간부터 자신도 모르게 밤을 새며 읽게 만드는 마력적인 재미를 선사한다'는 점에서는 김용 선생이나 차오성 둘 다 정말이지 내 보기엔 막상막하이다.

책은 전국시대 말기에서 시작해 통일 진제국에 이르는 대변혁의 시대를 배경으로 전면에 이사李斯를 주인공으로 내세운다. 초나라의 하급관리에 불과하던 이사가 어떻게 통일 진제국의 2인자인 재상에 승승장구로 오를 수 있었는지를 아주 스펙터클하게 구체적으로 하나하나 파헤치며 추적한다. 추적의 첫 무대는 냄새나는 측간(화장실)이 그 시작이다.

'뜻을 품다'(상, 17쪽)가 그것이다. 측간의 생쥐와 곳간의 생쥐를 비교하며 인간의 어질고 어리석음, 즉 성공과 실패도 쥐들과 마찬가지로 어떤 환경에 처해 있느냐에 따라 결정된다는 것을 유감없이 보여준다. 측간에서의 깨달음 때문인가. 이윽고 이사는 속된 말로 철밥통 직장(벼슬)을 하루아침에 때려치운다. 그러고는 당시 최고 명망을 누리던 사상가 순자의 문하생이 기꺼이 된다. 인연因緣. 인因은 타고난 유전자다. 반면 연緣은 만드는 유전자라고 하겠다. 순자의 문하에서 한나라 귀족 출신의 한비와 우정을 쌓는다. 그러고는 진나라로 건너간다. 당시 재상 여불위와 연을 어떻게든 맺는다. 당시 진나라의 왕은 영정이다. 우여곡절 끝에 영정을 만나고 그의 신하가 된다. 그리고 객경이 되는 이사의 출세와 아울러 여불위의 종말까지를 상편은 오롯이 기술한다.

하편의 시작은 전형적인 기승전결起承轉結에서 바로 전轉에 해당한다고 하겠다. 이사는 하루아침에 왕과 종실 세력에게서 '축객령'(하, 17쪽)이 떨어진 신세에 처한다. 때는 초겨울. 육국(초, 한, 위, 조, 제, 연)에서 진나라로 입신양명 차 들어온 자들은 영정의 단호한 칼바람에 누구 하나 할 것 없이 모두 반항하지 못한다. 그러고는 하루아침에 '고향 앞'으로 길고도 긴 행렬을 짓는다.

이를 두고 사마천의 《사기》에서는 '굵은 새끼줄과 같다'고 묘사했다는 식으로 차오성은 자신의 해박한 고전 지식을 들이대며 슬쩍 튕긴다. 주인공 이사가 통일 후 진제국의 재상으로 출세하는 명장면은 '하편 15장'에 자세히 소개된다. 때는 영정 34년. 이사는 30세 초입에 처음 함양성에 들어와 34년이 흘러간 뒤에 벼슬길의 최고봉이라 할 수 있는 진제국의 승상에 당당하게 올랐다. 이를 '일인지하 만인지상一人之下 萬人之上'이라고 이야기하던가.

차오성은 중국 반만 년 역사를 훑어봐도 이사와 한비, 이 두 남자처럼 후대에 귀감이 되는 단짝은 흔치 않다고 무릇 주장한다. 요컨대 천하의 경영자는 진시황이 아니다. 어쩌면 진시황을 움직였던 이사인지도 모른다. 아니면 이사의 숙적이자 친구였던 한비일지도. 앞으로는 중국을 제대로 알려면 '진융'이 아니라 '차오성'을 읽어야 한다는 소문이 날지도……. 이 책을 읽고서 든 내 솔직한 심정이다.

chapter 35

'즐거움'을 모르면 장사가 아니다

| 장자 멘토링 |

위단, 김갑수 옮김, 삼성출판사, 2008.

일류 요리사는 무협지에 나오는 고수 高手에 못지않다. 서울 청담동 '스시 효'의 안효주 사장이 딱 그런 고수다. 그는 마치 일류 검객처럼 칼을 관리하고 대한다. 그의 칼꽂이에는 늘 여섯 자루의 칼이 꽂혀 있다. 그는 마음에 울림이 있는 칼을 골라 요리에 그걸 쓴다. 이만하면 무협지에 나오는 심검心劍에 다다른 수준이다.

안효주 사장은 "반드시 칼을 쓰기 전에 한 번 갈고, 쓴 후에 다시 한 번 갈아서 보관한다"면서 "일류 요리사가 되려면 좋은 칼을 잘 가는 것에 이어 그 칼을 잘 사용하는 기술이 있어야 한다"고 토를 단다. 그러면서 "무사의 검술처럼 망설임 없이 물 흐르듯 정확하고 재

빨리 잘라야 재료가 상하지 않는다. 칼질을 오래하다 보면 칼이 느끼는 감각이 마치 내 손인 듯 그대로 전해져온다. 칼이 (생선) 뼈까지 들어갔는지 아니면 덜 들어갔는지, 생선의 기울기와 일치하는지 감이 온다"고 강조하여 말한다. 즉, 칼질을 제대로 해야지만 생선이 상하지 않고 초밥의 맛이 살아난다는 엄청난 노하우를 공개하는 셈이다. 하수가 볼 적엔 정말 금쪽같은 고수의 이야기다.

이런 그의 요리 철학과 인생 이야기는 마치 《장자》(현암사)에 등장하는, 포정이라는 요리사가 VIP 고객이나 다름없는 문혜군文惠君을 위해 소를 잡았다는 그 유명한 '포정해우'의 전설적인 이야기가 자연 떠오르게끔 만든다. 이 이야기는 〈내편〉 양생주養生主에 등장한다. 읽을수록 너무 재미있어서 키득키득 연신 웃으면서 여럿 번역본(오강남·안동림·기세춘)을 구해다가 반복해서 서로 비교하며 읽은 적이 여러 번이다.

그중에 말랑말랑 읽기에 제일 좋았던 책은 내 기억엔 오강남 번역서다. 그러다가 내친김에 중국의 도올로 국내에서도 제법 유명한 방송(CCTV) 강연으로 하루아침에 일약 스타가 되었다는 현재 중국 베이징사범대학 영상미디어과 교수로 있다는 '위단于丹'이 장자를 풀어 쓴 《장자 멘토링》을 막상 접하고 보니, 그중에 가장 말랑말랑 읽기가 좋다.

보통 장자 관련 도서를 제대로 읽자면 꽤 많은 책값과 시간을 함께 투자해야만 한다. 그러나 이 책은 그럴 필요가 없다. 책값도 싸고 하루 몇 시간 정도면 충분히 완독이 가능해서다. 이는 장점이다. 하지만 단점은 제대로 장자를 공부하고자 마음을 먹었다면 턱없이 부족한(?) 책이다. 그렇지만 한자가 싫거나 지루하지 않게 술술 재미있게 장자를 읽고자 한다면 이 책이 딱 안성맞춤이다.

음식장사 성공의 길道은 여느 창업 아이템의 경영과는 사뭇 다르다. 장자가 강조하는 '즐거움의 도'를 진정 모르고서 성공은 요원하기 때문이다. 내 보기엔 '스시 효'의 안효주 사장의 오늘날 성공은 장자를 여러 번 읽었거나 실제로 읽지 않았어도 장자가 이야기하는 도를 스스로 깨우쳤기 때문일 것이다. 이에 대해 위단은 이렇게 풀이한다. "장자는 죽음(망함)을 두려워하지 않는 사람이었습니다. 죽음을 두려워하지 않는 장자의 방식(경영)은 삶(태도)을 즐기는 것이었습니다. 사는 것이야말로 죽음을 두려워하는 것보다 훨씬 강하니까요."(36쪽)

망하는 것을 두려워하면 인상이 나빠진다. 게다가 나쁜 인상은 좋은 인상과 서비스를 고객에게 심어주지 못한다. 때문에 음식장사로 성공하려면 요리사 포정처럼 재료를 상하지 않게 먼저 칼부터 다스려야 한다. 그러니까 품질관리가 먼저다. 그 다음이 '소요유'할 수 있는 마음가짐이다.

참고로 《옛사람들에게 묻는 부자의 길, 전도》(시대의창)에 등장하는 조선 후기 어느 때 남대문 안쪽에 한 주막집 주인(사장)을 기억하면 좋을 것이다. 왜 공무원(선혜청) 출신의 창업자가 장사가 무척 잘되는 주막집을 인수했음에도 실패했는지를 기억하자. 이 책에 강조하는 망하는 것을 두려워했기 때문에 결국 망했던 것은 아닐까. 음식장사로 성공을 꿈꾸는가. 그렇다면 이 책은 꼭 참고하시라.

chapter 36

사장이 묻고
임직원이 답하다

| 책문 |

김태완, 소나무, 2004.

　　　　　　역사를 공부하는 일은 담배를 피우는 것 같다. 둘 모두 쾌락을 주지만, 매우 해로운 습관이다. 하나는 몸을 죽이고, 하나는 상상력을 죽인다. 어느 서양 미술사학자가 자신의 책에서 뱉은 그럴싸한 명언(漢言)이다. 그럴싸한 명언이 또 하나 항간에 나돈다. '오비이락'이 바로 그것이다. 나는 '까마귀 날자 배 떨어졌다'는 한자성어로만 알았다. 그런데 그게 아니다. 만약 그럴 줄로만 알고 있다면 한마디로 답답한 사람으로, 시대의 물음에 답을 찾지 못해 그만 왕따를 당할는지도 모른다. 시대에 맞는 정답, 즉 뜻은 이것이다.

　　주가폭락으로 한때 유행한 락 음악으로 오비이락은 '오바마가 뜨니 이명박이 떨어진다'는 노래의 가사란다. 어얼씨구씨구~ 상상력 기발하다. 저얼씨구씨구~ 기막힌 풍자로세. 그러니 어쩌랴. 현실을 제대로 공부하고 역사를 직시해야 할 것이다.

옛말에, 허물을 고치는 데 인색하지 마라改過不吝고 했다. 바라건대 이 책《책문》이 부디 이 땅의 수많은 사람들의 책꽂이에 꼭 한칸 자리를 차지했으면 싶다. 저자는 조선시대 문헌으로 남아 있는 책문 가운데 16편을 묶어 우리말로 쉽게 풀이하고 해석을 덧붙였다. 참고로 책문이란 대과大科의 최종 합격자 33명의 등수를 결정하기 위해 임금이 직접 출제한 현안에 대해 응시자가 대책을 제시하는 시험을 말한다. 임금은 세종, 중종, 명종, 선조, 광해군이 등장한다.

이에 반해 응시자, 신하로는 그 유명한 성삼문, 신숙주, 강희맹, 조광조 등이 전면에 등장하는가 하면 다소 생소한 이름으로 보이는 이석형, 권벌, 노진 등 총 15명이 책에 나타난다. 내용은 정치, 사회, 문화, 교육 등 다양한 분야의 질문에 15명의 선비들이 죽기를 각오하고 임금에게 간언한 대책들이 그득 담겨 있다.

혹여 독자의 아쉬움을 저자가 예상했음인가. 저자인 김태완 박사는 서문에 친절하게도 '정조와 율곡의 책문'이 빠진 이유에 대해 이렇게 말한다. 정조의 경우는 책문으로 출제한 문제가 수십 편이니《홍재전서》를 참고하라고 하는가 하면 율곡의 경우에는 조선시대 선비들 가운데 책문을 많이 남긴 사람에 속하는데, 무려 질문이 6편, 대책이 17편이나 된다고 이 책에다가 그것들을 싣지 않았던 이유를 밝힌다. 아쉽다면 다행히 저자가 지은《율곡문답》(역사비평사)이 있으니 그것에 관심이 있다면 이 책을 먼저 읽고 난 다음이거나 아니면 동시에 구입해 음미하며 읽어봄직하다. 내 경우에 그랬으니까.

임숙영은 나라의 병은 왕에게 있다고 아뢴다. 왕(오늘날 CEO들도 마찬가지다)은 반드시 '중요하고 급한 일부터 먼저 해야' 한다고 대책을 제시한다. 작은 일보다 큰 일을 먼저 처리하고, 가벼운 일보다 중요한 일을 먼저 처리하며, 천천히 해도 될 일보다 급한 일을 먼저 처리하고, 쉬운 일보다 어려운 일을 먼저 처리해야 한다는 의견을 내놓는다.

저자는 조광조를 통해서는 '옛날이나 지금이나 도가 다르지 않다'는 것을 강조한다. 나는 특히 광해군과 책문 '지금 이 나라가 처한 위기를 구제하려면'에 대해 조위한이 대책을 제시한 '겉만 번지르르한 10가지 시책들을 개혁해야'라는 내용이 무척 인상적이었다. 오늘날 정치 지도자나 혹은 기업의 최고경영자들이 밑줄 쫙 쳐야 할 구절은 내 보기엔 이것이다.

"게으르고 싫증난 생각은 한가하게 쉬는 곳에서 나타나고, 사치하는 마음은 조용히 혼자 있을 때 싹튼다. 향기로운 술은 창자를 썩히고, 예쁘게 꾸민 여자는 의지를 흐리게 한다."(186쪽) 기막힌 말솜씨다. 책을 통해 보는 명과 후금 사이, 광해군의 선택은 마치 오바마의 미국과 후진타오의 중국 사이의 대한민국의 암울한 미래를 보는 듯하다. 책은 주로 정치 현안의 문제를 임금이 묻고 신하가 대답하는 내용이지만, 경영 현장의 문제를 사장이 묻고 임직원이 대답하는 내용으로도 볼 수 있다.

chapter 37

성공과 실패는 소비자에게 달려 있다

| 통찰력 사전 |

김원중, 글항아리, 2009.

중국에서 가장 오래된 시집을 일러 《시경詩經》이라 부른다. 다른 말로는 '시삼백詩三百'이라고도 한다. 원래는 3,000편이었으나 공자가 중복된 것을 삭제하고 자질구레한 것을 빼버린 뒤 지금의 300여 편으로 만들어졌다 해서 붙여진 시집의 별칭이다. 이는 사마천이 궁형의 치욕을 딛고 편찬했다는 그 유명한 고전 《사기》에서 기록된 이후의 통용되는 일설이다. 아무튼 공자는 시집을 한마디로 총평하여 '생각에 사악함이 없다'라는 뜻으로 '사무사思無邪'라고 아마 그랬다지.

그래 그랬던가. 공자님을 따라했는가. 무려 52만 자가 넘는 방대한 분량이지만 하나같이 명언명구로 장식된 화려한 갑옷 같은 책, 《사기》의 세계에서 딱 300여 편만을 통찰력 사전으로 간추려낸다. 물론 역사적 배경도 놓치지 않는다. 그뿐인가. 명언을 통해서 통찰력을 현대적 사유 속에 담아냈다는 점에서 '피가 되고 살이 되는 책'으로 작금의 시대에도 그대로 통한다. 실용적 가치가 아주 돋보인다. 대한민국 CEO 필독서다. 그러니 한달음에 책장을 고만 넘기고자 하는지 혹 모르겠다. 그러나 그리하면 별 소득이 없을 것이다. 해서 책은 아마도 '하루에 한 편씩' 읽을 것을 친절히 권한다.

책은 총 36장이다. 각장마다 '두 글자의 소제목'을 달았다. 이를테면 투시, 차이, 통찰, 의지, 발분, 경청, 설득……. 그중에 '백 대가 지나도 변함없는 진리'를 보자. 출처는 〈평진후·주보열전〉이다. "실행에 힘쓰는 것은 인仁에 가깝고, 묻기를 좋아하는 것은 지智에 가까우며, 부끄러움을 아는 것은 용勇에 가깝다"(76쪽)는 내용이다. 이 3가지를 열거하면서 저자는 이것들을 "실천해야 자신을 다스리고 나라를 다스릴 수 있으며 이는 백 대가 지나더라도 변하지 않는 원리"(76쪽)라고 강조했다. 이는 나를 시작으로, 가정이나 기업경영 현장에 그대로 성공리에 통용되는 진리이자 법칙으로 읽힌다.

여기서 잠깐, 다시 공자 이야기로 넘어가자. '사무사思無邪'가 그것이다. 사마천도 비슷한 생각인지 '얼굴에 취하지 마라'고 한다. 〈유후세가〉가 출처다. "용모로써 사람(장량)을 취한다면 자우에게 실수했다以貌取人 失之子羽"가 바로 그것이다. 사마천이 공자의 탄식을 인용하여 한 말이라고 저자 김원중은 설명한다. 사마천은 《사기》를 쓰기 위해 20여 년 중국 전역을 돌아다니며 사료를 직접 취재했다. 그 과정에서 한 고조 유방을 도와 한나라를 창업한 장량(장자방)의 초상화를 보았는가 보다.

얼굴 생김새가 여자처럼 예뻤다고 한다. 마치 이준익 감독의 〈왕의 남자〉에 등장하는 공길(이준익)처럼 말이다. 한나라의 재상을 지낸 장량 정도라면 사마천의 관상학 공부로는 심원한 내공이 얼굴에 스며 있어야 하는데 그렇지 않았다는 것이다. 해서 용모로써 사람을 취하지 말자는 뜻이다.

공자도 실수했다. 자우는 공자의 제자 중 하나로 서른아홉 살 아래인데 아주 엉망으로 못생겼나 보다. 그가 처음 공자에게 가르침을 구하려고 왔을 때 공자님도 편견을 갖고 자우를 대했던 것이다. 재능이 모자라는 관상으로 보았다. 하지만 행동거지와 학문 그 어느 것도 나무랄 데 없었다고 한다. 평소 관상을 보고 사람을 판단하는 못된 습관을 갖고 있는 나로서는 이만한 가르침이 없다. 사마천이나 공자도 그러했거늘.

책에는 은본기를 다룬 '시대를 뛰어넘는 마인드의 문제'가 등장한다. 이는 자영업자 혹은 프랜차이즈 경영자에게 시사하는 바 크다. "사람이 물을 바라보면 (자신의) 모습을 볼 수 있듯이, 백성들을 살펴보면 다스려지는지 아닌지를 알 수 있소"라는 명언에서 어렵지 않게 경영 문제의 해답을 건질 수 있어서다. 물과 백성은 경영에선 소비자이다. 소비자의 모습(만족, 불만족)에서 경영의 성공과 실패가 갈라진다. 엉킨 실타래가 단칼에 풀어질 것이다. 이 책은 3,000년이라는 시공간 속에서 일어난 사건들과 무수한 인물들을 골라 농축한 결과물로 지혜와 날카로운 통찰이 고스란히 녹아 있다.

chapter 38

그 사람이 경영이다

| 피터 드러커의 인생경영 |

이재규, 명진출판, 2007.

　　　　　　　　책 읽기는 지루하다. 어느 유명한 시인도 말했다. "두꺼운 책은 지루하다"고 말이다. 가뜩이나 그것도 소설이 아니라 '경제경영서'라면 그 지루함의 정도는 더하면 더했지 솔직히 읽기가 그리 만만치가 않다. 비즈니스계의 영원한 거장 피터 드러커의 책이 또 한 권 출간되었다. 《피터 드러커의 인생경영》이 그것이다. 처음엔 그저 그런 번역서인 줄 알았다. 읽기가 녹록지 않다는 선입견으로 책을 보다가 지은이의 이름을 보고나서 냉큼 책을 집어서 읽기 시작했다. 저자는 이재규 전 대구대학교 총장. 그는 국내 최고의 피터 드러커 전문 번역자로 유명하다.

　　책을 읽으면서 불교에서 말하는 '인연[因緣]'에 대해 한참 생각했다.

저자가 피터 드러커의 이름을 처음 알았던 때는 1966년. 서울대학교 상과대학을 막 입학하던 시기라고 말한다. 실제로 피터 드러커와 첫 만남이 성사됐던 해는 1992년 12월 28일. '상봉相逢'까지는 강산이 무려 3번 바뀌는 세월이 지났다. 지독한 짝사랑의 결과다.

'인因'은 사람이 스스로 선택할 수 없다. 그러나 '연緣'은 다르다. 사람이 스스로 선택할 수 있기 때문이다. 그런 의미에서 '인'은 타고난 '유전자'가 되는 셈이다. '드러커'라는 성 자체가 네덜란드어로 인쇄업자를 의미한다고 하니 일찌감치 피터 드러커는 출판과 인을 맺었던 셈이다. 그래서 '피는 속이지 못한다'라는 말이 항간에 설득력을 갖는 것일지도 모른다. 그래서인지 책 읽기는 '경제경영서'이지만 지루하지 않다. 한마디로 재미있다.

1장인 '이야기의 시작'도 재미있지만 더욱 재미있는 것은 2장 '빈, 출생과 성장(1909~1928)'이다. 저자가 고등학교 시절 읽었다는 세계 명작 번역문학시리즈 가운데 토마스 만의 《부덴브로크가의 사람들》(을유문화사)은 특히 재미있다. 또 '부자 명문가'에 관심을 갖고 있다면 밑줄을 꼭 칠 만하다.

"역사적으로 보면 기업 가문은 대체로 4대째에 몰락하고 만다. 푸거 가문이나 메디치 가문을 보자. 1대는 창업을 하고 2대는 상속재산을 바탕으로 가업을 더욱 확장하며, 3대째는 부를 바탕으로 정계에 진출하거나 귀족이 되어 예술을 즐긴다. 하지만 4대는 없는 것이 없으므로 몰락하기 시작한다. 3대까지는 '이룬 성취'이지만 4대는 '받은 성취'이며, 4대는 조상에게서 많은 것을 받았다거나 그것을 축소해서는 안 된다는 심리적 부담감과 책임감 때문에 역설적으로 자멸하고 마는 것이다. 우리나라의 속담 '부자 3대 못간다'는 말도 이와 비슷한 맥락이다"(86쪽)고 저자는 지루한 책 읽기에 맛깔난 양념을 친다.

3장은 '독일에서 영국으로(1929~1936)'이다. 이때에 투자은행의 증권분석가로 피터 드러커는 변신한다. 가장 좋았던 책 읽기는 '런던, 우연과 필연 그리고 숙명'이다. 한 편의 로맨스 영화를 보는 듯하다. 24세의 청년(드러커)과 21세의 처녀(도리스)가 운명적으로 '런던에서 가장 긴 에스컬레이터'에서 다시 만나는 장면은 압권이다. 멋지다. 엉뚱한 상상 하나 더. 〈뷰티플 마인드〉라는 영화에서 '존 내쉬'가 모델로 나왔던 것처럼 언젠가는 한국영화에서 '피터 드러커'가 주인공으로 나오는 영화를 제작한다면 얼마나 좋을까.

4장은 '미국, 새 삶의 시작(1937~1970)'이다. '절망을 본 츠바이크와 희망을 본 드러커'와 만나면 세상을 살 만한 것인지 따져보기보다 세상이 살만 하도록 노력해야 한다는 걸 긍정적으로 깨닫게 만든다. 5장은 '경영학을 꽃 피우다(1971~2005)'로 피터 드러커 생애의 최고 전성기에 대해 주로 다루고 있다. "최고경영자들은 컴퓨터가 제공하는 내부 자료에 너무나 홀려 있는 바람에 외부를 볼 시간도 마음도 없다. 컴퓨터는 내부 자료밖에 제공할 수 없을뿐더러, 결과는 항상 외부로 드러나는 것인데 말이다"(225쪽)라는 명언은 이 땅에 수많은 중소기업 사장들이 좌우명으로 새겨둘 만하다.

책과 경영 Management

사장이란 무엇인가? 저명한 경제학자인 시어도어 레빗 하버드대학 교수는 사장의 역할을 세 가지로 정리해서 강조한 바 있다. 세 가지의 첫 번째는 '생각', 두 번째는 '변화', 세 번째는 '경영'이다. 여기서 세 가지, 즉 숫자 3의 비밀에 주목할 필요가 있다. 추측하건대 시어도어 레빗은 올바른 사장의 역할론으로서 삼각을 형성하는 축軸으로 생각, 변화, 경영이 삼위일체三位一體라는 사실을 '경영에 관한 마지막 충고'로 알리고자 했을 것이다.

오토 베츠Otto Betz는 《숫자의 비밀》(다시)에서 매혹적인 숫자의 비밀을 풀면서 "1은 모든 숫자의 출발점이자, 모든 존재의 근원"이라고 주장했다. 그러면서 숫자 2는 '상생이면서 독립적 존재의 수'로 다양성은 하나가 두 개로 나누어짐으로써 시작된다고 숫자의 비밀을 자세히 설명했다. 그렇다면 숫자 3은 어떤 비밀을 가지고 있는 것일까? 숫자로 3은 '삼위일체 조화의 수'라면서 또 '3은 완전한 숫자다'라는 뜻이라고 한껏 강조했다.

다시 시어도어 레빗의 충고로 돌아가자. 사장은 '생각'이 그 출발점이라는 사실을 절로 깨우치게 된다. '변화'는 생각과 상생이면서 독립적 축이고 또 생각이 나누어짐으로써 변화가 이루어지는 수순을 어렵지 않게 감感 잡을 수 있다. 우연의 일치일까, 아니면 장난일까? 회사와 조직을 뜻하는 한자 사社, 노동을 의미하는 사事, 생각을 말하는 사思, 나머지 죽음을 뜻하는 한자 사死는 뜻은 각기 달라도 발음이 같다. 따라서 사장은 생각을 잘하면 변화하고자 할 때 성공하나 생각을 아차 잘못하는 순간에는 바로 죽는다고 말할 수 있겠다.

그렇기 때문에 '경영'이란, 즉 사장의 일이라는 것이 조직의 관리자와 위치가 다름없고 조직과 구성원들을 어떻게 효과적이고 효율적으로 제 구실을 다하도록 할 것인지를 잘 생각해야 하는 사람으로 규정할 수 있다. 물론 생각과 변화에 능동적이지 못하거나 일을 잘못하면 사장은 조직에서 반드시 사장死藏되기 마련이다. 시어도어 레빗은 이렇게 말했다. "경영이란 어제를 되돌아보며 해야 하는 무언가가 아니라, 내일을 내다보며 해야 하는 무언가다."

어제(과거)는 두 번 다시 오지 않는다. 다만 내일(미래)이 다가올 뿐이다. 그러니 어제를 생각할 필요가 없다. 다만 성공 경영을 위해서는 경영자는 내일을 생각하고, 변화하고, 경영해야 하는 삼위일체에 무릇 만전을 기해야 한다.

책은 모르던 것을 알게 만드는 힘을 발휘하고 기꺼이 그것을 선물로 준다. 미국의 석유왕 존 록펠러는 이렇게 경영이 무엇인지를 정의한다. "경영이란 보통 사람들을 최고로 능력 있는 사람들처럼 일하게 만드는 것이다." 그래서 그랬던가. 심심찮게 독서경영이 비즈니스 현장으로 착착 도입되는 추세다. 묘수도 책에서 얻을 수 있고, 정수도 책에서 열매로 얻을 수 있다. 당송팔대가의 한 사람인 왕안석王安石은 '책의 힘'을 이렇게 극찬했다. "책을 읽으면 비용이 들지 않는다讀書不破費. 책을 읽으면 만 배의 이득이 생기네讀書萬倍利."

무심코 펼쳐든 책. 그 속에서 찰나에 엉킨 실타래를 풀 수 있는 절호의 생각, 변화, 경영을 나는 발견할 수 있다고 이미 수없이 경험했기에 감히 말할 수 있다. 문제는 '나我'이다. 소설가 한승원은 이렇게 진단한다. "어느 한 어둠 속에 나를 묻어두는 것도 나이고, 거기에서 나를 꺼내 빛 속으로 나아가게 하는 것도 나이다." 이 얼마나 멋진 진단이고 황홀하게 만드는 명언인가.

오프라 윈프리는 알다시피 토크쇼 진행자로 전 세계에서 유명하다. 그의 말 한마디에 버락 오바마는 미국 대통령이 되었다고 해도 과언이 아니다. 현재 미국에서 가장 영향력 있는 방송인이고 또 억만장자이기도 하다. 그는 책을 통해 불우했던 어둠의 가정 속에 갇히지 않고 외롭고 절망하는 성장 과정에서 책 때문에 중도에 좌절하지 않고 어둠 속에서 자신을 마침내 성공이란 빛으로 나아가게 자신을 만든 인물로 익히 잘 알려져 있다. 윈프리는 이렇게 '책의 힘'을 강조한다.

"책이 오늘의 나를 만들었습니다. 책을 읽으면서 받았던 위안과 은혜를 사람들에게 되돌려주고 싶습니다. 책은 인생에 가능성이 있다는 것을 보여주었어요. 책은 세상에 저와 똑같은 사람들이 많이 있음을 알게 해주었고, 책은 저로 하여금 선망하는 사람들을 올려다볼 수만 있는 게 아니라, 그 자리에 오를 수도 있다는 사실을 보여주었어요. 책읽기가 희망을 주었습니다. 저에겐 그것이 열린 문이었습니다."

그렇다. 책은 희망을 발견하게 만든다. 그렇기 때문에 책에서 '경영의 지혜'를 발견하는 일이란 '식은 죽 먹기'나 전혀 다름없다.

나는 얼마 전에 국민가수 인순이를 존경하기로 마음먹었다. 오프라 윈프리와 닮았기 때문이다. 윈프리는 미국에 건너가서야 만날 수 있지만 인순이는 국내에서 활동하기 때문에 얼마든지 직접 만날 기회가 수없이 있기 때문인 이유도 없진 않지만 결정적인 이유가 있다면 한 방송 퀴즈 프로(KBS 〈1대100〉으로 기억하고 있다)에서 보여준 모습이 인상적이었기 때문이다.

그때, 그녀의 입에서는 소설가 신경숙의 《엄마를 부탁해》(창비) 이야기가 나오고 있었다. 그 순간, 그녀가 가수로서 최정상 위치에 서 있는 이유가 단순히 노래를 잘해서 뿐만 아니고 평상시에 책을 읽는 습관에 있다는 것을 알게 되었고 그녀가 〈거위의 꿈〉이란 노래를 부를 때 왜 그렇게 감정이 동요했는지 이유를 조금은 알 것만 같았기 때문이다.

다른 가수가 부르는 〈거위의 꿈〉에는 없는 감정이 느껴지는 것은 아마도 꾸준한 독서를 하는 습관에서 나오는 '감정'이 고스란히 전달되기 때문이 아닐까 싶다. 그리고 비관적이 아니라 '낙관적 생각들'로 가득한 그녀의 행동을 지켜보면서 희망을 보았기 때문에 나는 그녀를 존경하기로 마음먹었던 것이다. 그렇다. 경영이란 일을 하는 사람들에게 '희망을 갖게 만드는 것'이다.

제2부

책에서 CEO를 발견하다

chapter 39

리더는 어떻게 국민을 속이는가

| 거짓말 정부 |

스콧 매클렐런, 김원옥 옮김, 엘도라도, 2008.

　　　　　　독서를 하지 않으면 '자기 생각'의 회로 안에서만 머물게 된다고 그랬는가. 물론 독서를 하는 이유는 뻔하다. 자신의 생각과 사고방식의 '한계'를 경계하기 위해서다. 모처럼 30대 후반에서 40대이거나 혹 50대에 이미 들어선 사람들을 위한 책을 소개하고자 한다. 《거짓말 정부》가 바로 그것이다. 전 백악관 대변인 스콧 매클렐런이 저자다. 2003년부터 2006년까지 수석대변인을 지냈으며 현재는 미국에서 홍보 전략가로 유명하다.

　이 책은 '정부는 어떻게 국민을 속이는가'에 대해 그 X파일을 낱낱이 공개한다. 더군다나 아마존닷컴에서 1위로 팔린다니……. 한국어판을 출간할 만도 하다. 대통령, 즉 리더가 결과물을 얻기 위해 걸어온 과정은 국민에게 그리 중요한 문제가 아니라고 밝힌다. 그러면서 저자는 국민이 대통령을 어떻게 바라보는지 특유의 시니컬한 어투로 이렇게 비꼰다.

"국민은 리더가 당의 차원을 뛰어넘어 광범위한 지지를 받든 말든, 소기의 결과물을 얻는 과정에서 리더가 모든 걸 철저히 공개했는지의 여부는 신경 쓰지 않는다는 식이었다. 정부 정책이 성공적으로 입증되는 한, 국민은 최종 결과물을 얻기 위해 리더들이 어떤 노력을 기울였는지가 아니라, 오직 그 결과만을 기억하는 경향이 있다"(41쪽)고 말이다. 이를 이명박정부가 절대 신뢰하는 것인지도 혹여 모를 일이다.

조지 W. 부시 대통령을 뽑은 미국인만 어디 그랬는가. 이명박 후보를 대통령으로 선택한 한국인도 아마 그렇기는 마찬가지일지도 모른다. 부시와 MB는 많이 닮았다. 텍사스 주지사 시절과 서울시장 때를 떠올리면 더더욱 그렇다. 텍사스에서 정당 이해와 상관없이 인기가 높았던 주지사 부시처럼 서울시장 이명박도 대통령 전이었던 서울시장 시절에는 서울 시민뿐만 아니라 다른 시민들에게도 고루 높은 지지를 받았다.

정치는 과정이 아니라 결과다. 결과만을 국민들이 기억하려고 해서다. 따라서 역대 최고 지지율도 하루 밤새 최저 바닥으로 돌변하기 마련이다. 이라크전쟁 이후 세계경제의 끊임없는 추락의 결과로 닉슨 이래 최저 지지율을 기록한 부시 행정부처럼 부디 광우병 촛불집회 이후 이명박 행정부의 악재가 레임덕으로 이어지지 않길 바랄 뿐이다. 카이사르를 배신한 브루투스의 역사처럼 또 부시를 충실히 따랐던 '텍사스 사단'의 일원의 배반(?)처럼 누군가 이명박의 뒤통수를 때리는 저작물을 혹 유포하거나 펴낼지도 모르지 않는가.

저자는 '부시의 두 가지 실수'를 강조한다. "부시가 임기 동안 저지른 첫 번째 중대한 실수는 이라크와의 군사대치에 뛰어든 일이었다. 이 일로 그의 행정부는 예정된 경로에서 벗어났고 국민과의 관계에도 엄청난 타격을 입었다. 그가 저지른 두 번째 중대한 실수는 첫 번째 실수를 깨닫지 못했다는 점이다."(266쪽)

과정이 무엇인지는 그리 중요치 않다. 국민들로서는 오직 결과만이 소중해서다. '하기'에 따라서 하루 밤새 '거짓말 정부'가 얼마든지 '진실 정부'로 역전될 수도 있는 세상이다. 문제는 '과전불납리瓜田不納履 이하부정관李下不整冠'이라고, 쓸데없이 정치가 의심을 살 만한 것은 보이지 말아야 하지 않겠는가. 이것은 대통령도 예외는 아니다. 물론 억울한 오해도 더러 받을 수 있다. 이를 저자는 '기타 치는 대통령'에서 그 사례를 보여준다.

저자는 부시를 배신하지 않았다. 부시가 그리 생각할지라도……. 일단 집권이 시작되면 대통령은 다음 3가지 중요한 원칙을 솔선수범하는 것이 좋다고 저자는 회고한다. 첫째, 국민과의 소통에서 높은 수준의 개방성·솔직성·공정성, 둘째, 당파와 이데올로기적 차이를 떠나 모든 그룹과 개인 간의 협력을 촉진하는 포괄성과 결속의 정신, 셋째, 편협한 여론 기반에 영향력을 미치기보다는 문제를 해결하기 위한 공통적 기반을 추구하면서 중도적인 것을 지향하는 일관된 통치 자세다.

chapter 40

가능성이 있을 때 희망은 존재한다

| 공자가 사랑한 나무 장자가 사랑한 나무 |

강판권, 민음사, 2003.

"집게손가락 끝에 침을 묻히고 차근차근 페이지를 넘기면서 눈알이 빠질세라 눈여겨 책장을 들여다보는 숙독은 잠으로 치면 숙면熟眠과 같다." 한국인의 '죽음론'과 '인생론'을 완성한 한국학의 석학 김열규 교수가 지은 《독서》(비아북)라는 짤막한 제목을 단 책에 나오는 한 대목이다.

읽다가 너무 좋아서 연필로 별까지 치면서 밑줄을 쳐두었더랬다. 그러면서 절묘하게 속독과 숙독 사이의 경지를 자유자재 넘나드는 독서 고수의 내공이 부러웠더랬다. 집게손가락 끝에 침을 발라가면서 한가롭게 책 읽기에 몰입했던 날이 그 언제였던가. 기억이 가물가물하다. 나이 탓일까. 마흔 중반이 넘으면서부터 숙독은 고사하고 숙면을 취한 지가 벌써 오래다. 게다가 5월이 시작되고서는 잠 못 이루는 밤이 잇따라 잦다.

왜? 그랬을까. 4월은 그냥 순탄했다. 오히려 내가 참 좋아했던 세 사람을 잃은 5월이야말로 내겐 잔인한 달이다. 그 사람은 바로 장영희와 여운계와 노무현이었다. 그렇게 뭇사람들에게 이름이 불렸다. 앞의 두 분을 나는 직접 만났던 적이 있다. 그러나 제16대 대한민국 대통령을 지낸 노무현만 직접 보지 못했을 뿐이다. 지난 2009년 5월 23일에 그가 죽었다. 앞의 두 분과는 다르게 '자살'이었다.

솔직히 말하겠다. 나는 그를 사랑하는 '노사모'가 결코 아니다. 심지어 한때는 그의 이름을 경제 때문에 '너무혀'로 비꼬았던 적도 있다. 하지만 이제부터 나는《공자가 사랑한 나무 장자가 사랑한 나무》를 본 따 감히 '국민이 사랑한 나무혀'로 그를 기억하고자 한다.

이 책은 2003년에 나왔다. '논픽션상 수상작'이지만 시중에 잘 팔린 책은 아닌 듯하다. 하지만 이건 분명하다. 핫도그나 감자튀김 따위의 인스턴트 음식의 책이 아니라 오래 묵을수록 가치가 더해지는 묵은 '된장 맛'이라는 것이다. 단언컨대 '양서'다. 어디 그뿐인가. 책장을 잡는 순간이 곧 집게손가락 끝에 침을 묻히게 되는, 그 시작이라는 '숙독의 재미'를 맛보게 될 거라고는 에둘러 말하지 않고서 진실로 장담할 수 있다.

왜 책冊이라 부르는지 아시는가? 한자는 문자를 기록하는 데 쓰인 나무 중에서 가장 오래된 대나무를 엮어 놓은 것을 가리킨다고 한다. 대학생이 제대로 개념을 읽지 않는 한자가 있으니 그것은 바로 '대학大學'이다. 대학은 '큰 배움' 정도로 이해할 수 있는데 우리나라

대학은 딱히 '그렇다'고 동의하진 못하겠다.

책 중에 압권은 이것이다. 요컨대 공부의 개념을 설파하는 대목이 그렇다. 저자에 따르면 우리가 흔히 말하는 '공부'는 원래 성리학의 개념이란다. 저자는 "불행히도 대한민국에는 진정으로 성리학을 이해하는 사람이 드물다"(43쪽)고 강조한다.

그러면서 유치원에서 실천하고 있는 성리학적 공부 방법을 대학생은 물론이고 모든 국민들에게 적용해야 한다고 주장한다. 물론 단서는 별도 달았다. '성리학적 공부 방법이 유일한 해답일 수는 없다'가 그것이다. 그러나 성리학적 공부 방법은 적어도 놀이와 공부의 구분에서 오는 문제점을 극복하는 데 도움을 줄 것이라는 말에는 깊이 공감하는 바 크다. '나무와 성'은 꼭 한번쯤 읽어보시라. 일부 맛보기로 소개한다.

'나는 나무를 성의 일종인 '성실'이라는 개념으로 설명하고 싶다. 《중용》에 나오는 것처럼 성실은 하늘의 도리이고, 성실하려는 것은 사람의 도리이다. 그런데 나무는 그 자체가 성실한 존재이다. 나무는 구태여 성실하려고 애쓰지 않는다. 나무는 성실하지 않으면 죽기 때문이다. 나무가 한 순간이라도 한눈을 판다면 어찌 다른 존재와의 경쟁에서 살아남을 수 있겠는가?'(143쪽)

요컨대 중요한 세 단어, 성性과 도道와 교敎. 비록 《중용》에는 한 그루의 나무도 보이지 않지만 저자는 나무를 보면서 성性과 도道와 교敎를 배운다. 저자는 말한다. "가능성이 있을 때 희망이 존재한다"라고 말이다.

chapter 41

친구와 애인도 완전히 믿지 마라

| 권력의 법칙 |

로버트 그린, 안진환 · 이수경 옮김, 웅진지식하우스, 2009.

           책은 두툼하다. 대충 훑어보았다. 저자는 로버트 그린이다. 별명이 '부활한 마키아벨리'라고 그런다. 전혀 틀리지 않을 애칭이다. 로버트 그린은 국내 독자들에게도 낯설지 않다. 2002년 8월을 시작으로 거의 2년에 한 권꼴로《유혹의 기술》(이마고)과《전쟁의 기술》(웅진지식하우스)이 소개된 바 있어서다. 이 책《권력의 법칙》은 그 연장선에 놓여 있다. 다시 말해 로버트 그린의 대표작 중의 하나인 셈이다.

  '권력' 하면 나에겐 자동으로 기억되는 일본의 역사적 인물 셋이 있다. 쇼군 오다 노부나가와 도요토미 히데요시와 도쿠가와 이에야스다. 이들이 남긴 명언 '울지 않는 새' 시리즈는 항간에 아주 유명하다.

오다를 보자. 그는 울지 않는 새는 죽인다. 반면 도요토미는 어땠는가. 울지 않는 새는 울도록 만든다고 했다. 그런가 하면 도쿠가와는 울지 않는 새는 울 때까지 기다린다고 그랬다.

이를 '사람을 움직이고 조직을 지배하는 48가지 권력의 법칙'으로 비교해보니 1부 '권력의 원천에서는 자신을 재창조하라'는 오다이고, '이미지와 상징을 앞세워라'는 도요토미가 해당된다. 감정통제를 뜻하는 '냉철한 이성을 유지하라'는 도쿠가와가 그 모델로 적당하다. 2부는 권력 획득의 법칙을 다룬다. 무슨 수를 쓰든 관심을 끌어라. 즉, 루머와 신비화 전략은 도요토미가, 덫을 놓고 적을 불러들여라는 오다가, 상대보다 멍청하게 보여라는 도쿠가와가 맞춤한다.

3부는 권력 유지의 법칙을 담았다. 적은 완전히 박살내라는 오다를, 사람들이 당신에게 의존하게 만들어라, 즉 네트워크 만들기는 도요토미를, 예측 불가능한 인물이라는 평판을 쌓아라에서는 도쿠가와의 인내를 다시금 기억하도록 만든다. 4부는 권력 행사의 법칙을 안내한다. 최소한의 말만 하라에서는 오다를, 상대의 마음을 유혹하라는 도요토미를, 의도를 드러내지 마라는 도쿠가와를 절로 떠오르게 한다.

'삶이란 내가 살아서 내일을 볼 수 있는 것'이라고 도쿠가와 이에야스는 말했다. 삶 대신에 권력을 놓고 읽어도 뜻이 일맥상통하리라. 아무튼 저자의 주장은 이것이다. "우리 모두는 권력에 굶주려 있고 또 우리의 거의 모든 행동은 권력을 얻으려는 목적에 맞춰져 있다. …… 사실 권력을 잘 다루면 다룰수록 당신은 더 나은 친구, 더 나은 연인, 더 나은 남편, 더 나은 아내, 더 나은 인간이 될 수 있다."(13쪽)

그러니 어쩌랴. 저자의 말마따나 괜스레 누구를 연구하고 누구를 신뢰할 것인지 구별해놓고 사는 인생은 피곤한 짓이다. 책은 어느 누구도 완전히 믿지는 말아야 할 것이라고 가르친다. 또 모든 사람을 면밀히 연구하되 여기서 친구도 사랑하는 이도 예외가 될 수 없다고 조언한다. 이것이 '권력의 법칙'의 핵심이다.

이 책은 역사 속의 가장 뛰어난 전략가(손자, 클라우제비츠), 정치가(비스마르크, 탈레랑), 궁정 신하(카스틸리오네, 그라시안), 유혹의 고수(니농 드 랑클로, 카사노바), 심지어는 사기꾼('옐로 키드' 베일)의 글 가운데 정수를 뽑아 그것을 토대로 엮은 것이다. 전 세계 전문경영인이나 정치인들이나 리더들이 자기 서재에 꼭꼭 감추는 책이란다. 그러므로 읽는 자에겐 비장의 무기이나 읽지 않는 사람에겐 치명적인 상처를 줄 수밖에 없다. 그러기에 '위험천만한 책'이다. 그래서일까. 책의 겉표지, 카피는 이렇게 적고 있다. '당신이 차지하지 않는다면, 적이 가져가 당신을 무너뜨릴 것이다!'

책은 지난 3,000년간 변하지 않은 권력 세계를 지배하는 법칙에 대해 밝힌다. 로버트 그린은 서문에 이렇게 적고 있다. "권력은 외양을 가지고 게임하는 능력을 요구한다. 이를 위해서 당신은 많은 가면을 활용하고 기만 전략이 가득한 가방을 들고 다녀야 한다. 기만과 가장을 추하고 비윤리적인 것이라고 여겨서는 안 된다. 모든 인간관계에는 다양한 차원의 기만이 필요하고, 어떤 면에서 보면 인간과 동물을 구별해주는 것은 거짓말하고 속이는 능력이다." 인간관계와 사회생활에 좋은 스승 구실을 할 책이다.

chapter 42

고객을 전부로 생각하라

| 나는 광고로 세상을 움직였다 |

데이비드 오길비, 강두필 옮김, 다산북스, 2008.

독서광도 자기 책꽂이에 있는 책을 다 읽지는 못한다. 마치 주방에 있는 음식을 한꺼번에 다 먹지 못하는 것처럼 말이다. 말하자면 주방에 있는 음식도 당기는 재료부터 먼저 손가는 법이다. 그러니 어쩌랴. 마음이 그때는 내키지 않았던 것을……. 서점에서 나는 하는 수 없어 외면했다. 그때는 그랬다. 그 시절이 얼추 10년이나 지났다. 살까말까 한참 망설였기에 나는 추억이 흐릿하나 기억한다.

《어느 광고인의 고백》(서해문집)이란 책이 그것이다. '광고의 아버지'라는 데이비드 오길비가 여름휴가(1962년)를 이용해 지었다는, 현재 이 책은 14개 나라에서 200만 부 이상 팔렸다는 전설이 있다.

1963년 초판을 펴낸 책이니 '스테디셀러'이면서도 '베스트셀러'가 되는 셈이다.

1980년대와 1990년대에 국내 광고대행사 코래드에서 광고 프로듀서와 감독으로 현장에서 일한 바 있으며, 지금은 한동대학교에서 후학을 가르치는 언론정보문화학부 강두필 교수가 10여 년 세월을 다시 정성껏 공들여서 원서 'Confessions of an Advertising Man'을 그대로 완역본으로 옮겨 재출간했다. '데이비드 오길비의 비즈니스 철학과 경영 이야기'라는 부제를 붙였으며 《나는 광고로 세상을 움직였다》는 제목을 새로 달았다.

데이비드 오길비가 누구인지 모른다면 이 책은 차라리 옮긴이인 강두필 교수의 저서 《모두가 그녀를 따라한다》(다산북스)를 먼저 읽고 난 다음에 읽는 게 더 좋을 수 있다. 그러면 응당 오길비가 누구인지 호기심이 동한 나머지 몰입할 수 있기 때문이다.

사람마다 똑같은 책을 두고 읽어도 서로 다른 느낌과 생각이 스치게 마련이다. 그래서 '이거야!' 하고 바로 밑줄을 치는 구절도 어쩌면 제각각 다른 것일지도 모른다. 나는 광고보다 식당 경영에 관심이 많다. 그러다 보니 요리사 시절의 오길비의 사부인 마제스틱 호텔의 수석요리사 '피타흐의 리더십'에 오히려 관심이 더욱 쏠렸다. 그런데 광고계 지존 오길비도 그랬다. "일주일에 77시간씩 일했고, 2주일에 하루만 쉬었다"(51쪽)는 피타흐처럼 오길비도 스케줄을 관리했다지 않던가. 그러면서 즐겁게 일하는 사람을 좋아한다는 오길비는 스코틀랜드의 속담을 들어 "살아 있을 때 인생을 즐겨라. 그 후 오랜 시간 동안 죽어 있을 테니까"라고 말한다. 나는 어쩐지 이 농담이 그냥 좋다. 그래서 따로 내 삶의 철학으로 밑줄을 확 그었다.

이 책에 나오는 3장 '고객부터 사랑하라'는 그야말로 '경영학의 진리'를 보는 듯하다. "광고대행사를 경영하고자 하는 포부가 있다면 항상 벼랑 끝에 자신을 세울 마음의 준비를 해야 한다"(137쪽)는 구절과 만나면 특히 그렇다. '클라이언트를 가족처럼 대하라'는 경영철학도 내 마음에 쏙 든다. "그들의 사업을 완벽하게 이해하고 있어야만 그들에게 유익한 제안을 할 수 있다"(142쪽)라는 구절에서는 성공적인 비즈니스의 비결이 무엇인지 깨달을 수 있었다. 바람(비즈니스)을 성공적으로 피우려면 상대 여자(고객)가 자신의 전부인 것처럼 행동해야 한다는 오길비의 충고는 진짜 명언이지 싶다.

끌리는 광고와 포스터 만들기를 다루는 7장 '비주얼에 스토리를 담아라'는 내용을 읽다보면 어느새 매출 부진을 걱정하지 않을 자신감이 생기는 독자의 모습이 자꾸자꾸 떠올라 기분이 흐뭇해진다. 이 책을 처음 접하고는 친한 동생(CF 감독)에게 선물한 적이 있다. 그로부터 1년이 지난 어느 날이었다. 그의 사무실에 놀러갔다. 책상 위의 액자에 '오길비의 명언' 하나가 적혀 있었다. "매출 없는 광고는 광고가 아니다. 재미없는 제품이란 없다. 재미없는 카피라이터가 있을 뿐."(281쪽)

참고로 그는 재미있는 대표적인 카피로 '짜파게티'을 든다. 그는 '짜짜짜~'로 시작되는 일요일 오후, 광고를 보노라면 이상하게 배가 고파지고 자꾸만 먹고 싶다고 설명한다. 매출이 일어나는 광고란 무엇인지 모범답안 전형을 보여준 셈이다.

그 유명한 '해더웨이 셔츠'의 카피는 또 어떠한가. 클라이언트인

해더웨이 셔츠회사 대표는 오길비를 찾아와 광고기획을 부탁하면서 이렇게 말했다 한다. 그대로 옮긴다. "우리 회사는 광고비가 적습니다. 그러나 저는 두 가지 약속을 할 수 있습니다. 하나는 광고회사를 바꾸지 않는다는 것이고, 다른 하나는 당신 카피를 바꾸지 않겠습니다."

해더웨이는 연간 6만 2,000달러의 광고비를 지출했는데, 그동안 매출은 500만 달러에서 1,300만 달러로 증가했다고 책은 전한다. 어쨌거나 "광고의 목적은 시청자를 즐겁게 하는 것이 아니라 물건을 파는 것이다"(272쪽)는 오길비의 충고에 귀를 기울이자. 그러면 매출이 부진한 원인(?)을 경영자라면 누구나 찾게 될 것이다.

chapter 43

미래는 낙관적이다

| 낙관적 생각들 |

존 브록만, 장석봉·김대연 옮김, 갤리온, 2009.

 미인은 잠꾸러기라고? 천만의 말씀이다. 미인이 되기 위한 잠은 이제는 필요 없게 되었다. 그러나 뇌의 손상을 막으려면 잠을 푹 자둬야 한다. 재미있는 사실(유머가 아니다, 과학이다)은 덩치 큰 코끼리가 하루에 고작 4시간을 자는 데 비해 쥐는 무려 14시간을 잔다고 한다. 왜 그럴까. 궁금한가. 그렇다면 이 책 《낙관적 생각들》이 무진장 도움이 될 것이다. 모든 실체를 일이관지一以貫之하는 끈으로 책은 우리가 절망이 아닌 희망을 찾길 안내한다.

 관건은 지식이다. 세계적 인지과학자 대니얼 데닛(미국 터프츠대학 석좌교수)의 일갈이다. 이윽고 "지식에 대한 접근이 민주화될수록 더욱 많은 사람이 자신에게 최적화된 가치를 지닌 정보에 예민하게 반응하며 자신의 삶을 의미있게 설계할 수 있는 방법과 시간과 에너지를 발견할 수 있을 것"(30쪽)이라고 자신의 견해를 낙관적으로 밝힌다.

"당신은 무엇을 낙관합니까?What Are You Optimistic About?" 이 질문에 당대 최고의 석학 160명이 지식의 최전선에서 발견한 자신만의 대답을 들고 나왔다. 크리스 앤더슨(《롱테일 경제학》), 대니얼 골먼(《SQ 사회지능》), 리처드 도킨스(《만들어진 신》), 하워드 가드너(《미래 마인드》), 제임스 기어리(《인생의 급소를 찌르다》), 헬렌 피셔(《왜 우리는 사랑에 빠지는가》), 피터 슈워츠(《미래를 읽는 기술》)와 같이 국내에도 친숙한 베스트셀러 저자들 이름이 왕왕 등장하는가 하면 아주 생소한 이름의 석학들이 대거 등장한다. 그중 '진보는 놀랍도록 지속된다'(140쪽)는 특히 '낙관적 생각'에서 돋보인다.

이를테면 수많은 질병에 대한 효과적인 초기 치료 수단들이 등장한다거나 암을 조기에 발견한다 등이 그것이다. 그래서일까? 책은 너무나 많은 사람이 저마다 다른 방식으로 자신의 무덤에 이르는 길을 단축하고 재촉하지만, 인체의 메커니즘과 인체가 상처를 치료하고 회복하여 건강을 유지하는 방식에 대한 정확한 이해 역시 절대 사라지지 않을 거라고 주장한다.

'늙어간다는 것'도 마찬가지다. 이는 비관적인 것이 아니다. 낙관적인 메시지다. 시력, 청력, 기억력, 인지력, 골 강도, 근력, 살결, 머리털, 정력 등 모든 문제들이 가까운 장래에 치유 가능해질 것이라고 미래학자인 피터 슈워츠는 호언장담한다. 그는 심지어 알츠하이머병, 암도 역시 고칠 수 있다고 이야기한다.

"수십 년 이내에 우리는 노화를 충분히 지연시켜 백년 하고도 스무 해를 더 사는 인생을 살 수 있을 것이다"(471쪽)는 구절에 히히 웃음보가 터진다. 100세가 넘어서도 얼마든지 건강하고 생산적인 삶을 살게 될 것이라니……. 이 정도면 낙관적 생각이 지나치다. 그렇지만 이런 지나침이 오히려 반갑다. 미래를 어떻게 생각하는가. 과학 저널리스트 맷 리들리는 "미래, 나는 그것에 낙관적이다"(517쪽)고 대답한다. 그러니 함부로 좋은 시절이 다 지났다고 비관하진 말자.

이러한 비관주의가 오히려 "젊은이들을 사회적 무질서 속으로 뛰어들어 모험하지 못하도록 설득함으로써 큰 해악을 끼친다. 당연히 세계는 에이즈, 이슬람 파시즘, 이산화탄소 등의 문제에 직면해 있다. 그러나 우리가 천연두, 인구 증가 문제, 고래 기름의 높은 가격 같은 여러 문제를 해결한 것처럼 이 문제들도 풀 수 있다고 확신한다"(517쪽)는 식으로 '낙관적 생각들'을 책은 끝없이 희망을 노래하며 주장한다.

다시 수면에 대한 궁금증을 풀어보자. 우리는 인생의 반, 수십 년을 어쩌면 수면으로 헛되이 보내는지도 모른다. 하지만 걱정 마시라. 낙담하지 마시라. "쥐는 활기찬 신진대사가 만들어낸 모든 부산물을 깨끗이 청소하기 위해 더 오래 잘 필요가 있다"(534쪽)라고 하지 않는가.

인간 짝짓기의 미래도 등장한다. 우리의 조상들은 모두 자신의 사랑, 아니면 적어도 자신의 섹스 상대를 발견했다. 그렇게 해서 짝을 맺은 다음에는 성적 갈등이 폭발하며 몇 달 혹은 몇 년간에 걸친 노력을 허물어뜨린다는 점은 예나 지금이나 별로 변한 게 없다. 여전히 불신이 만연하고, (짝짓기에) 외면당한 사람은 분노하고, 이혼율은 높아지고 있다. 대륙을 가로질러 짝을 맺은 이들이 문화적 위화감에 이르고 있지만, 즉 다양한 문제들이 복합적으로 얽혀 있다.

    설사 그렇다고 하더라도 텍사스대학 오스틴 캠퍼스 심리학 교수인 데이비드 버스는 "인류가 모든 세대에 걸쳐 빛나는 성공을 이어갈 것"(434쪽)이라고 낙관한다. 쥐가 하루아침에 코끼리가 되진 않는다. 그러니 '억지로'는 비관적인 결과를 낳는다. 하지만 '자연스러움'은 낙관적인 결과를 만든다. 세계의 지성들이 이 책에서 주장하는 메시지다.

chapter 44

올라가는 것보다
내려가는 연습이 필요하다

| 내려가는 연습 |

유영만, 위즈덤하우스, 2008.

한국인으로는 처음 세계에서 가장 높은 산 히말라야를 정복한 산악인 엄홍길은 이렇게 이야기했단다. "내려가야 다른 고봉을 올라갈 수 있다. 내려갈 때 잘 내려가야 다음에 다른 봉우리를 올라갈 수 있다"고 말이다. 말하자면 정상(산)에 우뚝 서려면 이 책에서 주장하는 '내려가는 연습 Top to Bottom'이 필요하다는 그러한 뜻의 이야기다. 인생도 마찬가지다. 항상 정상에 설 수는 없다. 비즈니스도 전혀 다르지 않다. 항상 성공할 수는 없다. 그러기에 바닥을 모르고는 정상이 어디인지 도무지 감을 잡을 수 없는 것이다.

다시 정상에 서려면 기꺼이 내려갈 줄도 알아야 한다. 내려가는 것이 반드시 절망만은 아니다. 오히려 그것은 희망을 발견하는 기회를 제공하는 셈이다. 그래서 그랬던가. 옛사람은 "높이 오르려면 낮은 곳에서 출발해야 한다登高自卑"고 가르쳤던 것이다. 이 가르침은 사서四書의 하나인《중용中庸》에 나온다. 여기서 저자인 한양대학교 유영만 교수는 집필 아이디어를 찾은 듯하다. 시종일관 자비自卑, 즉 '내려가는 연습'이 지금의 위기를 극복하기 위해 필요하다고 역설한다.

지식생태학자인 저자는 이 책《내려가는 연습》을 통해 지금의 위기 상황을 한마디로 '빙하기가 들이닥쳤다'고 진단한다. 대한민국 경제가 꽁꽁 얼어붙었기 때문이다. 그런데 문제는 겨울이 아니라는 것에 있다. 저자에 따르면 과거에는 겨울이 지나면 어김없이 봄이 찾아왔지만, 앞으로는 꼭 그렇지만 않을 것이라고 말한다.

해서 앞으로 생존법을 '봄을 포기해야 살아갈 수 있다'고 대안을 제시한다. 구체적으로 '조금 지나면 금방 좋아질 것'이란 헛된 기대를 포기할 줄 알아야 우리가 앞으로 위기에 굴복하지 않고 꿋꿋하게 살아남을 수 있을 거라고 단언한다. 이 책에서 가장 좋았던 대목은 '식당이나 차릴까?'이다. 예리한 지적이다. 상사에게 된통 당하고 나면 이참에 때려치우고 식당이나 창업할까나 하는 식으로는 성공은 오지 않기 때문이다.

어쨌거나 대한민국 현주소는 '경제 빙하기'임이 틀림없다. 새봄을 무작정 기다리다가는 굶어서 얼어 죽을지도 혹여 모를 일이다. 따라서 저자가 제안하는 생존 패러다임인 '내려가는 연습'을 이제라도 시작해야 한다.

내려가는 연습. 패배해서 그리하는 것이 아니란다. 다시 오르기 위해서 그리하는 것이라고 저자는 무릇 강조한다. 더는 내려갈 수 없는 바닥까지 가본 사람만이 위기의 세파에 흔들리지 않는다는 저자의 메시지가 잔잔한 감동을 전한다. 또 메시지는 이해하기 쉽다. 이를테면 '좋아하는 일을 하면서 기다려라'는 식의 조언이 그러하다. 또 성공을 어렵지 않게 설명하니 좋다. "성공은, 좋아하는 일과 잘하는 일이 겹칠 경우에 나타난다. 좋아하지 않는 성공이란 있을 수 없다."(117쪽) 이 얼마나 복잡하지 않고 간단한 메시지인가!

반대로 성공이 아닌 실패의 유형을 보자. 저자는 '시간 약속을 지키지 않는 사람들 중에서 잘 풀리는 사람을 찾아보기 힘들다'고 실패의 유형을 지닌 사람이 누구인지 명확하게 단언한다. 그렇기 때문에 최악의 습관, 시간 도둑질은 성공과는 거리가 먼 것이다. 그러면 다른 능력이 뛰어나더라도 성공이란 정상에 우뚝 설 수 없다. 물론 항상 정상에 머무를 수는 없다. 그래서 더러는 올라가는 것보다 내려가는 연습이 더욱 필요한 것이다. 사람과 마찬가지로 이제 기업은 정상에 서기 위해서는 고객에게 내려가야 한다. 살아남으려면……. 그뿐인가. 사장은 직원들에게 내려가야 한다. 대통령일지라도 예외는 없다. 국민에게 내려가지 않으면 정치 빙하기는 끝나지 않는다.

멀리 가길 원하는가. 그렇다면 가까운 곳부터 시작하라. 높이 오르려고 애쓰는가. 그렇다면 낮은 곳에도 임할 줄 알아야 한다. 지식생태학자 유명만 교수는 한쪽으로 치우치는 쏠림 현상을 역발상으로 '내려가는 연습'으로 문제를 해결하라고 조언한다. 구체적으로 내려가는 연습을 8가지로 요약해 제시한다.

1. 버티지 말고 2. 버리고 3. 함께 4. 두려워 말고 5. 천천히 6. 반성하며 7. 방황하며 8. 새로운 세계로 (내려가자)고 누구를 위해? (나 자신을 위해) 제안한다. 다만 내려가더라도 간직해야 할 것들이 5가지가 있다. '신뢰, 열정, 규칙, 사랑, 꿈'이 그러하다.

"행운은 노력하는 사람에게 다가오는 기회입니다. 준비하는 사람에게는 언제나 위기는 기회입니다. …… 앞만 보고 달리다 '걸림돌'에 넘어졌지만 걸림돌은 위기를 반전시킬 수 있는 '디딤돌'이 될 수 있습니다."(239쪽) 그렇다. 패자는 '걸림돌'에 넘어진 것이고, 승자는 걸림돌을 단지 '디딤돌'로 여기고 일어선 것뿐이다.

chapter 45

히틀러에게도 라이벌이 있었다?

●

| 라이벌의 역사 |

조셉 커민스, 송설희·송남주 옮김, 말글빛냄, 2009.

　　　　　　　　　엄청난 책이다. 겉과 속이 그렇다. 번지르르한 모양과 어울리지 않게 내용이 부실한 책이 있다. 그런가 하면 내용은 참 좋은데 비해서 겉표지가 '영 아니올시다' 하는 엉망인 책도 있게 마련이다. 그러나 《라이벌의 역사》는 한쪽으로 치우침이 없다. 마치 잘 익은 토마토처럼 겉과 속 모두 만족스럽다. 한마디로 먹음직스럽다. 그뿐인가. 두고두고 곁에 간직하고프다. 장서藏書의 유혹을 불러일으킨다.

　한 가지 문제가 있다. 호기심만으로 엉덩이로 앙버티며 읽기에는 너무 두툼하다. 다소 무리를 각오해야 한다. 별도의 시간이 왕창 필요한 책? 그렇게 보였다. 해서 읽을까, 말까를 갈팡질팡 고민하는 난관에 맞닥뜨렸다. 그래서일까. 박성수 이랜드그룹 회장의 귀띔이 갑작스레 떠올랐다. 독서광인 그이라면…….

그의 독서 비결은 이렇다. "책은 호기심이 떨어지기 전, 즉 3일 내에 끝내야 한다." 이게 비결이다. 만약 그렇지 않으면 중간 정도에서 접힌 채 영원히 읽지 못할지 모르기 때문이라고 그는 언젠가 말했던 적이 있다. 왜 하필이면 그 명언이 생각났을까? 순간, 피식 웃음이 터졌다.

책 읽을 시간이 없다고 이제 그만 투덜대시라. 짧게는 3일이면 충분하다. 내 보기엔 길게는 한 달이면 족하다. 세계 역사에 많은 영향을 미친 라이벌 중 불과 23쌍만이 이 책에는 등장한다. 이 때문이다. 나는 하루에 8쌍의 라이벌 역사를 추적하기로 굳게 마음먹었다.

첫째 날은 '존 F. 케네디 VS 리처드 닉슨'부터 시작해 '아돌프 히틀러 VS 에른스트 룀'까지 읽었다. 둘째 날은 영화 속 서부영화 장면을 보는 듯 '프란시스코 판초 비야 VS 에밀리아노 사파타'를 시작해 하나의 왕국, 두 명의 여왕이 등장하는 '엘리자베스 1세 VS 스코틀랜드 여왕 메리'까지 읽었다. 마지막 날에는 이름조차 낯설고도 생소한 '프란시스코 피사로 VS 디에고 데 알마그로'를 시작해 영화를 통해 익숙하면서도 친근한 이름의 '알렉산드로스 대왕 VS 다리우스 3세'까지 읽었으니 어쨌거나 완독은 어렵사리 마친 셈이다.

그렇지만 다시 한 번 읽고자 하는 마음이 생기는 걸 보면 '김연아 VS 아사다 마오' 하는 식으로 라이벌의 역사를 다룬 책의 내용이 스포츠나 역사 드라마를 보는 듯 흥미진진, 재미가 생생해서다.

몰랐다. 독재자 히틀러에게 라이벌 룀이 있었다는 것을. 히틀러는 처음엔 옛 전우이자 라이벌인 룀을 죽이지 않겠다고 주변에 말했다고 한다. 같은 교도소에 복역하면서 두 사람의 관계는 더욱 긴밀해 졌지만(같이 고생했을 때) 각기 정치 지도자와 군부 지도자로(같이 출세했을 때) 우뚝 대중 앞에 나서면서는 서로 상대를 밟으려고 사나운 사자인 양 크고 세차게 울부짖는 소리로 으르릉거렸다. 급기야 라이벌 관계로 틈이 벌어지며 우정은 변했다. 종종 고생할 때는 뜻이 합쳐진다. 하지만 성공할 때가 되면 사이는 급격히 달라진다. 라이벌 관계로 변하기 마련이다.

이게 남자들 세계만일까. 여자들도 마찬가지다. '엘리자베스 1세 VS 스코틀랜드 여왕 메리'는 그것을 여실히 보여준다. 엘리자베스와 메리는 원래 사촌지간이었다. 하지만 권력을 이용하는 방법을 알면서부터 라이벌 관계로 치닫는다. 메리보다 아홉 살 연상인 엘리자베스의 모습에서는 신라의 선덕여왕 모습이 겹쳐진다. 권력을 위해서라면 어떤 남자든 어떤 방식으로든 자신을 이용하게 그냥 놔두지는 않았기 때문이다. 책에 따르면 엘리자베스는 근시였다. 상대방 얼굴이 잘 보이지 않았다 한다. 그런 까닭에 상대와 대화할 때마다 몸을 앞으로 기울였다고 한다. 이 덕분에 사람들에게 친근감을 줘서 인기를 얻었다고 책은 말한다.

그러니 어쩌랴. 권력을 위해서라면 정치인들은 안경부터 벗으려고 들지도 모른다. 혹 그럴지도 모르겠다는 불순한 생각이 고개를 쳐들었다. 당신은 지금 라이벌이 있는가. 아니면 친했던 상대방에게 쓸데없는 원한이 가슴에 생기는가. 그렇거든 그럴 때마다 책꽂이에서 이 책을 꺼내자. 그러고는 처세의 지혜를 찾자. 그러는데 많은 도움을 아낌없이 제공해줄 책이다.

chapter 46

CEO의 리더십에만 의존하십니까?

| 리더 시스템 |

보도 섀퍼 · 보리스 그룬델, 박정미 옮김, 로그인, 2008.

　　　　　　　　리더가 되고픈 사람은 의외로 많다. 다만 리더Reader하지 않기에 리더Leader로 성공하질 못할 뿐이다. 그런 사람이라면 읽기에 딱 좋은 책이다. 세계적인 머니 트레이너로 유명한 보도 섀퍼가 《리더 시스템》의 저자다. 내용은 말랑말랑하다. 스토리텔링 형식을 빌렸다. 그래서다. 골치 아프지 않다. 한마디로 읽기가 수월하다. 리더로 성공을 간절히 꿈꾸며 원하는가? 그렇다면 이 책은 권장도서다.

　책을 펼치자. 그러면 '차례' 다음에 로마 시인 베르길리우스의 명언이 가장 먼저 보인다. "사람은 악기와도 같아서 누가 다루는가에 따라 소리가 달라진다." 그렇다. 맞는 이야기다. 절로 고개가 끄덕여진다. 명언은 탁하고 무릎을 치게끔 만든다. 누가 다루는지(리더십)에 따라서 명암과 희비와 성패가 엉뚱한 곡선을 그리며 결과가 달라진다. 나는 그것을 무수히 인생과 경영, 비즈니스 현장에서 자주 목격해왔다.

이 책에 등장하는 기업의 총수 그루버 회장도 경영 일선에서 물러난 후 3년 만에 복귀하면서 그루버 주식회사가 심각한 위기에 빠졌다는 걸 깨닫는다. 문제는 노(老)회장의 전성기 때 카리스마 리더십만 가지고는 해결하지 못할 곤란한 지경에 이르렀다는 것이다. 즉, 경영 혼란을 초래하는 리더 시스템 부재로 위기의 비상등이 켜졌던 것이다. 회계, 생산, 판매, 마케팅 등의 부서 책임자들이 자기 부서를 어떻게 이끌어가야 하는지 잘 모를 만큼의 카오스 상황까지 직면한다.

저자는 귀띔한다. 리더가 어떠해야 하는지를 묻는 것은 문제 해결에 그다지 효과적이지 않다고 말이다. 그것은 개인의 특성만 따진다. 이 때문에 자칫 불행한 스타 숭배를 가져올 뿐이라는 조언이다. 저자는 강조한다. 오히려 리더는 슈퍼스타가 아니라 평범한 사람도 될 수 있다고 주장한다. 이 점에서 독자에게 용기를 주는 셈이다.

다만 이 책의 전부이자 리더 시스템의 실체라고 할 수 있는 '3×5'는 리더가 진정 되고 싶다면 꼭 알고 실천해야 한다. '단순한 리더십 구현을 위한 규범서'가 그것인데, 이것부터 맨 먼저 공부한 다음에 첫 장을 펼치는 것도 이 책을 읽는 한 방법으로 유익할 것이다. '3×5'의 3에는 5대 과제, 5가지 보조수단, 5대 원칙이 포함된다. 그것들은 각각 5가지로 세부지침으로 정해진다.

먼저 5대 과제를 살펴보면 이렇다. 1. 부하직원 장려하기 2. 회사의 목표 달성하기 3. 시스템 구축하기 4. 임무 맡기기 5. 컨트롤하기로 과제가 정해진다. 5가지 보조수단의 세부지침은 이렇다. 1. 칭찬 2. 우회하기 3. 비판 4. EOA(성과 위주의 과제 설명) 5. 예산안으로 보조수단 항목이 나뉜다. 5대 원칙은 이렇다. 1. 책임지기 2. 결과에 중점두기 3. 장점에 집중하기 4. 긍정적인 직장 분위기 조성 5. 신뢰얻기가 원칙의 전부이다.

슈퍼스타 CEO에 의존하는 리더십의 최대 약점은 노병사老病死에 있다. 그래서 1대에 머물고 장수기업으로 지속되지 못한다고 밝힌다. 그러나 저자가 강조하고 있는 '3×5'의 리더십 시스템을 발휘한다면, 평범한 사람도 리더로 성장이 가능하다는 이야기가 이 책의 백미다. 소기업은 사장 개인의 능력과 리더십에 안존한다. 이 때문에 중·대기업으로 성장에 발목이 잡히는 경우가 다반사다. 아니다. 그럴 것이다. 사장 개인과 무관한 리더십 시스템을 구축한다면 명확한 경영과제는 물론이거니와 보조수단과 원칙 덕분에 개인과 무관하게 기업은 성장하고 지속된다.

어쨌거나 저자가 주장하는 리더십 핵심은 이것이다. "리더가 어때야 하는지 묻지 말고, 무엇을 해야 하는지 물어라"(51쪽)이다. 또 책에서 놓치면 곤란한 것을 적자면 이렇다. 보도 섀퍼는 "수년에 걸쳐 사람을 경영하는 것에 관한 책을 일주일에 평균 두 권씩 읽는다"(236쪽)는 것이다. 그렇기에 계속 리더로 존재하는 이유가 아닐까. 아무튼 저자는 이 책을 통해 누구나 리더가 될 수 있다는 걸 여실히 보여준다. 다만 문제는 리더Reader인데, 기업의 임원진들이 리더Leader로 기업이 나아가야 할 방향을 제대로 잡아 성공할지는 리더Reader에 달려 있다.

chapter 47
리더는 타고나는가, 만들어지는가

| 리더의 탄생 |

존 어데어, 이윤성 옮김, 미래의창, 2008.

　　　　　　레오나르도 다빈치, 아인슈타인, 피카소 등 분야를 넘나들며 창조성을 빛낸 인물들의 발상의 근원을 밝혀서 장안에 화제가 된 책이 《생각의 탄생》(에코의서재)이다. 그로부터 거의 1년 만에 "훼방의 문화에서 응원의 문화로 물꼬를 돌리면 우리의 미래가 보인다"고 주장한 석학 이어령 교수의 저서는 제목을 《젊음의 탄생》(생각의나무)이라고 달았다. 이 역시도 장안의 화제로 낙양의 지가를 올렸다.

　앞으로 얼마나 많은 '~의 탄생'이란 제목을 단 책이 쏟아져 나올지 궁금했다. 그러던 차에 《리더의 탄생》이 새로 등장했다. 타이밍이 절묘하다. 개정판이다. 제목을 새로 잘 단 덕분에 꽤 팔릴 것 같아서다. 원래 이 책은 '위대한 리더들'이 책 제목이었다. 내용은 참 좋은데 반해 독자들에게 외면을 많이 당했나 보다. 제목을 바꿔 달아 개정판을 출간한 사정을 엿보면 말이다.

저자는 존 어데어. 영국 캠브리지대학에서 역사를 전공하고 옥스퍼드와 런던대학에서 석사·박사학위를 받았다. 그는 비즈니스와 군사 분야에서 매니지먼트 리더십의 일인자로 이미 영국은 물론이고 세계적으로 유명한 인사다. 이 책은 저자의 말마따나 '리더로서의 인생 역정에 좋은 친구'로 조금도 부족함 없어 보인다. 리더라면 '베이디미컴 vademecum(함께 가는 것)' 하기에 딱 알맞다. 핸드북(항상 휴대하는 책)으로 그 경우에 알맞은 '당의즉묘當意卽妙'의 지혜를 즉각 보여준다. 절묘하다!

가령 권력과 권위가 어떻게 다른 의미일까, 궁금하면 '지식을 통한 리더십'을 참조하면 된다. 소크라테스는 지식에 대해 권위를 강조했다. 또 지식은 리더십으로 가는 중요한 관문이다. 따라서 리더십이란 사람들에게 필요한 것을 공급해주는 능력을 일컫는다. 저자는 리더십의 핵심이 '지식'이라고 강조한다. '경험'도 무척 중요하다. 하지만 지식과 경험만으로 충분한 것은 결코 아니다. 지식과 경험에만 의존하면 권력을 그저 행사하는 것뿐이다. 다른 사람들의 지지와 열정을 얻어내는 리더십이 있어야 '권력'이 아니라 '권위'가 리더의 자질로 무릇 생겨나는 것이다.

또 '리더는 타고나는 것인가, 만들어지는 것인가'가 궁금하다면 '리더십의 기술'을 참고할 필요가 있다. 리더십이란 "사람들이 필요로 하는 모든 욕구를 충족시켜주는 것이다"(53쪽)고 저자는 주장한다. 만약에 이러한 느낌을 줄 수 있다면 그는 권위를 획득할 수 있다고. 따라서 만약 리더로 활동하면서 조직 구성원, 즉 사람들에게 필요한 모든 욕구를 충족시켜주지 못한다면 권력만 행사하는 것에 지나지 않는다는 이야기다.

리더로서 의사결정을 지금 당장 내리지 못해 고민이라면 '올바른 결정내리기'는 매우 유익할 것이다. 게다가 '유머의 가치'가 새삼 얼마나 필요한지 깨닫게 될 것이다. 대화를 훨씬 부드럽게 만드는 유머의 중요한 가치는 긴장을 완화시킨다. 비단 냉정하고 차분하며 침착함을 유지하는 것이다. 이것이야말로 리더에게 필요한 덕목이다. 하지만 언제든 리더는 위험과 어려움을 감수하는 서커스의 외줄타기처럼 사람들에게 필요할 때, 미소를 씩 지을 수도 있어야 한다.

저자는 영국인 출신답다. '영국 전통의 뿌리'에 대해서 추적한다. 그러고는 앵글로색슨족의 역대 왕인 앨프레드 대왕의 리더십을 유독 강조하며 크게 조명한다. 앨프레드 대왕은 그의 주교들에게 교육을 촉진하도록 편지를 썼다. 대왕은 가능하다면 모든 영국인 가정의 아들을 학교에 보내 영어를 배우도록 권했다. 영국인들은 영국의 왕 중 유일하게 '대왕'이란 칭호를 부여한 앨프레드 대왕을 기독교와 라틴어의 학습을 통해 국가를 건설하려고 했던 진정한 조상으로 여긴다. 저자의 설명이다. 그뿐인가. 아니다. 저자는 "가능한 한 많은 사람들의 동의를 확보함으로써 열렬한 지지를 얻어내는 리더"(193쪽)가 권위를 인정받는다고 강조한다. 권력이 아니라 권위가 있는 리더이고 싶은가? 그렇다면 가장 먼저 읽어야 할 리더십 전문서다.

chapter 48

리더는 배관공이자
시인이 되어야 한다

| 문학에서 배우는 리더의 통찰력 |

제임스 G. 마치, 박완규 옮김, 이다미디어, 2008.

조직론의 세계 최고 권위자이자 경영학계의 시인이라고 불리는 제임스 G. 마치 미국 스탠퍼드대학 명예교수의 강의를 바탕으로 한 책이다. 책은 실제로 1980년부터 1994년까지 스탠퍼드대학에서 행해졌던 제임스 마치 교수의 강의가 주요 내용을 차지한다. 그는 리더십을 3가지 측면에서 논한다.

첫 번째는 인간의 삶에 관한 쟁점과 뗄 수 없는 관계에서 리더십을, 두 번째는 사람들이 리더십을 배울 수 있는 자료로서 훌륭한 문학 작품(오셀로·성녀 잔 다르크·전쟁과 평화·돈키호테 등)을 가지고 자세히 해부하고 통찰한다. 세 번째는 리더십이 경영대학원 교육을 포함한 모든 교육 과정에서 단순히 성공을 위한 비법이나 처방으로 머물러서는 안 된다는 것을 넌지시 깨우치라고 강조한다. 그렇다고 한다면 제임스 마치 교수가 주장하는 리더십이란 과연 무엇인가?

첫 장에서는 '리더의 사생활과 공적인 의무'로 강조하며 이렇게 설명한다. "리더들은 공적 생활이 체계적으로 더 많은 보상을 준다는 것을 알지만, 사적 영역을 가짐으로써 정서적 균형을 이루며 인간으로서의 삶을 유지한다."(25쪽) 그렇다. 리더는 신이 아니고 인간이다. 해서 리더의 통제를 따르는 사람들에게 신적인 존재가 아니라 인간적인 존재로서 다가설 필요가 있다.

그러므로 개인 생활과 공적 활동을 구분해야 한다. 하지만 현실에선 그렇지 않다. 이게 문제다. 해서 귀중한 개인 생활과 조직의 리더로서 생활이 복잡하게 헷갈리고 엉키며 문제를 발생시키는 이유가 된다. 사람들이 리더십에 실망하는 것은 이를테면 화가의 작품을 감상해야 하는데, 화가의 사생활과 공적 활동이 완벽하길 기대한다. 이 때문에 리더에게 절망하는 것이다.

이 책이 주장하는 2가지 리더십은 쉽다. 그것은 리더십의 근본적인 요소로 '배관공사'와 '시'를 이제부터 사용하라고 말한다. 배관공사란 화장실처럼 일상적으로 필요한 곳이 제대로 작동하도록 살피고, 막힌 곳을 찾아 뚫어주는 구실을 의미한다. 기막힌 말솜씨다. 절묘한 표현이지 싶다. 다만 문제는 왜 리더십을 시詩로 설명하려는 것인지 잘 이해되지 않는다는 것이다.

중국의 공자는 시를 두고 '시가이흥 가이관 가이군 가이원詩可以興 可以觀 可以群 可以怨'이라고 했다. 요컨대 흥興이란 감흥을 의미한다. 이로써 리더십을 발휘할 수 있다. 관觀이란 통찰력으로 조직과 사회를 살피는 법을 의미한다. 이로써 리더십이 지속될 수 있다. 군群이란 말 그대로 무리(조직)를 뜻하나 함축된 뜻은 '처신'을 강조함이다. 이로써 리더십은 품위를 유지하게 된다. 마지막으로 원怨이란 비판, 혹은 반성이라고 말할 수 있다. 남이 아니고 '나我'를 두고 말함이다. 이로써 리더십이 발전한다.

그런 의미에서 제임스 마치 교수는 시는 리더가 예기치 않았던 길을 탐험하며 흥미로운 목적을 발견하고 삶에 열정적으로 접근하도록 해준다고 말한 것일지도 모른다. 즉, 이를 통해 리더는 행동의 의미를 발견하고 삶을 매력적인 것으로 만들려는 노력을 하는 것이다. 그 과정에서 리더는 권력과 말을 이용하게 된다.

결국 리더는 "배관공이자 시인이 되어야 한다"(297쪽)는 제임스 마치 교수의 주장은 공자의 깨우침이나 전혀 다름없다. 주유천하를 통해서 공자가 리더십을 말한다면 마치 교수는 리더십을 명작이라는 문학작품을 통해 말함이 차이라면 차이다.

《오셀로》에선 리더의 사생활과 공적 의무를 살피며 리더는 순진함과 영리함을 조화시켜야 한다고 주장한다. 《성녀 잔 다르크》에선 영웅의 리더십과 전문가의 리더십을 분석한다. "빨리 달리지만 너무 오래 잠자는 토끼 한 마리는 거북이 한 마리에게 패할 가능성이 있지만, 토끼 무리와 거북이 무리가 경쟁을 벌이면 분명히 토끼가 먼저 결승점에 도착할 것"(97쪽)이라는 대목은 조직과 조직원을 진지하게 생각하고 리더십을 어떻게 펼치면 좋을지 고민하게 만든다. 《전쟁과 평화》라는 문학작품을 통해서는 인간의 모순과 신의 계시를, 《돈키호테》에선 상상의 역할과 위대한 헌신, 일의 즐거움에 대해서 요목조목 설명한다.

평소 자신이 책 읽기나 문학작품을 좋아했던 조직의 CEO와 리더라면 이 책은 무엇보다 값진 참고서가 될 것이다. 그것을 나는 확신한다. 또한 경영이 무엇인지 모르고 리더십에서 지지부진하다면 이 책이 강조하는 '배관공사와 시'로 문제를 해결할 수 있으리라 짐작된다. 그러므로 리더십을 말하는 제임스 마치 교수의 강의를 듣기 위해서 왜 미국의 수많은 CEO들이 줄을 선다고 하는지 알 것 같다. 그 내용이 어렵지 않고 쉬우며 재미있고 유익하기 때문이 아닐까?

단순히 성공 비법을 이론에 치우쳐 전하는 어떠한 경영서보다 이 책은 문학작품 주인공들의 인간 실존의 근본적인 딜레마와 인간 정신의 본질을 이해하는 소중한 기회와 다양한 아이디어와 문제 해결을 제공해준다는 점에서 돋보인다. 이제는 경영서만이 아니라 문학에서 리더십, 그 길을 찾는 것도 한 방법일 것이다.

chapter 49

비즈니스는 명장을 원한다

| 명장 |

우한, 김숙향 옮김, 살림, 2008.

역사상 인물이나 사건에 현재를 투영하는 역사학을 일컬어 중국에서는 영사사학影射史學이라고 한다. 이 책 《명장》 역시 저술 방식은 같다. 중국의 유명한 역사학자 우한이 엮은 책이다. 책은 춘추전국시대부터 당나라까지 맹활약했던 불패의 장군(손무, 오기, 손빈, 전단, 한신, 항우, 유방, 이광, 위청, 곽거병, 마원, 반초, 염파, 인상여, 곽자의)의 파란만장한 삶과 위기에 대처하는 지혜, 우뚝 명장의 반열에 오를 수 있었던 이들의 성공 열쇠가 무엇인지 안내한다.

지금부터 수천 년 전 난세를 살아간 명장 15인의 이야기를 담고 있는 이 책은 리더십과 위기 경영술에 대해 핵심을 4가지 측면으로 압축한다. "자신을 알라, 난세에는 매뉴얼이 없다, 외부 환경에 흔들리지 마라, 함께할 동지를 찾아라"가 그것이다.

역사가 말하는 전쟁은 오늘날 관점에선 비즈니스다. 명장 손무는 전쟁을 국가 경제와 백성의 생활이라는 시각에서 인식하고 있었다. 아울러 손무는 "물의 규칙은 높은 곳을 피해 낮은 곳으로 향하는 것이고 전쟁의 규칙은 강한 곳은 피하고 약한 곳을 공격하는 것"(71쪽)이라고 말했는데 비즈니스 생존법칙으로 읽힌다. 전쟁에서 승리하고 비즈니스에서 생존하려면 손무가 주장하는 자신의 강점과 약점을 정확하게 인식해야 한다. 옛날의 장수는 오늘날 비즈니스맨이다. 그러니 오기가 강조하는 "문무를 갖추고 온화함과 강건함을 겸비한 인재여야만 장수가 될 수 있다"(71쪽)는 대목은 절로 수긍이 간다.

한편 대장군 한신을 통해서는 가랑이 사이의 모욕은 잠깐일 뿐이고 가슴에 품은 뜻이 성패를 좌우한다는 역사적 교훈을 되새기게 된다. 하지만 소하를 친구로 대하지 않고 라이벌로 대했기에 한신은 결국엔 토사구팽을 당한다. 여기서 '자신을 알라'는 말을 우리가 왜 귀담아 들어야 하는지가 분명해진다.

난세에는 매뉴얼이 없다. 비즈니스도 그러하다. 전쟁이든 경영이든 융통성 없이 기존의 매뉴얼에만 의지해선 성공은 좀처럼 생겨나지 않는다. 어떤 상황이든 유연하게 대처할 필요가 있다. 즉, 자신이 이겼던 방법에만 골몰하면 이기지 못한다. 전단처럼 새롭게 이기는 방법을 궁리해야 승리한다. 1,000여 마리의 소에 화려하게 칼을 매어 두고 기름을 발랐다는 '화우의 진법'은 좋은 예다. 평범한 장수나 보통의 비즈니스맨은 위기가 닥치면 적당히 타협한다. 또 그 순간만 모면하려고 들지도 모른다. 이럴 때 한나라 때 백발노장 반초가 그랬던 것처럼 의연하게 행동할 필요가 있다. 헛소문과 모함에 굴하지 않는, 즉 외부 상황에 흔들리지 않는 자신이 있어야 한다.

반초가 서역의 열악한 환경에서 30년간 군대를 지휘하는 것이 가능했던 이유는 무엇인가? 그것은 어떤 위기 상황에서도 굴하지 않는 자신의 가치관과 신념이 확고했기 때문이다. 뛰어난 장수는 풍문과 비방에 쉽게 부화뇌동하지 않았다. 그러기에 중국 후한 때의 마원이 명장인 것이다. 이처럼 외부 상황에 흔들리지 않는 뛰어난 장군의 자세와 신념은 오늘날 최고경영자의 경영철칙으로 통한다. 난세일수록, 불황일수록 꼭 갖춰야 할 CEO의 덕목이다.

아울러 '함께할 동지를 찾아라'는 말도 명심해야 한다. 그런 의미에서 조나라의 두 기둥, 염파와 인상여의 사례는 좋은 예다. 염파는 전쟁터에서 잔뼈가 굵은 대장군이었다. 현장에서 잔뼈가 굵은 영업부장으로 비유할 수 있다. 영업부장인 자신보다 어린 사람이 상사인 영업이사로 자기 윗자리에 어느 날 갑자기 앉으면 기분이 상하고 엉망진창일 것이다. 그럴 때가 닥치면 당신은 어떻게 처세하려는가. 염파가 그랬던 것처럼 직장상사(인상여)를 공개적으로 험담하고 비방하려고 나서지는 말자.

차라리 인상여처럼 행동하자고 마음먹자. 목적이 같은 경쟁자는 아군이지 적군이 아니다. 기분이 상해 인상여를 공개적으로 험담하고도 염파가 무사할 수 있었던 이유는 단 하나다. 개개인 간에 생긴 시비의 문제를 대수롭지 않게 생각하며 대처했던 라이벌 인상여를 잘 만났기 때문이다. 나라의 안전(적 앞에서)을 지키는 게 개인의 감정보다는 우선이었기 때문이다. 이 얼마나 멋진가!

chapter 50
성공한 CEO에게는 신중함과 대담함이 있다

| 부의 황금률 |
P. T. 바넘, 서유진 옮김, 스마트비즈니스, 2007.

이 책 《부의 황금률》은 얇다. 그러나 두께가 그렇다는 것이지 내용이 얄팍해 하찮다는 이야기는 결코 아니다. 책은 부자로 살 수 있는 방법, 즉 황금률을 무려 20가지나 소개한다. 이를테면 '천직을 혼동하지 마라', '빚을 지지 마라'든지 아니면 '자기 일에 전문가가 돼라', '담보 없이 보증을 서지 마라'와 같이 아주 뻔한 내용을 담고 있어 독서하는 시간이 아깝다고 생각할 지도 혹 모르겠으나 '출간된 지 100년이 지났지만, 단 한 번도 절판된 적 없는' 스테디셀러라는 걸 반드시 염두에 두고 짬을 내서, 빌려 보지 말고 꼭 사서 읽기를 바란다.

한 번만 읽고 도서관에 반납하기엔 아까운 책이다. 평생을 옆에 두고서 수시로 꺼내보자. 아무 페이지나 내키는 대로 천천히 읽자. 그러면 아주 좋을, 보물 같은 책으로 보인다. 부자가 되는 방법을 다룬 책을 읽었다고 해서 금방 누구나 부자가 되진 않는다. 그러나 분명한 것은 틀림없이 '촌철살인'의 부자학이다.

부자의 정의는 아주 간단하다. 경제학으로 이야기하자면 '지출보다 수입이 많으면 부자다'는 누구든지 다 아는 상식이다. 그러나 문제는 상식은 있으나 그것을 지속적으로 유지하고 바로바로 실천에 옮기는 것이 현실에서는 만만치도 않거니와 그저 힘들어 어려울 뿐이다. 나는 강의 때마다 주장한다. 세상에 부자가 되는 방법이 있다면 혼자만 그것을 알면 되지 왜 굳이 그것을 남에게 친절하게 가르쳐 주겠느냐고 말이다. 나 말고 남들도 다 알고 있는 비밀이 무슨 비밀이냐고 이야기하면 청중들은 고개를 모두 끄덕인다. 논리가 벗어나거나 틀리지 않기 때문이리라.

이윽고 나는 한마디를 꼭 덧붙인다. 그 한마디는 이 책에 등장하는 내용이다. 세계적인 부자 가문 로스차일드의 금언이다. 그리고 내가 아는 한 성공 CEO의 공통점이기도 하다. 금언 중에 "신중하라. 그리고 대담하라!"라는 말이 있다. 이게 어디 말이 되는가. 생각하기에 따라서는 엄청난 모순어록인 셈이다. 그렇지만 내 가슴속에 사무치는 이유는 무엇일까? 책은 설명한다. "계획을 세울 때는 최대한 신중해야 하지만 행동으로 옮길 때는 대담하라."(67쪽)

그렇다. 성공 CEO들의 공통점이다. 그뿐인가. 아니다. 부자들의 '생각과 행동'을 풀어쓴 말이나 의미가 추구하는 바 다를 바 없다. 이 때문이다. 그러므로 부자로 살기 위해서는 2가지 덕목 즉, 신중함과 대담함을 모두 필히 갖춰야 한다. 한 가지 더 짚고 넘어가자. 성공 CEO들과 부자들의 공통점을 잘 관찰해보자.

성실하고 똑똑한 사람일수록 성공하고 부자가 되던가? 오히려 성실하고 똑똑한 사람일지라도 반드시 부자로 살진 않는다고 해야 맞다. 거꾸로 우리가 보기에 멍청하고 게으른 사람으로 첫인상이 보였다. 하지만 나중에 그가 막상 부자라는 사실에 몹시 놀랐던 경험이 한번쯤은 있을 것이다. 그렇다. 그 때문에 아연 기가 막힌다. 또 허탈해진다. 왜냐고? 나보다 못한 사람으로 보였건만 알고 보니 잘난 사장이고 잘난 부자이니 충격을 받고 그런 것이다. 그래서 그랬던가. "세상은 요지경~"이라고 유행가처럼 노래하는 것이다.

로스차일드의 다른 금언 중에 "운이 나쁜 사람이나 장소와는 관계를 맺지 마라"는 말이 있다. 이 책은 운 좋은 사람에게만 아마 진정성과 정체성을 천천히 드러낼 것이다. 나는 확신한다. 평소에 로또 복권을 사는 사람들의 눈에는 이 책이 발견되지 않을 거라고. 설사 보이더라도 마찬가지다. 책은 부자 비밀의 속내를 절대 보여주지 않으리라. 그러나 성실하고 똑똑한 사람으로 자신을 보았는데 아직 부자로 살지 못하고 있다면 이 책에서 부를 모을 수 있는 비밀을 파헤치는 것이 어렵지만 않으리라. 그래서일까. 출간된 지 100년이 지났지만, '단 한 번도 절판된 적 없는 스테디셀러'가 맞다.

chapter 51

사진 잘 찍는 CEO는 경영도 잘한다

| 사진 읽는 CEO |

최건수, 21세기북스, 2009.

"망설였다." 책을 읽으면 만 배의 이득이 생기네讀書萬倍利. 이는 옛글 가운데서 참된 보물만을 모은 고전 중의 고전 《고문진보》(을유문화사)에 나오는 말이다. 중국 당송팔대가로 일컬어졌던 왕안석이 남긴 오언고시의 일부다. 여유가 없다면 책꽂이라도 갖추어야 한다無即致書櫃. 이를 그대로 믿고서 실천했나. 요즘 기업과 방송에서 잘 나간다는 명강사 더블유인사이츠W.insights 김미경 대표가 꼭 그러하다.

김미경 대표는 아내가 된 후 살림과 육아 때문에 덮어둔 자기계발의 꿈을 이루기 위해 가장 먼저 선택한 행동이 책을 사서 읽는 것이 아니라 '커다란 책장부터 두 개' 사는 것이었다고 하니 과연 성공하는 최고경영자는 정말 뭔가 다르긴 다르다고 생각을 했더랬다.

그러나 막상 이 책《사진 읽는 CEO》를 대하고 보니 책부터 사서 읽는 게 순서가 맞지 않을까 싶다. 비록 책은 첫 문장부터가 "망설였다"로 시작해 혼란을 주는 게 사실이나 당장 구입하는 것이 내 보기엔 망설일 이유가 하등 없다. 그럴 만큼 독후감은 한마디로 감명 깊다. 짜릿하다.

'1980년대까지 사진을 찍었다'는 이 책의 저자인 한국사진연구소 최건수 소장은 오로지 '외길'을 걸어왔다. 23년 동안 한 직장에서 일한 것이 그렇고, 근 30년 동안 사진에 미쳤다고 하는 것이 그렇다. 하물며 17년 동안 쉼없이 운동했다고 한다. 이를 두고 혹자는 '불광불급不狂不及(미치지 않으면 큰 일을 이룰 수 없다)'이라고 했던가. 즉, 자기계발 성공의 핵심을 단적으로 드러낸 것이나 마찬가지다.

내 울타리를 허물면 결과는 내 마당이 드넓어지게 마련이다. 저자는 21세기 불확실성 시대를 살고 있는 우리에게 성공하는 방법은 '경계를 허무는 이종결합의 힘', 즉 레오나르도 다빈치처럼 경계 없는 르네상스 인간형으로 변신해보는 것이라고 진정성을 가지고 귀띔한다.

이 책은 '사진'이 그 주인공이다. 그러나 정작 사진은 50여 장뿐이다. 얼핏 보기엔 민망한, 그러면서도 야릇한 누드 사진도 몇 장 들어있다. 특히 재미와 흥분을 제공하는 것은 일본의 모리무라 야스마사가 찍은 〈레드 마릴린〉(124쪽)일 것이다. 꼭 보시라. 후회하지 않으려면 반드시 한 번 이상은 뚫어지게 각오하고 봐야 할 것이다. 그러고는 한마디 덧붙인다. 어느 정도의 성공을 맛본 사람들은 자신의 성공에 만족하게 된다. 그것이 성공의 과정에서 쌓아올린 기득권이고 가치관이기 때문이다. 문제는 이러한 상황이 끝까지 가지 않는다는 것이라고 설명한다.

그래서일까. "구르는 돌에는 이끼가 끼지 않는다"라는 속담이 생겼다. 하버드대학 도서관에 쓰인 낙서 하나. "지금 잠을 자면 꿈을 꾸지만, 지금 공부를 하면 꿈을 이룬다." 꿈을 이룬 사람들의 공통점은 한결같다. 진정으로 꿈을 이루어야겠다는 자기 암시의 끈을 놓지 않는 것이라고 저자는 말한다.

사진가들은 자신의 고유한 프레임을 통해서 파악한 인간과 세상에 대한 깊은 통찰을 미치도록 꾀한다. 그리고 통찰을 담아 찍고 대상과 교감하는 순간에 발칙한 상상력과 열정의 산물이 열매로 창조되는 것을 맛본다. 그것에 대해 저자는 사진에 나타난 사진가들의 통찰 방법을 크게 3가지 키워드로 정리했다. 열정과 상상력과 기본이 바로 그것이다. 성공하는 경영법과 맥락이 상통한다. 이 점에서 책은 쓸모 있고 매력적이다.

사진을 잘 찍으려면, 아니 성공하려면 무엇보다 "기회를 읽는 안목"(293쪽)이 필요하다. 저자의 말마따나 "언제 찾아올지 모르는 기회가 면전을 지날 때 온몸으로 막아 세워야 한다. 내 집에 들어오면 대문부터 걸어 잠가야 한다. 한눈 팔다 삼세 번 지나가면 끝이다"(294쪽). 저자는 끝으로 "사진을 잘 찍는 방법은 어쩌면 사진 찍기 이전에 책 읽기와 사회를 보는 눈에서 결정될지도 모른다"(301쪽)고 책의 마지막 문장을 박는다. 어쨌든 '책을 읽으면 만 배의 이득이 생기네'라는 옛말은 괜한 허언(虛言)이 아니다.

chapter 52

포용의
리더십

●

| 상처 입은 봉황 선덕여왕 |

김용희, 다산초당, 2009.

"옥문이란 곧 여자의 음경(여성의 생식기)이다. 여자는 음이고 그 빛은 흰데 흰빛은 서쪽을 뜻한다. …… 남근이 여근에 들어가면 죽는 법이다." 이 말을 들은 여러 신하들은 왕의 예지에 탄복했다. 이 이야기는 일연의 《삼국유사》가 그 출처다. 그러니 뻥 냄새가 심해서 차마 믿지 못하겠는가. 그렇다면 역사서인 《삼국사기》에 상세히 전하는 실화라고 한다면 당신은 이제 어쩌겠는가. 믿거나 말거나를 따지진 않겠다.

여기서 왕은 고구려의 왕이 아니다. 백제의 왕도 아니다. 삼국 중 신라의 제27대 선덕여왕을 말함이다. 왜 지금에 와서 선덕여왕이 우리 사회에 불현듯 회자되며 유행되는 걸까? MBC 드라마〈선덕여왕〉 방영 탓일까. 알다시피 선덕여왕은 선대 법흥왕, 진흥왕, 진평왕이 구사했던 영토 확장 중심의 통치 스타일을 바꾸어 국태민안, 즉 나라를 편안하게 하고 백성을 이롭게 하는 것을 국가의 최우선 과제로 삼았다.

따라서 이 시대에도 선덕여왕처럼 새로운 통치 스타일로 국태민안에 총력을 펼칠 새 대통령을 꿈꾸고 기대하는가. 그러기에 선덕여왕과 관련된 책들이 서점가에 연일 봇물처럼 쏟아지는 추세는 어쩌면 당연한 현상이다. 추세는 두 가지다. 하나는 소설이고 하나는 비소설이다. 이 책은 후자로 비소설에 해당한다.

여타 도서와는 다른 관점으로 선덕여왕을 조명하려는 흔적이 역력해 보인다. 또 그저 재미로 선덕의 사랑이나 질투 혹은 치세와 권력투쟁에만 이야기를 허구로 나열하진 않는다. 그보다는 사료를 바탕으로 선덕 즉, '덕만공주'의 탄생부터 죽음(김유신과 김춘추 세력에 의해 실각되었을 가능성)까지, 자칫 안개 속에 가려질 법한 역사의 비밀을 고증을 들이대며 파헤치고 치밀하게 다룬다.

그래 그랬던가. 비소설이되 재미도 선사한다. 책은 선덕여왕을 예쁘게 화려하게 치장하지 않는다. 이 점이 매력적으로 돋보인다. 있는 그대로, 사실史實에 근거해서 '상처 입은 봉황'으로 온전하게 그려졌지 싶다. 그뿐만 아니다. 도무지 상상하지 못했던 '있는 그대로의 모습'으로 선덕여왕을 상세히 그려내며 안내한다.

왜? 대세가 선덕여왕인가. 어느 역학자가 말하길, 하원갑자(1984~2043)는 여성이 지배하는 시대란다. 이 때문일까. 아니면 선덕여왕이 치세하던 때를 그리워함인가. 당시의 정치 상황이 그대로 대한민국 현실에 영사影史되는 안타까운 현실 탓일까. 신라시대가 그랬단다. 여자가 남자 집으로 시집가는 것이 아니라 남자가 여자 집으로 장가가는 것이 유행이었다고 한다. 흥미롭다. 요즘 대한민국 트렌드와 많이 닮아서다. 앞으로는 더더욱 남자가 여자 집으로 '장가' 가는 것이 대세를 이룰 것이다. 어떻게 아냐고? 간단하다. 아들은 많아졌다. 그런데 딸은 상대적으로 적어졌다. 이 때문이다.

여자는 정치를 잘하지 못한다고? 천만에. 아니다. 선덕여왕이 있었다. 그렇지 않았던가. 반만년 한국사상 최초이자 거의 유일한 여성 군주였던 선덕여왕. 오직 남성들만이 독점하고 있던 왕좌에 도전하여 나름 왕 노릇 잘했다. 오늘날 세련된 말로 '포용의 리더십'으로 최초이지 싶다. 그리고 보면 여자는 정치를 잘하지 못한다는 말은 거짓이다.

나는 정치엔 관심이 없다. 그러나 한국 최초, 여성 대통령이 탄생할 날이 이제 멀지 않았다는 것은 짐작이 아니고 감히 확신할 수 있다. 여성 대통령. 그가 부디 '선덕'의 모습이길 간절히 바란다. 내가 간절히 바라는 바를 책 속에서 건졌던 명언으로 대신한다.

"선덕여왕 시대에 많은 불사를 일으켰던 이유 중 하나는 불교 인력의 효율적인 군사화를 노렸기 때문이었을 수 있다. 선덕여왕이 국가를 위한 마지막 최선책으로 사찰을 지었다 함은 개인의 치병을 위한 것도 아니었고 여왕의 무력함을 나타내는 것도 아니다. 오히려 불교를 통해 민중을 깨우치고(교육), 시장을 활성화하며(경제), 유사시에는 국가를 위해 나아갈 승병을 키워(국방) 신라의 미래에 대한 비전을 만들어가기 위함이었다." (193쪽)

chapter 53

CEO에게는
창조적 사고가 필요하다

| 생각의 탄생 |

로버트 루트번스타인 · 미셸 루트번스타인, 박종성 옮김, 에코의서재, 2007.

"Bonne Chance!" "찬스를 잡으세요"라는 뜻이다. 어느 날이었다. 가수 겸 화가 정미조는 자신의 음반 CD에 친필로 내게 사인을 멋지게 해줬더랬다. 나는 틈만 나면, 그의 노래를 듣는다. 〈휘파람을 부세요〉, 〈불꽃〉도 좋지만 그중에 소월의 시를 노래한 〈개여울〉을 가장 많이 듣는다. 수많은 창조적 생각을 갖게 만들어서다.

"당신은 무슨 일로 / 그리 합니까 / 홀로이 개여울에 주저 앉아서 // 파릇한 풀포기가 / 돋아나오고 / 잔물이 봄바람에 해적일 때에 // 가도 아주 가지는 / 않노라시던 / 그런 약속이 있었겠지요 // 날마다 개여울에 / 나와 앉아서 / 하염없이 무엇을 생각합니다 // 가도 아주

가지는 / 않노라심은 / 굳이 잊지 말라는 부탁인지요."

그래서 그랬던가. 보통의 경영자들이 간혹 묻는 "어디서 일하고 계십니까?"라는 질문이 퍼뜩 생각났다. 동시에 창의적인 기업을 선도하려면 "당신은 무엇에 대해 생각하고 계십니까?"라는 자문自問이 비로소 뛰어난 경영자가 갖추어야 할 자답自答이 되는 것인 줄, 나는 이 노래를 듣고서야 깨달았다. 이 얼마나 좋은가.

하지만 문제는 이게 전부가 아니다. 훌륭한 경영자가 아니라 위대한 경영자로 우뚝 서려면 '무엇을 생각합니다'는 경영의 화두로 약하고 부족하고 모자라다. 때마침 이 책이 기억났다. 책꽂이에서 꺼냈다. 2007년 한 신문에 실린 서평을 보고 당장 온라인서점에서 구매했다. 다시 이쪽부터 저쪽까지 차례차례 읽었다.

그랬더니 이제는 조금은 알 것 같다. 이는 심리학에서 말하는 '칵테일효과'일지도 모른다. '칵테일파티효과 cocktail party effect'라고도 한다. 마치 파티처럼 사람들이 많고 시끌벅적한 곳에 있어도 누군가 내 험담이나 이야기를 한다면 그것을 '칼같이' 듣게 되는 현상을 말한다. 이를테면 버스에서 졸다 막상 하차할 장소가 안내방송 나오면 자동으로 눈이 번쩍 뜨이는 효과와 다름없다. 즉 개인 관심사, 걱정 문제가 시장판에서도 내 귀에 쏙쏙 잘 들어오는 법. 다시 고쳤다. '무엇'을 생각하는지에서 한 발짝 더 나아가 '어떻게'로 말이다.

이 책은 '창조적으로 생각하기'에 관한 책이다. 다빈치에서 파이먼까지 창조성을 빛낸 사람들의 13가지 생각도구가 가지런히 등장한다. 13가지 생각도구를 소개하자면 이러하다. 관찰, 형상화, 추상화, 패턴 인식, 패턴 형성, 유추, 몸으로 생각하기, 감정이입, 차원적 사고, 모형 만들기, 놀이, 변형, 통합이 그것이다. 출판사에 전화해서 물었다. 지금까지 국내에선 10만 부 이상 팔렸다고 한다.

2007년 각종 베스트셀러 순위(인문교양 부문)를 장식했고 '올해의 책', '한 권의 책', '대통령에게 권하는 책'까지 온갖 추천도서 목록에서 빠지지 않는 책이다. 해서 추천하는 것이 아니다. 그것보다는 차라리 이제야 '책의 가치'를 발견했기 때문이라고 솔직히 고백해야 맞다(〈개여울〉을 알게 된 덕분이다).

누구나 생각한다. 그렇지만 누구나 똑같이 '잘' 생각하는 것은 아니다. 그렇다. 이제 21세기다. 20세기에는 '날마다 개여울에 나와 앉아서 하염없이 무엇을 생각합니다'에 기대어 창조의 섬광을 일으켰다. 하지만 미래는 사정이 크게 달라졌다. 어쩌면 이 책이 주장하는, 즉 두 저자가 찾아낸 직관과 영감이나 통찰에 바탕하는 창조적 사고를 갖춤이 더욱더 필요할지 모른다.

보통의 경영자가 아니라 훌륭한 경영자, 아니다, 위대한 경영자가 되기 위해서는 책이 전하는 '13가지 생각도구'가 무엇보다 절실히 필요해서다. 왜냐면 한 가지로는 성공에 필요한 모든 것을 충족시켜줄 수 없다. 이 때문이다. 위대한 예술가와 마찬가지로 위대한 경영자가 되기 위해서 우리는 이제부터 창조적 상상을 해야 한다. 그러려면 한 가지로 융통성이 막혀서는 곤란하다. 이 책이 강조하는 13가지 생각도구를 가지고 하염없이 정진해야 한다. 그런 의미에서 이 책의 발견은 "Bonne Chance!"

chapter 54

능력 있는 자, 부자가 되어라

| 선부론 |

던컨 휴잇, 김민주·송희령 옮김, 랜덤하우스코리아, 2008.

　　　　　　　　　　지금 중국에서는 예전 같으면 상상조차 할 수 없는 일이 무섭게 벌어지고 있다고 한다. 마치 18세기 중국에서 몸소 겪은 일을 일기체 형식으로 기록한 고전 《열하일기》(보리)를 통해 당시 조선의 지식인들에게 큰 충격을 주었던 연암 박지원처럼, 이 책 《선부론》의 저자인 영국 BBC 베이징 특파원 출신의 던컨 휴잇도 독자에게 충격을 던진다. 그의 눈과 귀를 통해 들어온 중국의 변화를 생생하게 추적했다.

　저자는 "오늘날 중국의 10대 고등학생들은 머리를 염색하고 일본, 한국, 또는 미국에서 건너온 최신 유행의 옷을 입고 다니며, 남녀 학생들이 손을 잡고 다니는 것은 보통이고, 거리에서 서슴없이 키스도 한다. 공산당 동료를 상징하던 단어인 '동지'는 게이나 레즈비언을 상징하는 단어로 중국 동성연애자들이나 사용할 뿐, 보통 사람들은 이제 거의 사용하지 않는다"(14쪽)고 기록했다.

이처럼 책은 오늘날 사회주의 국가인 중국이 어떻게 20년의 짧은 세월이지만 급속한 변화와 무서운 경제 성장을 일구었는지 그 과정을 낱낱이 파헤쳤다. 이 점에서 놀랍다. 또 흥미롭다. 이러한 중국의 엄청난 발전과 성장 속도를 두고서 저자는 그 유명한 덩샤오핑의 '선부론先富論'에서 근원을 찾는다. 선부론은 '능력 있는 자, 먼저 부자가 되어라'는 뜻이다.

뜻은 마치 '메기와 미꾸라지' 이야기를 살짝 엿보는 느낌이 든다. 메기부터 먼저 키우자. 그 다음에 수족관에 미꾸라지를 넣자. 그러면 미꾸라지(가난)가 메기(부자)의 영향을 받아 생기발랄해지고 포동포동 살이 오른다는 메시지로 읽혀서다. 즉, 선부자(메기)가 인민을 후부자(미꾸라지)로 모두 해방시킬 것이라는 내용의 이야기다. 이런 정치적 소신과 예측으로 덩샤오핑 주석의 생각을 담은 성명서가 1980년 초에 발표되었다. 이윽고 중국 전역에 걸쳐 선부론은 즉시 실천에 옮겨졌다고 저자는 강조한다.

그 덕분일까. 20년이 지난 지금의 중국은 18세기 전성기(건륭제)와 마찬가지로 세계의 중심 국가中國로 마침내 변신에 성공한다. 과거를 허물고 미래를 짓는 도시가 생겨나고 곳곳에 변화의 물결이 넘쳐나고 있다. 그러나 어쩌랴. 문제가 속출한다. 과거와 미래의 충돌을 피하지 못해서다. 20년간 중국통으로 활동해온 경제기자 출신의 저자가 바라보는 '상하이에 불어온 변화의 바람'과 급격한 도시 개발 때문에 둥지를 멀리 떠나는 사람들과 만나면 우리네 한국에서 흔히 말하는 '달동네 사람들'을 보는 듯 착각에 빠져들 정도다.

책은 중국을 다룬 기존 도서와는 확연히 다르다. 요컨대 '중국의 성공'을 정치·경제적으로 다루지 않는다. 개개인의 삶에 초점을 맞추고 있는 것이 차별화되었기 때문이다. 즉, 변화하는 중국 사회에 적응하는 과정에서 중국인들이 무엇을 느끼고 무엇을 생각하는지, 중국인 개개인의 육성을 생생하게 담아낸다. 이 점에서 돋보인다. 그러니 변화하는 중국을 제대로 알고자 한다면 제대로 챙겨야 할 필독서다.

저자는 주장한다. 중국의 과거와 미래의 충돌이 어느 곳보다 두드러지는 도시가 바로 '상하이'라고 말이다. 21세기 초인 오늘날 상하이에 도착해보면, 놀랄 정도로 빽빽하게 들어선 고층 건물들이 즐비하다고 한다. 상하이에 불어온 변화의 바람 때문이다. 그렇다면 이렇듯 상하이가 급속하게 경제 발전을 추진한 이유는 무엇인가? 그것은 1992년 당시 원로가 된 덩샤오핑 주석이 중국이 톈안먼 광장 사태의 후유증에서 벗어나기 위해서는 더 빨리, 그리고 더 대담하게 경제개혁을 추진해야 한다고 주장하기 때문이라고 원인을 분석한다. 놀라운 변화 속도 때문일까. 심지어 상하이에서 살고 있는 시민들조차 몇 년이 지나면 자신이 살았던 동네를 알아볼 수 없을 정도라고 설명한다.

어디 상하이만 변화했는가. 사람들도 변했다. 1980년대 말과 1990년대 초 서서히 외국 영화와 텔레비전 드라마가 들어오면서 중국인은 새로운 라이프스타일에 눈을 뜬다. 물론 전체가 그런 것은 아니고 일부이다. 일부 중국인들은 서양식 스타일을 갖추기 시작했고 '보스 클래스'라는 뜻의 라오반老板이라고 불린다. 라오반은 중국 민간 기업인 신세대 부자들을 일컫는다.

어쨌거나 중국에는 개성 넘치는 젊은이들이 거리에 넘칠 정도다. 뽀글뽀글 파마를 한 머리, 진한 검은색 선글라스, 희한하게 생긴 모자, 한쪽만 위로 말아 올린 바지 등 급속한 변화를 자랑한다. 어디 그뿐인가. 지금 중국 어린이들은 CEO나 고위 간부가 되어 돈도 많이 벌고 사회적으로 높은 지위를 누리고 싶다는 대답을 한다는데, 중국을 절대 평등의 사회에서 능력 위주의 사회로 변화시킨 견인차 구실은 아무래도 '선부론'의 힘이지 싶다.

덩샤오핑이 내세웠던 또다른 좌우명이 있다지. 부디 이 책을 통해 중국을 상대하는 비즈니스를 계획하고 있다면, "돌다리도 두드리고 건넌다" 하는 심정으로 걸림돌이 아니라 디딤돌로 책에서 '기회'를 발견할 일이다.

chapter 55

권력의 정당성

| 선양과 세습 |

사라 알란, 오만종 옮김, 예문서원, 2009.

　　　　　　　　이 책의 저자는 사라 알란이다. 그는 미국 출생으로 현재 다트머스대학 교수로 있다. 그는 중국 문화사 연구자로 유명하다. 옮긴이는 오만종 전남대학교 중문학과 교수인데, 과거 영국에서 서로 인연을 맺은 바 있다. 이를테면 스승과 제자 사이라고 하겠다. 그러므로 원서를 찾아보지 않더라도 번역에 신뢰가 생긴다. 해서 책은 막힘없다. 술술 읽힌다. 권력이란 무엇이고 또 권위란 무엇이 다른가? 말 그대로 권력이 '내가 남에게 행사하는 힘'이라면, 권위는 '남들이 나의 힘에 실어주는 존경심'이 아닐는지…….

　노무현 전 대통령이 자살했다는 뉴스를 접하고 나는 일주일 동안이나 국가의 권력과 권위에 대해 심사숙고 고민하며 끙끙댔다. 왜 그랬을까? 2009년 6월 1일. 서울 강남 교보문고에 갔다가 마음에 들어 곧장 집어 들고 버스로 출근하면서 읽었던 기억이 새삼 떠오른다. 마음이 없으면 보아도 보이지 않는다 心不在焉 視而不見고 그랬던가. 마음이 있어서일까? 보아도 보이지 않는 책이 어느 날에는 다시 보이기 시작한다. 이 책이 딱 그러한 경우다.

책은 과거 중국 역사 속 왕위 계승을 분석하며 종횡무진 추적한다. 물론 추적자는 사라 알란이다. 그는 1974년 버클리 캘리포니아 대학 동양언어학과에 제출된 박사학위논문이 그 시작이었다고 고백한다. 그러고는 1981년 약간의 수정을 거쳐 이 책을 보완해서 세상에 내놓았다고 한다.

책은 총 7장이다. 제1장은 세습통치와 도덕통치의 모순을 해부한다. 첫 문장의 시작은 이러하다. "중국 역사는 전통적으로 왕조의 계승으로 이루어졌다. 각 왕조는 순환의 길을 걸어왔다. 첫 번째 왕이 자신의 덕으로 통치권을 세우면, 그 권력은 왕의 후손들이 도덕적인 한(최소한 명백히 비도덕이지 않는 한) 대대로 전해졌다."(33쪽)

저자에 따르면 "역사는 그 구조대로 일어날 수도 있고, 기록자의 관점에 따라 해석될 수 있다"(50쪽)라고 강조한다. 저자의 이론은 기원전 5세기에서 기원전 1세기 사이에 역사문제를 다룬 중국 작가들이 신화적인 과거와 나누어질 수 없는 지속적인 현재를 설정하지 않았을 뿐만 아니라, 시간을 진보하는 것으로 보지 않고 과거의 모든 시간이 순환법칙의 지배를 받는 것으로 보았다고 설명한다.

요컨대 이론의 핵심은 '전설세트'가 차지한다. 첫 번째 전설세트는 요에서 순으로 통치권 전환을 둘러싼 연대기순으로 이야기가 시작된다(제2장). 사례로는 요와 순의 경우처럼 폭력 없이 자발적으로 전환된 '선양(禪讓)'과 함께 상 왕조와 주 왕조 초기에 성탕과 무왕이 걸과 주에게서 무역으로 정권을 탈취한 것으로 묘사되는 비세습적 권력 전환에 대해 주로 설명한다. 두 번째와 세 번째 전설세트는 '순에서 우 그리고 하 왕조의 건립'(제3장)이 주요 내용이다. 비세습에서 세습으로 전환한 것을 분석하며 추적한다.

이런 식으로 전설세트는 제4장(상 왕조의 건립), 제5장(주 왕조의 건립), 제6장은 철학자들(묵자, 공자, 맹자, 순자, 한비자)을 살핀다. 제7장은 종장으로 '역사를 이용해서 모순을 해결하다'라는 저자만의 독특한 연구 메시지를 전한다.

주요 시사점은 이것이다. 권력자를 두고 중국의 왕위에 빗대 '지위를 가질 자격은 충분한가?'에 대해 논한다. 그리고 '정당한 지위의 계승이었는가'에 대해 묻는다. 책은 통치자나 기업의 최고경영자를 막론하고 '선양과 세습'의 모순이 존재한다는 엄연한 역사적 사실에 주목할 것을 당부하는 셈이다.

끝으로 저자는 1949년 이후 중국 역사에 대해 일갈한다. 1,000명의 변화보다는 마르크스 변증법에 따라 파악된다고 지적한다. 주목할 점도 덧붙인다. 그것은 덩샤오핑이 왕조 순환의 개념을 벗어나 '천년'을 지속할 왕조를 세우려고 시도하던 중국 역사의 유일한 통치자인 진시황제에게 관심을 보였다는 것이다. 왜 중국을 'China'라고 표기할까? 최초로(A) 중국 통일을 이룬 왕조(Chin)이기 때문이다. 그렇다면 왜 대한민국을 'Korea'라고 표기할까? 그것은 한반도 통일을 고구려, 신라, 백제가 아닌 '고려(Kore)'가 처음(A)이라는 관점 때문이다.

　책은 새로운 권력자와 이전 권력자 모두 공히 대외적으로 '정당하다'는 명분을 얻지 못하면 자격에 심각한 문제와 타격이 있음을 강조한다. 그래 그랬던가. 새삼 권력과 권위, 선양과 세습이 몹시 궁금했더랬다. 나는 희망한다. 그리고 상상한다. 선양과 세습이란 창과 방패의 모순과 비슷하다는 것을. 그리고 무엇보다 권력은 정당하지 못하면 무너진다는 것을.

chapter 56
승자는 가슴으로 결정한다

| 섬광처럼 내리꽂히는 통찰력 |

게랄드 트라우페터, 노선정 옮김, 살림Biz, 2009.

"오랫동안 고민하는 사람이 늘 최고의 선택을 하는 것은 아니다." 소설 《젊은 베르테르의 슬픔》의 저자인 괴테가 남긴 유명한 말이다. 명언을 처음 접하고 나는 그만 화들짝 놀랐다. 섬광처럼 내리꽂히는 인물이 별안간 마음에 시리도록 아프게 그려져서다. 딱히 누구라고 꼬집어 말하지는 않겠다.

책은 승부가 아닌 통찰력에 대해 말한다. 말하자면 통찰력이란 머리 싸매고 끙끙대며 고민할 땐 전혀 떠오르지 않던 것이 생각지도 않았던 순간에 '번쩍' 하고 생각나는 희열의 벅찬 경험을 일컫는다. 그런 경험은 누구에게나 한번쯤은 있게 마련이다. 그런데 이 기막힌 통찰력이 어디에서 비롯되었는지, 이 통찰력을 키우기 위해서는 어떻게 해야 하는지 우리는 잘 알지 못한다. 해서 이따금씩 머리 싸매고 끙끙대며 억지로 고생길을 자처하는 것인지도 혹 모른다.

인생이 그렇다. 또 비즈니스나 경영도 마찬가지다. 위기가 닥친 결정적인 순간일수록 뛰어난 통찰력이 절실히 필요한 법인데, 수많은 정보더미와 합리적인 선택이 아이러니하게도 결정을 내리는 것을 불가능하도록 만든다. 지나친 이성이 모자란 직관, 즉 통찰력을 완강하게 가로막고 있어서다.

각 선택에 따르는 결과를 저울질하며 각각의 장단점을 따져보는 이성적인 결정이 합리적인 선택인 것처럼 보이지만 꼭 그렇지만은 않은 듯하다. 대다수 경영자가 임직원에게는 말하지 못하는 설명 불가능한 직관, 즉 통찰력으로 무엇인지를 결정하는 경우가 비일비재하다. 그러므로 더러는 '냉철한 이성을 유지하라'는 식의 조언이 먹히지 않는 것이며 오류를 발생시키는 것이다. 이는 설사 두뇌 안에서 일어나는 그 어떤 결정일지라도 감정이 함께 실리지 않고는 결정이 내려질 수가 없기 때문이다.

따라서 현명한 결정을 하기 위해서는 이성만이 아니고 직관까지도 동시에 충족시킬 필요가 있다. 이것이 저자의 주장이다. 그러므로 직관적 능력을 배양하는 방법을 경영자라면 파악해야 한다. 저자는 직관력도 학습이 가능하다고 강조한다. 주의할 점이 있다면 직관은 믿어야 할 때가 있고 또 믿지 말아야 할 때가 있는데, 그것을 적절히 분별해 선택할 줄 알아야 한다고 말한다. 어쨌든 이성만이 능사가 아니다. 감정까지도 동시에 챙겨야 한다. 문제 해결의 관건이 되기 때문이다.

그래서일까. 저자는 이렇게 말한다. "지식을 불러들이는 데 있어 한 가지 중요한 법칙을 깨닫게 된다. 여기에서도 감정은 중요한 역할을 한다는 것이다. 우리는 합리적인 인간이라는 개념이 얼마나 허무맹랑한가를 재차 확인하게 된다. 만약 정말로 그렇다면 우리의 뇌는 마치 컴퓨터의 검색기가 하드디스크를 찾듯이 샅샅이 뒤져 선택을 위한 중요한 정보들을 모조리 찾아낼 수 있어야 한다. 하지만 인간의 기억은 연상에 의존해 작용한다. 컴퓨터가 일하는 방식과는 전혀 다른 것이다. 따라서 어떻게 인간의 정신이 결정을 내리는가를 이해하기 위해서는 학습과 기억의 법칙에 대한 정확한 이해가 필요하다."(110~111쪽)

그렇다. 성공적인 통찰력은 컴퓨터가 일하는 방식으로 찾을 수 있는 게 결코 아니다. 어쨌거나 책은 이성을 이용하되 직관적으로 선택하고 결정하기를 권유하는 셈이다. 책은 머리로 결정하는 사람보다 가슴으로 결정하는 사람이 역사상 패자가 아니고 승자였다고 말한다. 그러므로 "빠른 결정을 내릴 때에는 직관을 적절히 훈련함으로써 머리가 아니라 가슴이 지휘를 맡도록 해야 할 것이다"(377쪽)고 충고한다.

chapter 57

'엉뚱한 생각'이 세상을 바꾼다

| 세상을 바꾼 어리석은 생각들 |
프리더 라욱스만, 박원영 옮김, 말글빛냄, 2008.

　　　　　　　　　　이 책《세상을 바꾼 어리석은 생각들》은 '쓸데없고 어리석게 보이는 생각들'이 어떻게 세상을 움직여왔는지에 대해 논한다. 즉, 독자에게 생각의 자유를 향한 새로운 여행을 제안하고 있는 셈이다. 물론 쓸모없고 이상한 생각을 하는 것은 과대망상이나 시간 낭비일 수 있다. 그러나 "인간이 사고하고 깨닫는 데 도움을 주는 것이야말로 심리학과 논리학을 넘어서는 철학의 중요한 의무 중 하나다"(12쪽)라는 것을 안다면 삶은 무의미하지 않다.

　　저자인 프리더 라욱스만은 독일 법학자다. 하지만 그는 법보다는 인간이 어떻게 생각할 수 있고, 어떻게 생각해야 하는지에 대한 철학에 더 많은 연구를 한 것 같다. 그는 철학에 대해 "철학은 삶에서 비롯된 것이며, 삶 속으로 되돌아간다. 이 길은 멀고 험할 수 있다. 그러나 삶에 유익한 것은 우리 앞에 곧게 뻗어 있는 길이 아니라 구부러진 길에 있기에 스스로 그것을 찾아야만 한다. 철학뿐만 아니라 자연과학적 지식과 소설, 음악 등의 예술작품은 꼼짝 않는 우리의 생각을 다시 움직이게 할 수 있다"(22쪽)고 강조한다.

어디 그뿐인가. '설탕통으로 가는 길을 찾은 개미들의 전략'에선 좀더 구체적인 방법을 제안하고 있다. "오로지 평탄한 길만 찾는 사람은 설탕통으로 향하는 길을 발견할 수 없다. 처음에는 다른 개미들과 함께 바닥에서 이리저리 길을 가던 개미가 주어진 길을 이탈해 벽을 기어 올라가 더 높은 3차원의 세계로 향했다"(67쪽)는 식으로 말한다. 그러면서 "인간의 정신 영역은 단지 이 땅에서 이리저리 버둥대면서 그것이 전부라고 생각하는 이들에게는 드러나지 않고 있다"(67쪽)고 경고한다.

가장 압권은 "미래라는 것은 항상 그것을 생각하고, 가끔씩 그것이 보내는 약한 신호를 감지하는 사람들에게 열려 있다"(111쪽)는 대목이다. 그뿐인가. "새로운 것은 새벽의 여명 속에서 자라나기 때문에 늦잠 자는 사람은 눈부신 햇살 속에서야 그것을 볼 수 있다"(109쪽)는 구절과 만나면 졸지에 뭔가 정신이 번쩍 든다.

이 책을 꿰뚫는 메시지는 간단하다. 그 당시엔 '어리석은 생각들'로 보였던 것이 세월이 지나서는 '세상을 바꿨다'는 주장이 그 핵심이다. 원래 모차르트 음악은 아무런 목표를 갖지 않았다. 그런데도 역사가 흐르면서 광적인 팬들이 유용성을 찾았다는 것. 하하, 웃음이 터진다. 실로 혜안이 놀랍지 않은가. 또 있다. 이를테면 젖소에 모차르트 음악을 들려주면 우유가 더 많이 나온다거나 식물에 모차르트 음악을 들려주면 그에 대한 보답으로 더 빨리 식물이 성장한다는 등의 이야기도 마찬가지다.

심지어는 한국의 어떤 제과업계에서 한 실험은 최고 기록을 세웠다. 그 회사 사장은 크래커 반죽을 생산할 때에, 거기에 효모뿐만 아니라 모차르트 음악까지도 넣었다는 것이다. 결과는 믿기 어려울 정도였다. 회사 홍보 담당자에 따르면, 모차르트 음악을 들은 크래커가 다른 크래커보다 훨씬 더 맛이 좋아서 회사 매출을 올리는 데 톡톡히 기여를 했다고 주장한다. 이것이야말로 세상의 유용성을 부르짖는 자들이 꿈꾸는 결과가 아닐까. 이런 결과를 모차르트가 예측한 것은 아니다. 사실을 말하자면 모차르트는 당시에 그저 파격적인 음악을 선보였을 뿐이다. 더는 아무런 조치도 취하지 않았다. 이와 비슷한 사례는 또 있다.

콜럼버스는 결코 치밀하거나 똑똑해서 아메리카 신대륙을 발견한 게 아니다. 오히려 설익은 발상을 한 덕택에 역사에 이름을 남겼던 것이다. 이게 세상을 바꾼 결과를 만든 셈이다. 따라서 지금 당장 유용한 생각만 좋은 것은 아니다. 지금 당장은 아니더라도 얼마든지 무용한 생각의 출발이 차후엔 유용한 생각으로 뒤바뀔 수도 있다. 그렇기에 때때로 어리석게 보이는 주변의 생각들을 무시하지 말아야 한다고 저자는 강조한다.

철학도 과학도 예술도 그렇다. "진정한 예술은 모두 다 목표 없고 쓸데없는 노력에서 시작되었다. 그 점에 대해서는 유사 이래로 변한 것이 없다."(133쪽) 설득력이 있는 명언이다. 그렇다. 새로운 것은 그것을 누가 생각해내기 전에, 누군가 예감하고 꿈꾸며 기대하는 것이 세월이 지나고 보면 딱 맞는 이야기이다. 이 때문이다. 이 책은 많은 아이디어와 영감을 망설이지 않고 바로바로 떠오르게 만드는 것에 자극을 던진다.

CEO의 좌우명으로 적어두어도 좋을 내용을 소개하자면 이렇다. "오늘날 우리가 모차르트를 통해 배울 수 있는 모든 것을 항상 심각하게 받아들이지 말아야 한다는 점이다. 모든 상황은, 비록 그것이 너무도 슬프거나 끔찍한 상황일지라도, 다 가볍게 생각할 수 있는 면이 있다."(136쪽) 그렇다. 바로 이것이다.

chapter 58

CEO는 시인일지도 모른다

| CEO 시를 알면 성공한다 |

황인원, 고요아침, 2008.

"흥어시興於詩." 한자말 그대로다. '시에서 일어난다'는 뜻이다. 공자님 말씀이다. 배병삼 영산대학교 교수가 주석한 《한글세대가 본 논어》(문학동네)에 따르면 "시는, 감정을 표현할 수 있게 하며興, 사물을 보는 눈을 키우게 하고觀, 사람들과 어울릴 수 있게 하며群, 잘못을 비판하게 한다怨"고 그런다. 아리송했다. 아니 어려웠다. 그러다가 이 책을 만났더랬다. 손뼉을 쳤더랬다. 아리송했고 어려웠던, 내 목마름의 갈증이 확 풀렸기 때문이다.

그렇구나! 이 책 《CEO 시를 알면 성공한다》의 저자인 황인원 박사는 서문에서 "시에는 기업을 경영하고 세상을 경영하는 중요 요소가 고스란히 들어 있다. 아이디어 창출 방법과 아이디어를 구체화하는 방법, 판매전략, 그리고 내부 구성원이나 외부 클라이언트를 내 편으로 만드는 방법, 변화, 도전, 배려, 신뢰, 교육 등 경영의 필요 요소가 모두 들어 있다"는 주장을 편다. 해서 읽다가 책에다 밑줄 긋기를 했더랬다. 이를테면 시에서 일어난다는 뜻이란 '사물을 보는 눈을 키우게 하고觀'는 비즈니스 시장 진입의 기회를 의미한다. '사람들과 어울릴 수 있게 하며群'는 또 어떠한가. 고객관계관리CRM 의미로 확장할 수 있다. 또 '잘못을 비판하게 한다怨'는 무엇인가. 경영자의 생각으로 맥락이 통한다.

여기서 중요한 것은 뭐니뭐니해도 '감정을 표현할 수 있게 하며興'가 아닐까 싶다. 흥이 일어나야 동기부여가 생겨난다(조서환 KTF 부사장은 '모티베이터'로 설명한 바 있다). 그런 마음가짐 상태가 이만하면 시장의 기회를 발견할 수 있는 관찰력이 내공으로 쌓인다. 또 '직원들과 함께 어울릴 수 있는群' 비전과 목표를 제시하고 설정할 수 있으며 더 나아가서는 창업자, 즉 경영자로서 '잘못을 바로바로 고칠 수 있는怨' 생각에까지 이르게 된다. 그러니 '시를 알아야 성공한다'고 주장하는 것이리라.

세상은 말로써 존재한다. 모든 성공의 출발점이라고 저자는 설득한다. 이윽고 이 말을 가장 고민하고 유려하게 만드는 대표적인 사람들이 바로 시인이라고 말한다. 그러면서 입으로 하면 말이요, 종이에 적으면 글이 된다고 눙친다. 믿음과 신뢰는 같은 말이다. 하지만 시인은 이 두 단어를 같은 말로 생각하지 않는다고 그런다. 그러면서 책은 "믿음은 자신이 하는 행위이고, 신뢰는 그 믿음을 바탕으로 남이 나에게 주는 것이다"(218쪽)라고 무릇 강조한다.

어쩌면 경영자란 시인일지도 모른다. 왜 그럴까? 시를 알면 알수록 시에서 배우는 경영방법을 몸소 경영자가 내공으로 키우고 쌓을 수 있어서다. 이 때문이다. 내공(興, 觀, 群, 怨)이 없으면 경영은 힘으로 밀어붙일 뿐이다. 경영이 어디 힘으로만 되는 것인가. 강한 힘보다는 부드러움이 필요하다. 이쯤 되면 경쟁이 두렵지 않다. 얼마든지 유연함을 잃지 않고서 상대와 경쟁이 가능하다. 이긴다. 그러니 강함만 갖고는 시장에서 참패를 면치 못한다. 상대를 이기지 못한다.

시인이자 문학박사인 저자는 시 창작 방법에 대입해 어떻게 하면 아이디어를 구체적으로 발상할 수 있는 감성경영이 가능한지, 소비자가 신뢰하는 상품과 서비스를 지속적으로 시장에서 발견하고 찾을 수 있는지, 또 많이 팔아줄 수 있는 고객관리가 가능한지 등에 대해 다양한 기업 사례와 함께 해당되는 시를 자유자재 넘나든다. 이는 책의 백미다. 다만 아쉬운 점이 있다면 중견기업 CEO의 대거 등장이 억지춘향으로 비춰진다. 이를 지적하지 않을 수 없다.

그렇지만 단돈 2,000만 원으로, 혹은 5,000만 원으로 시작해 매출 수백 억대의 기업을 일군 사장들의 사례를 추적하고 그들의 경영과 시의 연관성을 대입해 책으로 실타래를 풀어냈다는 점에서 우리는 이 책에 주목할 필요가 있다. 시인과 경영자를 놀라게 한 시에서 배우는 야심만만 성공 비법 8가지를 소개하면 이렇다. 아이디어, 상상력, 감동, 배려, 도전, 변화, 신뢰, 교육이다(공자님 말씀에 빗대면 1과 2=興, 3과 4=群, 5와 6=觀, 7과 8=怨으로 그려진다). 왜 잘나가는 CEO가 인문학을 배우려고 애쓰는가? 또 시를 읽으려고 하는가? 이 책은 그것을 우리에게 귀띔한다.

chapter 59
CEO, 옛시를 암송하며 용기를 내다

| 옛시 읽는 CEO |
고두현, 21세기북스, 2008.

가수 임지훈, 그를 아시나요? 모르겠다, 그러면 혹 〈사랑의 썰물〉을 부른 그 가수라고 귀띔한다면 아마 기억난다 말할지도 모른다. 어쨌든 그는 현재 서울 홍대 어느 골목에서 와인바 '지후니 작은섬'을 직접 운영한다. 그러니 이제는 사장이 틀림없다. 국문학을 전공한 그이다. 그이는 여느 가수와 달리 시인을 좋아한다. 그래서일까. 그의 사업장엔 얼굴이 잘 알려진 연예인만 아니라 얼굴로는 모를 유명한 시인들도 무시로 들락거린다.

자신의 노랫말처럼 인생을 산다. 그래서 그랬던가. 임지훈 사장은 농담도 잘한다. 결국 사랑의 밀물이 아니라 썰물로 인해 가수로 인기가 슬슬 빠져나가더니 "길을 걸었지, 누군가 옆에 있다고 느낄 때

~ 우, 떠나버린 그 사람. 우, 생각나네"라고 부르던 노랫말처럼 어느새 텔레비전에서는 자주 볼 수 없는 신세가 되었다고 툭 농담을 던진다. 인기 가수로는 아예 우하고는 떠나버린 그 사람이 되어버렸다는 이야기다.

아아, 그러나 인생사 새옹지마라고……. 그는 지금 부자이다. 부자라고 내가 감히 말하는 이유는 돈을 벌었기 때문만이 아니다. 자기가 하고 싶은 일을 할 수 있는, 경제적 여유가 있어 보여서 그런 것이다. 어쨌든 와인바의 사장이니까. 사장, 즉 CEO로서 내가 그를 처음 보았을 때 그는 나에게 가수가 아니었다. 성공할 가능성이 높은 사장으로 자꾸 보였다. 왜 그랬을까.

하루라도 노래하지 않으면 가수가 아니다. 마찬가지다. 하루라도 연예인 출신 사장이 자기 이름만 내걸고 사업장에 나타나지 않는다면 무책임한 경영을 하는 것이나 다름없다. 그러나 임지훈 사장은 제멋대로 경영하려고 들진 않았다. 이 때문이다. 이따금 문자로 나(고객)를 꼬신다. 그뿐인가. 지난 연말엔 이메일이 아니라 정성이 오롯이 담긴 예쁜 엽서마저 내게 보낸 적이 있다. 깜짝 놀랐더랬다. 당근 감동했더랬다. 해서 내 돈 나가는 줄 뻔히 알면서도 그곳에 간 적이 한두 번이 아니다. 여러 차례다. 서론이 길어졌다. 이 책《옛시 읽는 CEO》를 이야기하자.

'하하 크게 웃지 않으면 그대는 바보'라고 박은 당나라 시인 백거이의 옛시 한 수 들었다. 2008년 가을에 나온 책이지만 아껴두다가 신년을 맞이하면서 또 읽었더랬다. 그랬더니 그래, 그래 웃으면서 살자고 결심했다. 다시 이 책을 읽노라니 새삼 드는 생각 하나, "내

귀가 나를 가르친다"(192쪽)고 그랬던가. 가수 임지훈, 그가 장사로 성공한 비결은 바로 이것이다. 그러고는 나도 모르게 손뼉을 쳤더랬다. 짝짝짝!

책은 그 이유를 이렇게 말한다. 1929년, 랜킨은 커뮤니케이션에 관한 조사에서 보통 사람들이 의사소통을 위해 쓰기 9퍼센트, 읽기 16퍼센트, 말하기 30퍼센트, 듣기 45퍼센트의 비율로 시간을 사용한다는 사실을 알아냈다고 한다. 생각해보자. 장사에서 고객의 마음을 살필 줄 안다면 성공은 이미 '떼논 당상'이다. 그런 의미에서 고객이 무엇을 원하고 그들에게 무엇이 필요한지 이해와 공감이 갖춰진 '경청'이야말로 성공 보증 수표와 다름없다. 임지훈 사장은 늘 고객에게 귀를 기울인다. 훌륭한 CEO의 자세다.

책은 한꺼번에 읽어서는 절대 안 된다. 왜 차례를 춘하추동春夏秋冬으로 애써 저자인 고두현 시인이 묶었을까? 그 이유가 과연 뭐겠는가. 책에 등장하는 옛시는 계절이 이르지 않고서는 시적 감흥을 도무지 느낄 수 없다.

술잔을 들며 '하하 크게 웃지 않으면 그대는 바보'라는 옛시 한 구절은 여름에 술집에서 읽어야지 제 맛이 느껴진다. '하하'는 긍정의 힘이다. 책에서 고두현 시인은 그것을 강조한다. 현대그룹 정주영 전前 회장은 걱정으로 마음이 좁아들 때 이 옛시를 암송하며 용기를 냈다고 한다. 이 얼마나 멋스러운가. 인생은 짧다. 술잔을 들며 옛 시인은 노래했다. '부싯돌 번쩍하듯 찰나에 사는 몸'이라고. 그러니 어쩌랴. 나중이 아니라 번쩍하듯 찰나에, 즉 '지금' 사는 것에 후회가 없어야 한다.

가장 좋은 책은 가장 좋은 벗이다. 이처럼 가끔은 시 한 줄만, 더러는 한 잔 술로 불콰해진 얼굴로도 옛시를 마주침하자. 그러고는 가르침을 내 안에 구하자. 겨울 견디자, 다시 봄이 온다. 서둘지 말자. 느긋 하자. 내 곁에 두고 생각날 때마다 아무 곳이나 펼쳐도 옛시 한 수에서 배우는 따뜻함이 정겨운 책이다.

chapter 60
남자는 굴욕 앞에서 기를 꺾지 않는다

| 장부의 굴욕 |

박찬철·공원국, 위즈덤하우스, 2009.

"줄담배에 술꾼에 심술쟁이로 유명했던 윈스턴 처칠은 본바탕은 천한 남자였다. 그럼에도 불구하고 실행력과 강한 신념이 그를 확고한 스타일을 가진 사람으로 만들었다." 일본의 작가 시오노 나나미의 《남자들에게》(한길사)에 나오는 말이다. 여자는 줄담배에 술꾼에 심술쟁이일지라도 스타일이 있느냐 없느냐로 남자다움의 매력을 느낀다는 솔직한 고백이다. 그렇다면 여자가 아니라 남자가 보는 남자의 매력은 과연 무엇일까. 남자는 스타일로 남자를 단지 멋지다고 인정하지 않는다. 남자들은 다 안다. 어떤 '굴욕' 앞에서도 기가 꺾이지 않아야 남자답다는 것을 말이다. 즉, 당당하면 그를 멋지다고 인정한다.

가랑이 사이의 모욕 때문일까. 항우를 떠나서 한고조 유방 밑으로 간 한신이 대장군이 되어도 같은 남자로서 볼 땐 나는 그리 멋지게 보이지는 않았다. 반면 초왕 항우는 어땠는가. 스타일(역발산기개세)은 확실한 남자였다. 항우, 그는 다시 강동으로 돌아가 재기하라는 부하의 이야기를 듣고는 "내 무사히 강동으로 돌아간다 한들, 또 그곳 사람들이 나를 불쌍히 여겨 왕으로 섬긴다 한들, 내 무슨 면목으로 그들을 대한다 말이냐"라며 자결했다지, 아마도…….

그랬던 항우가 불세출 영웅의 풍모를 지녔다고? 천만에. 아니다. 항우는 영웅 감정에 도취해 있었을 뿐이다. 군사를 이끌고 강동을 나온 처음의 목표를 잊었다. 그러니 재기의 꿈을 버린 것이다. 굴욕이 목표를 이긴 것이다. 목표가 굴욕을 이긴 게 아니다. 이 책《장부의 굴욕》은 주장한다. 맞는 이야기다. 남자, 진짜 남자를 보는 시각이 달라져야 한다. 목표가 굴욕을 이기는 남자여야 진정한 남자다. 이를 가리켜 '대장부'라고 한다. 이렇듯 '굴욕을 딛고 일어선 남자들에 관한 이야기'가 마치 한 편의 잘 만들어진 영화처럼 혹은 역사 드라마를 보는 듯 생생하고 재미있게 펼쳐진다.

광무제, 정도전, 범려, 최명길, 주덕, 홍범도, 두보, 황종희, 이익 등 굴욕을 멋지게 이겨낸 14인의 진짜 남자들의 이야기를 가만가만 차례차례 읽다 보면 절로 눈시울 붉히기 일쑤다. 정도전이 귀향길에서도 고자세로 말했다는 "사람은 원래 한 번은 죽는 것이다"(47쪽)라는 명언에는 화들짝 놀랐더랬다. 이기는 비결, 이기는 습관이 무엇인지를 나는 분명히 보았기 때문이다. 또 한편 인간적인 모습을 엿보는 '사람이 차마 하지 못하는 마음'을 읽고는 엉엉 울었다.

저자에 따르면 실록은 정도전을 인격적으로 형편없는 인간으로 묘사했다고 말한다. 난이 일어나자 이웃에 피했다가 발각된 정도전이 기어 나오면서 "제발 살려주시오"라고 연신 말하면서 "예전에 나를 구해주셨듯이 한 번 더 살려주오"라고 했다는 것은 역사적 사실이 아니다. 오히려 당시 정도전이 마음만 있었으면 선수를 칠 수도 있었다. 이방원을 제거할 수 있었다는 뜻이다. 그런데 그러하지 못했던 이유에는 '사람이 차마 하지 못하는 마음'이 있었기 때문이라고 설명한다.

저자는 강조한다. "두루뭉실한 사람들보다 확신 있는 사람들이 더 많은 고난을 겪게 마련이다."(64쪽) 그러니 현실이 답답하고 좋은 일보다는 온갖 악재가 겹쳐 내게 오더라도 두루뭉실하게 대처할 일이 아니다. 그보다는 확신 있는 사람으로 남아야 한다. 물론 요즘 남자들은 옛날의 남자들보다 무서운 마누라와 자식이 늘 곁에 있을지 모른다. 때로는 가족 때문에 굴욕을 당하며 사는지도 모른다. 그럴 때 이 책이 주장하는 '굴욕 없는 성공은 없다'를 되새기면 확연히 도움 되리라.

저자들은 "목표에 대한 강렬한 의지, 낙관적 희망, 자신에게 주어진 일에 대한 진정성, 삶을 통찰하는 지혜, 타고난 재능과 운명, 남다른 생각의 크기, 주어진 일에 최선을 다하는 태도 등이 남자의 꿈을 이루는 키워드"(277쪽)라며 남자의 길을 우리에게 안내한다. 술 마시고 줄담배 피우는 것이 몸에 안 좋다는 것, 남자들은 거의 안다. 어디 좋아서만 그럴까. 여자들이여, 부디 이 책을 통해 생각해볼 일이다.

chapter 61

젊음에는
나이가 없다

| 젊음의 탄생 |

이어령, 생각의나무, 2008.

학식이 많고 깊은 사람을 일컬어 우리는 '석학碩學'이라고 말한다. 일본이 세계에 대놓고 자랑한다는 모로하시 데쓰지가 100세(1883년생) 때에 지었다는 《공자 노자 석가》(동아시아)와 만나고는 정말 '움찔!' 하고 놀랐더랬다. 그 누가 과연 100세에 세계가 화들짝 놀랄 책을 쓰겠는가? 으뜸이 모로하시 데쓰지라면 내 보기엔 버금은 오스트리아 출신의 피터 드러커가 있다(1909년생). 올림픽 식으로 순위를 매기자. 그러면 모로하시 데쓰지가 금메달이고 피터 드러커는 은메달이 거의 확실하다. 그렇다면 동메달은 과연 누굴까?

남몰래 한참 생각했던 적 있다. 그러다가 이 책《젊음의 탄생》을

2008년 5월에 처음 만났더랬다. 그러고는 은근슬쩍 동메달이다! 하고는 흥분하면서 자랑스럽게 주변에 외쳤던 적이 있다. 세계에 대놓고 대한민국이 자랑해도 전혀 손색없는 책으로 보인다. 다만 저자의 연령이 많이 모자라다. 다행인 것은 수영선수 박태환처럼 저자인 이어령 교수는 '세계적인 석학'으로는 어리고 젊다는 것이다(1934년생).

그래서일까. 이 책의 제목도 무진 건강하다. 그러니 금메달 저작이 탄생할 날도 이제는 멀지 않았다. 이 책의 가장 큰 특징은 독자 세대를 초월한다는 점을 들 수 있다. 저자는 책에서 강조하길 "인간의 뇌는 우유성偶有性을 먹고 자란다"(62쪽)고 한다. 매직카드 '개미의 동선'이 그것이다. 그대로 옮겨 적는다.

"한자로 미궁迷宮이라고 할 때의 그 미迷 자를 한번 보세요. 쌀 미米 자 모양으로 사방팔방으로 쏘다녀야 어디엔가 있는 행운과 만날 수 있습니다. 그러고 보면 무질서니 혼란이니 방황이니 하는 말들이 반드시 부정적인 것만은 아닌 것 같습니다. …… 개미들은 먹이를 발견할 때까지는 이리저리 싸다니다가도 일단 먹이를 찾으면 귀신같이 자기집으로 달려갑니다. 그것도 헤매 다니던 제 위치에서 제 집 구멍까지의 최단 경로를 찾아 일직선으로 돌아가는 것이지요." (62~63쪽)

이렇듯 쉽게 길을 안내한다. 해서 '9가지 up'의 마술 키워드(카니자 삼각형, 물음느낌표, 개미의 동선, 오리-토끼, 매시 업, 연필의 단면도, 빈 칸 메우기, 지知의 피라미드, 둥근 별 뿔난 별)는 대학생을 비롯한 젊은이들에게나 이제 갓 마흔을 넘은 직장인들에게나 창조와 상상력을 깨우치는 '죽비소리'로 시사하는 바 크다. 특히 저자의 '한국인' 사랑은 뜨겁다. 다섯 번째 '매시 업 카드'가 그러하다. 한국인의 문화 유전자에 깊숙이 박혀 있는 것이 그것이라면서 친숙한 것을 낯선 것과 섞고, 고상한 것을 상스러운 것과 비비고, 딱딱한 것을 부드러운 것과 버무리는 기술. 융합문화를 통해 창조하라고 당부한다.

거침없이 하이킥도 날린다. 가령 "걸 데도 걸려올 때도 없는 휴대전화는 소유의 의미를 상실하고 말지요"(103쪽)라는 지적은 명언이다. 그뿐만 아니다. "촛불시위와 대구지하철 방화에서 시작하여 남대문과 중앙청 화재로 막을 내린 노무현 대통령이 불의 정권이었다면, 청계천 복원과 대운하 건설로 끝장을 보려는 이명박 대통령은 물의 정권"(176쪽)이라고 거침없이 단언한다. 아무튼 창조는 몰두와 즐거움을 동반한다. 그러면 자동 젊음은 덤으로 딸려온다. 어쨌거나 책은 서가에 반드시 꽂혀야 한다. 일본이 세계에 대놓고 자랑한다는 모로하시 데쓰지처럼 한국은 이제 이어령 교수를 석학으로 떠들고 자랑해도 좋을 것이다.

chapter 62

맹자, 킬리만자로에 오르다

| 조용필의 노래 맹자의 마음 |

홍호표, 동아일보사, 2008.

광복 이후 최고의 가수라 불리는 이 남자. 초등학교 교실에서 노인정까지 그의 노래가 울려퍼진다. 민요에서 트로트, 팝, 댄스뮤직까지 거의 모든 장르를 소화해내는 '무장르의 가수'이자 누가 뭐래도 그는 대한민국 넘버원, 가왕歌王이다. 그가 누구인가. 짐작하나요? 2008년 데뷔 40주년을 맞이한 이 남자, 그의 곁에서 30년 가까운 세월을 '친구'처럼 지낸, 게다가 그것도 모자라서 '그의 노래 연구'로 박사학위를 기필코 따낸 한 남자가 책을 냈다. '킬리만자로의 조용필, 맹자를 만나다'는 부제와 잘 어울리는 제목을 단《조용필의 노래 맹자의 마음》이 그것이다. 이 책은 박사학위(2008년 2월) 논문을 재구성한 것이다. 그냥 읽기에는 거시기하다. '맹자왈 공자왈'처럼 무거워서다. 편하지 않다. 아깝다! 이 책은.

저자는 "대중음악도 상황에 맞게 표현되어야 훌륭한 음악이 된다"(113쪽)고 말한다. 말하자면 적확한 통찰이다. 그렇지만 책은 정작 '대중의 입맛'에는 좀 벗어났지 싶다. 논문의 한계다. 그것을 완전히 지우지 못했다. 그러나 "대중과 가수가 한마음이 되는 '공식'은 없다"(85쪽)는 저자만의 연구 성과에서 짐작할 수 있듯 히트가요의 이유(대중의 정서와 맞지 않으면 히트할 수 없다)가 무엇인지 연구한 것은 열매이다. 좀더 '대중적'이게 펴냈으면 좋았을 것을. 책은 조용필의 노래(가사)를 맹자의 시선으로 탐구한다. 무진 새롭다. 독창적이다. 재미있다. 이 때문이다. 가치는 전체적으로 살아난다. 하지만 아쉬움이 부분적으로 남는다.

조용필의 자선공연을 두고서 저자는 "맹자의 말과 주자의 해석으로 보면, 조용필의 자선공연은 욕심을 줄이고 의로움을 거듭 실천해 호연지기에 이르는 과정이 아니라는 말"(64쪽)을 덧붙인다. 이윽고 "맹자는 약점을 전혀 드러내지 않고 가식으로 좋은 평판을 유지하면서 이른바 '사람 좋다'는 소리를 듣고 스스로 옳다고 도취하는 인간 유형을 '사이비'로 규정한다"(65쪽)고 설명한다.

그렇다. 조용필의 슈퍼스타 성공은 '내가 뭐 잘나서 적선이나 하는 듯'의 태도에 있지 않다. 이를 맹자의 관점으로 저자는 분석한다. 사이비가 아니라 당당한 남자로 살고자 하는가. 그렇다면 신부 '안셀름 그륀'의 충고를 애써 기억해야 할 것이다. "과거를 반복하지 않으려면 자신의 과거(사이비)에서 자유로워지는 법을 배워야 한다." 슈퍼스타는 대중의 마음을 사로잡을 뿐 아니라, 대중의 바탕 정서를 대변하는 존재다. 민심을 얻는 것은 곧 '하늘'과 연결된다.

"인간의 본성을 알면 하늘을 알게 되고, 결국 하늘의 일을 알게 되어 왕도王道가 이루어진다."(89쪽) 요컨대 맹자의 인간 중심 사상은 한국적 정서를 대변하는 슈퍼스타의 존재를 분석하는 데 유용한 틀이 된다. 3장에서 말하는 '조용필, 맹자를 만나다'가 내 보기엔 이 책의 압권이다. 심금을 울리는 명문장도 있다. "산에 오르는 길은 수없이 많지만 정상에 오르면 모두 만난다"(89쪽)라는 구절이 그러하다. 본디 악한 사람이 없다, 그러는 맹자의 철학으로 바라볼 적에 조용필은 결국 '사가지'를 갖춘 '영원한 오빠!'가 맞다.

인의예지仁義禮智가 없다, 그러면 '싸(4)가지 없는' 인간이다. 그러나 '내 마음에 존재하는 사랑의 마음'을 천명天命으로 간직한 채 산다면 누구나 '정상'에 오를 수 있다. 문제는 성性이다. 성은 '마음먹기'를 뜻한다. 마음의 기능을 '생각하는 것'으로 맹자는 보았다. 다만 미련과 착각이 생기는 것은 '내 탓'이 아니라 '남의 탓'만 해서다. 그러니 맹자가 말하는 '성性'이란 즉 '살려는 마음'이다. 살려는 마음이란 곧 '사랑'이다. 사랑이 있어야 과거를 반복하지 않는다. 진정한 나를 발견할 수 있는 것이다.

하이에나는 표범이 아니다. 사이비, 즉 비슷한 가짜다. 언제까지 '짐승의 썩은 고기만을 찾고'자 하는가. 킬리만자로의 정상에는 '사랑'만이 오를 수 있다. 저자는 조용필의 노래로 이를 강조한다. 아쉽다! 독자로서는 이왕이면 말랑말랑, 가벼웠다면 훨씬 내용이 좋았을 것을.

chapter 63

CEO는 누가 '돌'인지 '진주'인지 안다

| 직장 논어 |

리우웨이리, 김인지 옮김, 청년정신, 2009.

허허, 책 제목이 좀 거시기하다. 두 가지 때문이다. 하나는 제목을 잘 지었다는 긍정적인 생각이고, 하나는 제목을 잘 지은 덕분에 잘 팔릴 것 같지는 않다는 그런 부정적인 생각……. 그렇다. 어찌 보면 나의 하루는 긍정과 부정이 피 터지도록 싸우고 희망과 절망이 피 터지도록 싸우는 듯 기뻤다가 슬펐다 오락가락 한다. 아무튼 책 이야기하자.

2,000년을 이어온 한 강의가 있다. 오늘날에도 인기다. 여기서 한 강의란 공자 사상이 집대성된 《논어》를 일컫는다. 그것이 《논어 경영학》(에버리치홀딩스)으로 환골탈태하더니만 최근에는 '직장에도 통용된다'는 주장을 편다. '공자, 회사를 바꾸다'라는 부제를 단 이

책 《직장 논어》가 바로 그것이다. 엮은이는 중국 베이징대학 고전문학 석사 출신의 리우웨이다. 그런데 내 눈길을 사로잡는 인물은 엮은이가 아니라 오히려 옮긴이다. 옮긴이는 김인지. 중국어 번역가로 《논어의 인생박물지》(파라북스)라는 책을 2007년에 국내에 소개했다. 그래서일까. 번역이 믿음직하고 맛깔스럽다.

《논어》 또한 고전이다. 고전을 왜 우리는 읽는가. 옛글 가운데서 참된 보물을 발견할 수 있어서 아니던가. 하필이면 왜 21세기에 공자 타령이냐는 볼멘소리를 의식해서일까? 엮은이는 "고전 속 지혜는 시대와 공간을 뛰어넘고 사회 각 계층의 사람들의 조화를 이끌어내는 힘이 있다"고 머리말로 독자를 다독이며 유혹한다.

고故 이병철 삼성 회장이 가장 감명깊게 읽은 책이 바로 《논어》다. 삼성에 몸담게 되면 가장 먼저 배워야 할 것이 있다. 바로 '삼성헌법'이다. 그런데 삼성인으로서 갖춰야 할 인간미, 도덕성, 예의범절, 에티켓이 내용으로 포함돼 있다 한다. 그러니 삼성의 가치관과 사원들의 행동규범은 《논어》와 다르지 않고 일맥상통할 것이다.

340년 역사를 자랑하는 중국의 동인당同仁堂(청나라 때인 1669년 만들어진 한약방)의 장수 비결이자 경영이념의 근간은 공자 사상의 핵심인 '인仁'이다. 중요한 사실은 잘 나가는 세계적인 기업들의 경영이념 중심에는 유가儒家 문화가 흐른다는 것이다. 책은 시종일관 강조한다. 확인 사살이 필요한가. 책 속의 '다시 보는 논어, 다시 뛰는 기업'을 참조하시라.

엮은이는 주장한다. 직장인으로 자기계발에 성공하려면 반드시 '공자, 사마광, 왕안석의 공통점'을 찾으라고 부추긴다. 세 사람의 공통점은 잠시도 손에서 책을 놓지 않았다는 것이다. 하루 중 대부분의 시간을 공부에 쏟고, 여가 시간에도 심지어는 밥 먹는 시간도 줄이면서 책을 읽었다고 한다. 이를 두고 오늘날 샐러던트~saladent~(공부하는 샐러리맨)라고 칭하던가?

그렇다면 공부가 싫은 직장인들은 기~氣~ 죽으니 이를 도대체 어쩌란 말인가. 해서 공자님이 말씀하시길 '어진 사람이 되어라'고 에둘러 강조하셨다. 그런데 뜻이 알쏭달쏭 모호해서일까. 중국 청나라 말기의 정치가로 태평천국을 진압한 지도자인 증국번은 "재능이 없는 평범한 사람이 될지언정 덕 없는 소인이 되지는 않겠다"(125쪽)는 말로 재능보다는 덕이 중요하다고 가르친다.

이 책은 성공하는 직장인으로서 필요한 것은 대립이 아니라 조화로움이라고 슬쩍 언질한다. 항상 열린 시각으로 세상과 사물을 바라봐야 하는 배움의 자세 또한 중요하다는 화두를 던진다. 따라서 개인의 이익에만 집착하는 소아~小我~를 버려야만 회사의 이익과 일치하는 대아~大我~를 이루어 직장인으로 성공할 수 있다는 내용이다. 하루아침에 회사 문밖으로 쫓겨날까봐 전전긍긍 초조할 이유가 없다.

세상의 모든 최고경영자가 어찌 관우의 충성심에 반하지 않을까. 충성심도 없고 의리도 모르는 직원을 좋아하는 경영자는 없다. 아직도 자신의 능력이 남보다 월등히 뛰어나다고 믿는가. 더구나 회사에서 인정받지 못해 불평하는가. 인재는 많다. 다만 CEO들은 누가 모래밭에 뒹구는 돌인지 진주인지 금방 알아챌 뿐이다. 《논어》 속 직장인 생존기술을 담은 이 책이 '다시 나를 일으키고 세울 것'이라고 확신한다.

chapter 64

한자는
신과 소통한다

| 한자의 기원 |

시라카와 시즈카, 윤철규 옮김, 이다미디어, 2009.

상상력이 풍부한 시인들은 바다에서 어머니를 본다. 한자의 바다 해海 자에는 어머니를 뜻하는 모母 자가 들어 있기 때문이다. 이러한 명문장은 한자를 알지 못하고는 쓸 수 없는 글이다. 이 기막힌 글솜씨는 〈중앙일보〉에 연재되는 '이어령의 한국인 이야기'에 등장하는 한 대목이다. 이어령은 누구던가. 대한민국이 대놓고 가히 자랑할 만한 석학이자 또한 어르신이라고 나는 확신한다.

어쩜 문장이 그리도 좋을까, 늘 궁금해 왔던 차에 '한자의 바다 해 海 자'를 인용하면서 칼럼을 쓰는 독특한 말솜씨에 적이 놀랐다. 다시 한 번 '이어령 매력'에 푹 빠졌더랬다. 이를 실토하지 않을 수 없다. 그러고는 문득 한자 때문에 생각나는 세계적인 동양인 석학이 있다. 그는 한국인이 아니다. 비단 중국인도 아니다. 일본인으로 후쿠이 출신의 '시라카와 시즈카'로 이 책《한자의 기원》의 저자이기도 하다.

저자는 1970년, 즉 61세가 되는 회갑을 맞이하며 이 책을 펴냈다. 그러나 일본에서 국내로 건너온 저작물순으로 굳이 따지자면 가장 늦게 소개된 말랑말랑한 첫 작품이 되는 셈이다. 시라카와 시즈카의 국내 저작물들, 이를테면《한자의 세계》(솔)라든가, 그도 아니면《주술의 사상》(사계절)이나《한자 백 가지 이야기》(황소자리) 혹은 무척 책 제목이 긴《사람의 마음을 움직여 세상을 바꾸리라》(한길사)는 책들과 비교하면, 이 책은 최신간이다.

그런데 말이다. 앞에서도 설명했지만 첫 작품인 걸 보면 일종의 시라카와 시즈카 시리즈의 뿌리라고 실체를 파악해야 옳을 것이다. 놀라운 사실 하나 더. 옮긴이 이름이 그렇다. 이름은 윤철규. 한문학자가 아니다. 호기심이 일었다. 자세히 프로필을 훑었더니 아, 글쎄 불어불문학 전공자이다. 그리고 더더욱 기겁하게 만드는 사실은 옮긴이가 기자를 거쳐 현재는 (주) 서울옥션 부회장이라고 한다. 이 때문이다. 가만히 생각했다. 보통 학자가 쓴 책은 눈높이가 너무 높다. 이게 문제다. 그렇다고 전문 영역을 일반인이 함부로 넘볼 수도 없는 것이다. 하지만 해낸다면 대중의 눈높이에 가장 잘 맞을 게 뻔하다. 그런 생각을 하면서 책을 펼쳤다. 내 예상은 적중했다. 술술 읽히니 말이다.

책은 말한다. 한자는 주술적·종교적 의미를 형상화한 상형문자라고. 그러면서 저자인 시라카와 시즈카는 고문자학 연구의 새로운 기원을 열었다는 평가를 받았다고 자랑한다. 고대 중국의 민속과 종교에 대한 해박한 지식을 토대로 한자의 탄생 과정과 배경을 세세히 안내한다. 저자의 가르침에 따르면 문자는 신과 소통하고 신을 드러내기 위한 것이자, 신의 대리인인 왕의 신성한 능력과 주술적인 능력을 훗날까지 전하고 지속시키기 위해 한자를 창안했노라고 논리를 편다.

그러고는 우리가 현재 살아가는 '사회와 생활'과 한자는 무관치 않다는 한자의 기원과 내력을 조근조근 이야기하는가 하면 때로는 청동기에 쓰여 있는 금문을 통해, 픽션이 아니라 사실에 근거하여 요목조목 사례를 제시하며 한자의 탄생과 배경을 설명한다. 이를테면 중국의 사전인 허신의 《설문해자》는 뻥과 구라가 많다는 걸 지적한다. 갑골문과 금문에 비교하며 하나하나 잘못된 점을 저자 특유의 해박한 지식으로 바로바로 고치는 식이다.

미소를 뜻하는 한자 "소笑를 竹(대나무 죽)과 犬(개 견)이 합쳐진 글자로 풀이하는 견해가 있다. 이를 뒷받침하는 내용으로 개가 대나무 바구니를 뒤집어쓰고 괴로워하는 모습이 우습다고 한 풀이와, 대나무 가지 아래 견犬을 쓴 옛 그림이 있다"(214쪽). 개가 웃음을 의미한다고? 천만에. 그게 아니다. 만약에 그렇다면 슬픔을 나타내는 哭(울곡)에도 犬(개 견)이 들어가는 까닭이 무엇이냐고 반박한다.

어디 그뿐인가. 심지어는 코끼리나 호랑이가 어떤 풀을 먹고 술취한 듯 갈지자걸음을 걷거나 웃음을 터뜨렸다는 이야기는 들어본 적 있지만, 글쎄……. 저자 자신은 개가 대나무를 먹고 웃는다는 이야기는 한 번도 들어본 적 없다고 너스레를 떤다. 참고로 한자의 성립 추정 시기는 대체로 기원전 14세기경, 지금부터 약 3,300~3,400년 전의 일이라고 밝힌다.

책은 한자가 오늘날까지도 여전히 생명력을 지닌 문자로 남은 까닭을 파헤친다. 한자의 기원에 대한 의미를 정확하게 꿰뚫음으로 말미암아 잘못된 오류를 막고자해서다. 또 한자의 원래 형태에 입각해서 당시의 사유 방식에 따라 고찰하는 것이 필요하다고 주장한다. 그 때문에 바람風이라는 한자를 두고서 蟲(벌레 충)에서 유래한 글자라고? 이것도 천만에다. 그렇기에 '나비효과'라는 경제학으로 접목하거나 확대 해석하는 것은 '말장난' 일지도 모를 일이다.

chapter 65

강한 사람은 소리치지 않는다

| 힘의 원칙 |

마이클 코다, 이채윤 옮김, 청년정신, 2005.

어느 회사 이야기다. 보스의 인사(직원의 임용, 해임, 전보, 승진 등 따위와 관계되는 일을 말한다)가 잦다. 잦은 인사 때문일까. 직원들은 으레 "꼭 그렇게까지……"라는 동정심 혹은 반응만 보인다. 그뿐이다. 강한 힘 앞에선 감히 어쩌지 못해서다. 인사권은 무엇일까. 그것은 최고경영자가 휘두르는 힘이다. 힘은 직원이 약점을 보이면 곧바로 행사된다. 그러니 어쩌랴. 힘이라는 괴물의 처분에 직원은 추풍낙엽 신세일 수밖에.

괴물에 저항할 방법은 없을까? 있다. 직원이 힘이 있으면 불이익 당하거나 퇴출당하진 않는다. 따라서 저항하거나 생존경쟁에서 살아남기 위해서는 직원일지라도 힘이 있다는 것을 보스에게 드러내야 한다. 해서 힘이 필요한 것이다. 힘을 사용하는 방법에 대해 알고자 하는가? 그렇다면 이 책《힘의 원칙》이 당신에게 확실한 도움을 줄 것이다.

책은 주로 '어떻게 힘을 얻고 사용해야 하는가'라는 물음에 답한다. 그리고 자신보다 상대의 힘에 대한 수준이 더 높았기 때문에 패배한 것을 인정하도록 만든다. 기막힌 말솜씨도 보인다. 이를테면 "기업들이 사원들에게 힘과 위신을 주는 것은 그것이 연봉을 올려주는 것보다 싸게 먹히기 때문인 경우가 많다"(27쪽)는 촌철살인이 그러하다.

누가 더 강자일까. 간단히 아는 방법이 있다. 이를테면 파티에서 보이는 힘의 움직임이 그것이다. 파티는 힘의 정도와 힘의 함수관계를 잘 보여주는 곳이며, 힘의 소유자들이 자기 힘의 정도를 시험할 수 있는 곳이라고 저자는 설명한다. 그러면서 강조하길 "자기의 힘에 자신이 있는 사람들은 절대로 문이나 바 근처의 장소에서 있지 않는다"(82쪽)면서 힘에 자신이 있는 사람들은 모퉁이를 차지하고 있다는 식으로 주장한다. 요컨대 모퉁이를 차지하면 그의 지지 세력들이 그를 중심으로 원을 만들면서 담소를 나누는 풍경을 연출한다는 것이다. 이러한 풍경은 텔레비전 속 드라마나 영화 속 장면으로 수없이 펼쳐진다. 그 때문에 자세히 관찰하면 누가 힘이 있는 사람인지 금방 파악할 수 있다.

왜 하필이면 모퉁이일까. 의문이 생길 것이다. 이유는 간단하다. "힘의 소유자에게 친밀하게 접근할 수 있는 때는 모퉁이에 있을"(84쪽) 타이밍이 적절하기 때문이다. 힘의 소유자가 매우 번잡한 바 근처나 출입문에 있다면 이미 타이밍은 놓친 것이나 마찬가지다. 또 파워게임에 능한 사람은 결코 먼저 말을 꺼내지 않는다. 그는 다른 사람들이 모두 말을 마쳤을 때 비로소 자신의 이야기를 꺼낸다, 식으로 누가 강자인지 약자인지 쉽게 구분할 수 있다.

강자는 결코 크게 말하지 않는다. 작게 말해도 통해서다. 우리는 약자를 도와준다. 심지어 동정한다. 하지만 여기까지다. 반면 우리는 강자를 존경한다. 심지어 질투한다. 그러나 힘의 의미를 참되게 이해하고자 노력하지 않는다. 이게 문제다. 저자는 '힘이 머무는 장소와 위치'는 확실히 존재한다고 강조한다. 이를테면 CEO의 방이 왜 따로 있는지를 곰곰 생각하면 된다. 왜 탁 트인 공간에서 직원을 일하게 하는지 한 번이라도 생각해본 적 있는가. 이에 대해 저자는 쾌변독설을 퍼붓는다.

"탁 트인 곳에서 일하는 사람들은 자발적이고 적극적으로 자기 일에 몰두하지 않는다. 동료나 상사의 시선 때문에 일하는 것이다. 탁 트인 사무실을 강조하는 회사는 윗사람들이 모든 힘을 장악하고 싶어하는 회사로 보아도 좋다. 또한 아랫사람의 힘이 커지는 것을 막고 있는 것으로 생각해도 좋다."(74쪽)

직장에서, 가정에서 늘 손해 보는 느낌인가? 그렇다면 그것은 '힘'이 없기 때문이다. 실수를 정당화하는 데 시간을 낭비하지 말자. 대신 '힘에 관한 5가지 법칙'을 진지하게 읽어보자. 아무튼 힘은 좋은 것이다. 또 힘은 언제나 경험을 겪는 과정에서 축적된다는 저자의 진정어린 충고를 우리는 잊지 말아야 할 것이다. 인체에 근육이 없으면 힘을 발휘할 수 없는 이치와 마찬가지다.

책과 경영자 CEO

아시아 최고 재벌인 홍콩의 청쿵그룹 회장CEO인 리카싱李嘉誠은 '취침 전 30분 독서의 힘'을 널리 강조한 적 있다. 그는 자신이 어디에 서 있는지, 또 미래의 사업을 어떻게 꾸려나가야 할지 두렵고 궁금할 때도 책을 통해 길을 찾았다고 한다. 그의 오랜 습관이자 불문율인 철칙이다. 왜 그럴까? 책을 읽으면 생각이 깊어져서다. 그렇다. 이 때문에 리카싱은 꼬박꼬박 '취침 전 30분 독서의 힘'을 단 하루도 빠지지 않고 근력을 키우듯이 생활에서 실천하는 것이다. 이는 용불용설用不用說(Use and Disuse Theory, 요컨대 자주 사용하면 발달하고 사용하지 않으면 퇴화한다는 뜻이다)의 이치와 다름없다.

습관은 무서운 것이다. 오죽하면 항간에 '세 살 버릇이 여든까지'라고 했을까? 또 있다. 최근에는 '서른 재테크가 여든까지 간다'는 소문이 사람들 사이에서 회자되고 있다. 리카싱 회장은 돈과 시간이 절대적으로 빈곤했던 젊은 시절부터 닥치는 대로 책을 읽었다고 한다. 또 남들이 하루 8시간을 일하면 자신은 2배로 16시간을 일에 몰두했다고 한다.

그렇다. 월급쟁이는 노동이 정해진 시간 외에는 근무하지 않는다. 하지만 조그만 구멍가게 사장을 눈여겨보라. 그들도 리카싱 회장처럼 월급쟁이와 비교하면 2배로 일하는 것을 쉽게 발견할 수 있을 것이다. 문제는 '차이'다. 차이를 발견하자면 조그만 구멍가게 사장은 일에만 열심히 했을 뿐, 리카싱 회장처럼 생각을 꾸준히 하려는 노력을 하지 않았다는 걸 금방 발견할 수 있을 것이다. 그렇기 때문에 누구는 동네 가게 사장인 자영업자

수준에 인생이 머물고, 또 누구는 아시아 최고 재벌로 인생이 역전되며 후반생이 활짝 피는 것이다.

내가 리카싱 회장을 처음으로 알 게 된 것은(그는 나를 잘 모른다) 5년 전 신문에 실린 기사였다. 2004년으로 기억한다. 그때부터 나는 독서를 습관으로 키우기 시작했다. 무조건 닥치는 대로 따로 시간을 정하지는 않았지만 틈만 나면 읽어 '일주일에 4권을 목표'로 정했다. 지금은 2009년이다. 하지만 단 한 주도 나는 나와 약속을 어기지 않고 실천에 옮겼다. 또 일주일에 한 번은 대형서점에 직접 방문했다. 그러고는 내 주머니를 털어 책을 구매하기 시작했다. 6년째 꼬박꼬박 나는 그랬다.

2년 전부터 나는 버스에서 책을 일주일에 2권 이상 읽기 시작했다. 집이 있는 양재동에서 1시간 반이나 소요되는 서대문으로 연구소를 옮겼기 때문에 그리할 수밖에 없었다. '시간이 없어 책을 읽지 못한다'는 거짓말이다. 아니다. 새빨간 거짓말이다. 시간은 만들면 된다.

내가 아무리 바빠도 재벌그룹의 회장보다는 바쁘지 않고 마이크로소프트의 빌 게이츠 회장의 머리카락과 발끝보다는 바쁘지 않기 때문이다. 알다시피 빌 게이츠 회장은 '생각주간Think Week'으로 유명하다. 다른 어떤 업종보다 창의성이 요구되는 컴퓨터·IT 산업 분야에서 피 튀기는 경쟁에서 버티고 생존하기 위해서는 무엇보다 CEO의 자질과 능력과 열정 등이 성공을 견인하는 밑바탕이 되었겠지만 나는 '생각'이 없으면 창업創業은 가능하나 수성守成은 어렵다고 본다. 이 때문이다. 빌 게이츠는 책상머리만 지키려고 하지 않고 생각주간을 만든 것이다. 생각주간을 따로 가지는 이유는 간단하다.

리카싱 회장처럼 '생각의 근육을 키우기' 위해서다. 빌 게이츠 역시 리카싱 회장처럼 하루를 '독서로 마무리 한다'고 한다. 빌 게이츠는 하버드 대학을 입학했으나 졸업은 하지 않았다. 스스로 중퇴했다. 해서 졸업장이 없다. 그래서일까. "나는 하버드 졸업장보다 독서 습관이 소중하다. 현재의 성공은 고향의 한 작은 도서관에서 만들어진 것이다."

아무튼 뛰어나고 위대한 경영자는 생각을 키우기 위해서 독서를 기꺼이 그것도 바쁜 시간을 쪼개면서 매일같이 실천한다. 바로 이것이다. 그렇다고 해서 아무 책이나 닥치는 대로 읽으면 생각을 키우기 위해 좋은 것인가? 결론은 '그건 아니다!'이다. 부디 자신이 지금, CEO로 성공하고 싶다면 복잡한 문제를 손쉽게 해결해주는 독서 습관을 창업 전, 3년을 착실히 준비하고 매일매일 독서하는 습관을 들일 필요가 있다. 왜 하필 3년인가? 물으면 나는 이렇게 말하고 싶다. 세 살 버릇에 착안한 것인데 최소한 1,000일을 꾸준하게 연습해야 습관이 되기 때문이라고.

"책에서 지식을 구한다는 것은 실로 위험천만한 일이다." 혹 그럴지도 모를 일이다. 그렇기 때문에 누구나 독서광이 될 필요는 없다고 나는 확신한다. 그러나 책에서 성공 CEO의 출발이 '무엇인지'를 알맹이를 발견할 수는 있다. 문제는 '어떻게 하나?'이다. 알맹이는 무엇인가. 그것은 '생각'을 가리킨다. 생각은 또 무엇인가. 그것은 '상상력'을 뜻한다. 그렇다면 상상력이란 무엇인가? 그것은 '꿈'이다.

책을 좋아하는 독서광으로 유명했던 한 은행장이 있었다. 그는 책을 통해 생각을 키웠고 마침내 꿈을 키우기 시작했다. 신입행원 시절, 그는 출근할 때마다 거울에 비친 자신을 보고는 씩 웃으며 이렇게 농담조로 말했단다.

"은행장님, 지금 출근하십니까?"

30년 세월을 매일매일 습관적으로 행동한 결과일까. 그는 차츰차츰 승진을 거듭하더니 지점장으로, 그리고 나중에 은행의 최고봉인 은행장에 올랐다고 한다. 그렇다. 잠만 자면 꿈만 꾼다. 그러나 잠을 아껴 책을 꾸준히 읽으면 꿈이 현실로 이루어진다. 괴롭고 힘든 일이 닥쳐도 손에서 책을 놓지 않는 습관을 키워야 한다. 또 책이 좋은 이유는 책장을 붙잡는 동안에는 인간사 걱정과 근심을 잊게 만들고 책을 통해 생각하는 힘을 키우게 하므로 결과적으로 '자신감'을 가지게 만들기 때문이다.

 자신감은 세상은 살 만하다는 즉, '인간 경영'에 동기부여와 용기를 스스로 불어 넣어주는 '힘'이 된다. 힘이 생기니 세상을 긍정하는 것이고 또 '판별'하는 능력이 생기는 것이다. 따라서 무엇이 해害인지 또 무엇이 이利인지 깨닫게 되므로 통찰력으로 성공하는 것일 터.

제3부

책에서 성공을 발견하다

chapter 66
'미소 있는 모나리자'가 성공한다

| 경쟁으로부터 편안해지는 법 |

존 하팩스, 이소영 옮김, 토네이도, 2008.

집사람이 자주 보는 텔레비전 속 드라마가 둘 있다. 평일에는 〈춘자네 경사났네〉이고, 주말엔 〈내 여자〉이다. 같이 보았다. 그러다가 인상적인 장면에 시나브로 눈시울을 붉혔다. '부정父情' 때문에 그랬다. 〈춘자네 경사났네〉에서 초등학교 평교사이자 아버지로 등장하는 박태삼(임현식)이 딸 정연(한다민)을 위해서 약혼자를 불러내 따끔하게 혼쭐내는 장면을 보노라니 '역시 가족 밖에는 없다'는 생각이 들었더랬다. 소설가 공지영이 그랬던가. "아무도 상대방의 눈에서 흐르는 눈물을 멈추게 하지는 못하겠지만, 적어도 우린 서로 마주보며 닦아줄 수는 있어"라고 말이다. 말하자면 우린 '가족'일 터.

〈내 여자〉에서 재계 순위 50위 정도에 머물러 있는 동진그룹의 장남이자 후계자인 장태성 전무(박정철)가 아버지인 회장과 함께 어느 식당에 갔더랬다. 아버지 강요로 선을 보았던 오 회장과 딸을 만나는 중요한(?) 자리였다. 그런데 오 회장의 딸은 나오지 않았다. 썰렁~. 오 회장 혼자만 약속 장소에 있었던 것이다. 왜 그랬을까?

어느 월요일 점심약속 때문에 홍대로 갔다. 《5백년 명문가, 지속경영의 비밀》(위즈덤하우스)을 쓴 최효찬 작가를 만났다. 그는 "왜 그랬는지"를 내게 자세히 설명해주었다. 오 회장의 딸이 약속 장소에 나오지 않은 이유인즉 고故 최명희 선생의 《혼불》(한길사)에 나오는 "사람은 누구나 앞모습보다 뒷모습이 실해야 한다"는데, 오 회장 보기에는 장 전무가 비즈니스 파트너는 될지언정 사윗감은 영영 아니었던 것이다. 즉, 뒷모습에서 찜찜하여 '사윗감'으로 읽히지가 않았던 모양이다. 그러니 박 선생과는 사뭇 다르게 오 회장의 부정이 돋보인다. 그래서 그랬던가. 결코 초라하게 보이진 않았다. 오히려 '더 멋지게' 오 회장의 부정이 텔레비전 속에서 그려졌다고 해야지 적당하다.

그렇다면 박 선생의 딸 정연은 어땠는가. 연적戀敵 분홍에 비해서 훨씬 이지적이고 세련된 외모에다 방송사 아나운서라는 경쟁우위가 있지만, 왜 그녀는 '늘 초라하고 슬프게만 보이는 걸까?' 그것은 이 책 《경쟁으로부터 편안해지는 법》을 진정 몰랐기 때문이다. 그러는 생각이 퍼뜩 들었던 적 있다(아, 진즉에 이 책을 대했더라면 좋았을 것을……). 반면에 오 회장의 딸은 어땠는가. 잠깐 카메오로 출연했다. 하지만 그녀(오 회장의 딸)가 늘 당당하고 또 멋져 보이지 않았던가. 그녀가 그럴 수 있는 원인은 '이기는 것에만 집착하는 덧없는 경쟁에서 벗어나, 삶을 매 순간 유쾌한 방법으로 살아갈 필요'를 오 회장, 아버지에게서 '통찰력'으로 잘 배웠기 때문이리라.

이 책의 저자인 심리학 박사 존 하팩스는 "어떤 상황에서도 자신에게 가장 필요한 것이 무엇인지 꿰뚫어볼 수 있는 통찰력은 불필요한 고통을 없애고 자신감과 존재감을 전해줄 것"(26쪽)이라고 우리에게 귀띔한다. 이 때문이다.

이기는 것에만 집착(스트레스)하는 것보다는 분홍처럼 '때로는 무모한 희망이 성공의 원인'이 되는 것을 믿으며 사는 지혜(스트레스 대처 능력)가 더더욱 절실히 필요할지도 모른다. 어디 그뿐인가. 인간에겐 모든 고통을 극복할 수 있는 능력이 존재하는데, 그중에서도 가장 좋은 방법이 '웃음'이란다. 미시간대학의 맥코넬 교수는 "더 많이 웃는 사람일수록 인생에서 성공할 기회를 얻는다"(102쪽)는 연구 결과를 발표했다고 한다. 그러니 어쩌랴. '미소가 없는 모나리자'는 그림 속의 여인으로 만족할 수 있지만 현실은 다르다. '미소가 있는 모나리자'가 현실에선 더 많이 성공할 능력을 발휘한다.

인생사 '새옹지마塞翁之馬'라고들 그랬다. 우리는 예고 없이 찾아오는 '불행'이 생각하기에 따라서는 '행복'이라는 사실을 너무 잘 알고 있다. 다만 한쪽으로만 생각하는 것이 문제다. 경쟁으로 생각하지 말자. 차라리 경쟁에서 편안해지는 법을 실천하자.

chapter 67

'직장과 인생' 정면 돌파법

| 구본형의 더 보스 | 구본형, 살림Biz, 2009.
| 공병호의 소울메이트 | 공병호, 흐름출판, 2009.

직장생활이 불운한가? 아니면 문밖 (사회)으로 나가기가 두려운가? 그렇다면 당신의 운명을 바꿀 연인 (책)을 만나지 못해서다. 그러니 독서하라. 이제부터 새로운 인생이 펼쳐질 것이다. 우리가 독서에 흥미를 못 느끼는 것은 어쩌면 연인처럼 좋은 책을, 운명처럼 아직 만나지 못했기 때문일지도 모를 일이다.

《구본형의 더 보스》는 요컨대 '상사Boss와의 관계'를 파헤친 일종의 자기계발서다. 상사와 불편하게 얽힌 관계를 한순간에 개선할 비법을 전한다. 저자인 구본형 변화경영연구소장이 전하는 메시지는 명확하다. 직장생활에서 상사와 관계가 좋지 않은 것도 문제지만 나아지려고 노력하지 않는 건 더 위험하다고 경고한다. 어쨌거나 직장에 다니는 한 내가 좋든 싫든 그것과는 상관없이 언제 어디서나 상사는 늘 존재하게 마련이다. 이 때문이다.

직장인은 어떻게든 스스로 고되고 지루한 하루를 기쁨과 행복으로 충만해지는 하루가 되도록 스스로 직장생활을 만들어야 한다. 만약 그러지 않으면 직장은 바로 지옥으로 변한다. 그러니 어쩌랴. '당신의 천국'일 수 없다.

책은 총 8장으로 구성되었다. 상사의 비밀, 다가서야 할 상사와 피해야 할 상사, 상사가 절대 나를 모욕하지 못하게 하는 최소 기준, 상사가 나에게 열광하게 하는 법, 불편한 진실을 훌륭하게 전달하는 법, 상사와 한번 나빠진 관계를 회복하는 법, 쓰레기 상사에게 고삐를 채우는 법, 나쁜 상사에게도 잘 배우는 법까지 그득 담았다.

구본형 소장은 "우리가 빈번하게 겪는 상사와의 갈등은 대개 단계 1에서 발생한다"(64쪽)고 지적한다. 그러므로 '상사의 리더십 단계를 평가하라'고 아주 구체적으로 직장생활 생존의 비법을 날카롭게 일러준다. "역시 구본형이다!" 그의 분명하고 확신에 찬 말이 가슴 속에 뭔가 뜨거움을 느끼게 했다는 직장경력 5년차 한 남자의 고백은 괜한 허풍이 아닐 것이다. 직장상사와 나, 그 어렵고도 치명적인 관계는 이제부터 나 하기에 달렸다.

공병호 경영연구소장이 내놓은 《공병호의 소울메이트》는 뭐랄까, 꼭 직장인이 아니어도 독서가 가능해지는 매력적인 책이라고 할까. 그렇다. 구본형 소장의 책과 비교하면 '직장인의 필독서'는 아니어도 '젊은이의 필독서'로 반드시 보아도 될 것이다. 책은 읽기가 무척 편하다. 글만 있지 않다. 예쁜 그림도 가득 있어서다. 그림은 아트디

렉터 임헌수 교수가 작업했다. 굳이 허리를 곧추세우지 않고 아무렇게나 침대에서 뒹굴며 혹은 소파에 기대거나 때로는 엎드려서 읽기에 딱 좋을 책으로 보인다.

구본형 소장이 지은 책이 교복(정장) 차림이라면, 공병호 소장이 지은 책은 캐주얼 차림이다. 그래서일까? 《공병호의 소울메이트》는 학교나 직장에서 가르쳐주지 않는 인생 정면 돌파법이 이쪽에서 저쪽까지 온통 가득하다. 이를테면 '걱정병 극복법'처럼 사소하거나 시시콜콜한 부분까지 챙긴다. 고전 《명심보감》에 나올 법한 이야기도 등장한다. 그중 "지금하지 않으면 다음은 오지 않는다"(35쪽)는 신선한 충격을 던진다. 승자의 용어는 언제나 '지금'이다. '지금'은 14K, 18K, 순금보다 훨씬 값어치가 비싸다. 반면 '나중'이나 '다음'은 어떠한가. '나중'이나 '다음'은 패자가 즐겨 쓰는 말이다.

"다음에 잘하면 되죠." 공병호 소장은 이렇게 말하는 사람은 인생에서 결코 성공할 수 없다고 강조한다. 그러므로 인생의 매 순간순간은 돌이킬 수 없는 승부처가 맞는 이야기다. "서울 황학동 골목에서 장모님이 작은 보쌈집을 하고 있었는데, 눈여겨보니까 그게 돈이 되겠더라고요." '원할머니보쌈'이란 외식 프랜차이즈 브랜드를 론칭한 박천희 사장의 말이다. 공병호 소장은 '눈여겨보니까'라는 말에 주목한다. '보니까'는 누구나 해당한다. 다만 '눈여겨'는 다르다. 승자만이 보는 독특한 관점이기 때문이다.

이 책에 실린 자기계발법이 나는 무척 신선하고도 인상적으로 다가온다. 특히 "성공은 머리가 아니라 엉덩이의 힘이다"(67쪽)라는 말에는 전율을 느낀다. 한마디로 짜릿하다.

chapter **68**

아내의 빈 가슴을
책으로 채우라

| 꿈이 있는 아내는 늙지 않는다 |

김미경, 명진출판, 2007.

'갈갈이 삼형제'로 유명한 개그맨이 누구인지 기억하나요? 박준형, 이승환, 정종철이 그 삼형제다. 당시 삼형제는 안방에서 최고의 인기를 누렸다. 그러다가 '느끼남' 이승환은 브라운관에서 갑자기 모습을 감추었다. 왜 그랬을까. 과거가 아닌 현재, 이승환은 한 프랜차이즈 업체(벌집삼겹살) CEO로 변신했다. 회사의 연매출이 100억 원쯤 한다지, 아마도……. 이 얼마나 멋진 변신인가. 가뭄에 단비로 그의 '스타 굿바이, 성공 사업가 변신'이 참 놀랍되 한편 기쁘다.

바쁘게 이리저리 또 여기저기 뛰어다니는 그가 요사이 틈만 나면 읽었다고 자랑하던 책이 알고 보니《꿈이 있는 아내는 늙지 않는다》

이다. 처음엔 엉뚱하다고 생각했다. 아내가 읽어야 할 책이라는 몹쓸 편견이 들었기 때문이다. 하지만 내 독후감도 이 대표와 전혀 다를 바 없었다. 이 대표가 그랬던 것처럼 '남편이 먼저 읽은 뒤 아내에게 선물하기 딱 좋은 책'이라는 결론을 얻었기 때문이다.

"바쁜 사업 탓에 아내 윤미라씨에게 늘 미안했다"라고 했던가. 그는 이 책을 아내를 위한 깜짝 이벤트로 서울 가양동 살림집에 책과 함께 선물을 실어 보냈다 한다. 선물은 '큰 책장'이다. 내 여자의 인생은 결혼 전이 아니고 결혼 후부터가 진짜다. 내 남자가 하기에 따라서 얼마든지 악처일 수도, 양처로도 달라지는 게 여자이기 마련이다. 대한민국 남편들에게 고한다.

이 책의 저자이자 명강사인 더블유인사이츠W.insights 김미경 원장이야 "자기계발을 하기 위해서 가장 먼저 책부터 사야지가 아니라 책장부터 샀다"(6쪽)고 했지만, 이승환 대표가 아내인 윤미라씨에게 깜짝 이벤트로 그랬던 것처럼 책과 책장을 동시에 선물하면 어떨까.

특히 이 책은 "내가 누구인지 모르겠다"는 푸념으로 연거푸 남편과 자식을 향해 한숨짓는 아내에게는 금상첨화 딱이다. 이 처방이야말로 백발백중 아내를 미소 짓게 만들 것이다. 그뿐인가. 부부 사이가 행복하도록, 약효가 아주 오랫동안 끝내줄 것이다. 이왕이면 책 속에 나오는 구절을 직접 베껴 쓰자. 그러는 센스가 필요하다. 멋진 남편이 되려면 꼭 필요한 조치이다.

이를테면 "지금 비어 있는 큰 책장은 현재의 내 모습이다. 책장에 책들이 빽빽이 들어차듯 나 자신도 지금부터 한 칸 한 칸 채워갈 것이다. 아마도 저 책장이 다 채워지는 날이면 나는 다른 사람의 마음을 1센티미터라도 움직일 수 있는 사람이 되어 있을 것이다."(7쪽) 이 얼마나 멋진 문장인가. 그것을 반드시 남편들이여 적어두자.

　살림과 육아와 맞벌이 때문에 덮어둔 아내의 꿈을 되살리는 가슴 따스해지는 명문장을 찾아 적어두자. "나는 조건 좋은 남자보다는 근거가 있는 남자, 히스토리가 있는 남자에게 끌렸다"(30쪽)를 적은 메모지를 받아든 아내가 황홀해하며 보는 순간을 상상해보라. "아내의 꿈과 직장은 아무것도 아니라고 생각하는 남편은 맞벌이 아내의 고충은 이해하려 하지 않고 집안일 잘해놓고 다닐 자신 있으면 직장 다니고 아니면 말라는 이기적인 발언을 서슴지 않는다"(93쪽)는 내용을 적은 메모지를 건네자. 그러고는 나(남편)는 집안일 잘해놓고 다닐 자신 운운하지 않겠다고 아내에게 약속하자. 그러면 나(아내)는 남편 하나는 기막히게 잘 얻었다고 말할지도 모른다. 이런 게 바로 행복이 아닐까. 백이면 백, 남편들이 좋아할 명문장은 이것이다. "아내의 적은 남편이 아니라 500년 역사다."(129쪽)

　메모지를 아내에게 건넬 때 '아내의 잃어버린 꿈을 도와주는 손이 되고파서'라고 쓰자. 그러고는 맹세하자. 살림과 육아 때문에 덮어둔 꿈을 지금부터 차근차근 한 칸 한 칸 채우는 당신(아내)을 나(남편)는 이제부터 어떻게든 응원할 것이라고 말이다. 각설하고. 마지막으로 이 책에 내가 가장 마음에 든 명문장을 꼽자면 이러하다. "미래를 위한 투자 가운데 투자대비 효과가 가장 좋은 것은 뭐니뭐니 해도 책이다."(185쪽) 왜냐하면 나도 단단히 그것을 맛보고 경험했기 때문이다.

chapter 69
열린 마음이 세계를 얻는다

| 나는 세계다 |

박현정, 리더스북, 2008.

저마다 세상을 대하는 자기만의 고유한 프레임이 있게 마련이다. 고유한 프레임이란 어쩌면 고유한 지혜일지도 모른다. 그런 의미에서 인생의 지혜는 자기만의 한계를 인정하는 것에서부터 출발선이 그려지는 것일지도 모른다. 서울대학교 심리학과 최인철 교수는 "마음먹기를 아무리 거듭해도 그 효과가 며칠 가지 않는 것은 프레임의 원리를 모르고 있는 탓"이라고 날카롭게 지적한 바 있다.

'글로벌 커뮤니케이터 박현정이 말하는 세계인으로 일하는 법'이라는 부제를 단 《나는 세계다》는 지금 우리에게 필요한 건, 즉 글로벌 시대가 요구하는 것은 '영어 실력'이 아니라 '글로벌 소통력!'이라고 일갈한다. 맞는 이야기다. 영어만 할 줄 아는 그러한 직장인은 글로벌 기업이 원하는 인재가 아니다. 국내 기업이든 글로벌 기업이든 직장인으로서 처해 있는 직업적 환경은 점점 더 세계와의 소통을 강력하게 요구한다. 이 때문이다. 무엇보다 절실히 필요한 '소통의 기술'이 더더욱 중요하다.

이 책은 어떻게 하면 글로벌 시대가 요구하는 소통의 기술과 좀더 가까워질 수 있을까 하는 저자의 고민에서 시작된 결과물이다. 책에는 저자가 겪은 시행착오와 실무를 통해 얻었던 교훈, 그리고 그간 몸담았던 회사와 그 속에서 만났던 수많은 사람들의 흔적이 고스란히 녹아 있다. 이 점에서 저자만의 고유한 프레임이 활짝 열린다. 그러면서 우리에게 지식이 아니라 지혜로 바짝 다가온다.

예컨대 이런 식이다. "세월이 흘렀어도 각계각층을 막론하고 영어 프리미엄의 위세는 여전하다. 하지만 한 가지 변한 것이 있다. 전문 직종일수록, 경쟁이 치열한 분야일수록, 지식기반의 전문 서비스업 종일수록 그 안에서 서로 경쟁하는 종사자들로서는 영어 능력으로 인해 누렸던 희소성이 점점 줄어들고 있다는 점이다. 즉, 이들에게 영어는 이제 핵심 경쟁력이 아니라 게임에 참여할 수 있는 기본 자격이 되고 있다."(46쪽)

요컨대 영어 능력이 희귀하던 시절에는 영어를 잘하는 것 자체가 독창성이자 자산이었다. 하지만 영어가 대중화되면서 영어만 잘해서는 대우받거나 경쟁력도 없는 시대가 왔다는 것이다. 더구나 글로벌 기업에 대한 오해도 있다면서 '위계질서보다는 개인주의(?)'일 것으로 생각하면 오, 천만에 말씀이라고 경고한다. 어느 조직이든 그 조직이 정한 룰과 위계질서가 개인의 이익과 개성보다 우선시되는 법이라고 잘못된 오해를 바로잡는다.

'여성 인력을 우대한다'거나 '연봉이 세다'는 오해도 마찬가지다. '그렇지 않다'고 저자는 설명한다. 오히려 글로벌 기업은 연봉제를 채택하고 있는 만큼 성과 평가를 위한 객관적인 기준이 제도적으로 잘 발달되어 있고, 또 그것을 적극적으로 반영하는 성과 중심의 문화를 가지고 있다. 그러니 어쩌랴. 글로벌 인재의 진짜 경쟁력은 영어만이 전부가 아니다. 따라서 '열린 마음'과 '커뮤니케이션 능력'을 키워야 진짜 인재가 된다.

글로벌 기업의 대표들은 외국인과 비즈니스 커뮤니케이션을 하는 한국 직원을 보면 종종 답답함을 느낀다고 한다. 영어 능력에는 아무런 문제가 없는데도 자신의 의견을 관철시키지 못하는 경우가 많기 때문이다. 그 이유가 뭐겠는가. 잘못된 프레임으로 비즈니스를 하기 때문이다. 또 '소통의 기술'이 턱없이 부족해서다.

까만 안경을 쓰면 세상이 온통 까맣게만 보인다. 최우선적으로 필요한 경쟁력은 영어 실력(까만 안경)이 아니다. 진정한 의미에서 글로벌 경쟁력은 '문화적 유연성'에 있다. 즉, 자신의 문화에 대한 지나친 우월감은 금물이다. 다른 문화를 이해하는 '나와 다름'을 인정하는 개방적인 태도가 무릇 필요하다고 저자는 시종일관 주장한다.

이 때문일까. 에반 램스타드(월스트리트저널 한국특파원)가 말한 "수출 위주의 제조업에서 한 단계 도약해, 글로벌 서비스 기업을 성공적으로 키워내야 할 한국 젊은 세대를 위한 책"이라는 극찬이 부조화로 튀진 않는다.

우리에게는 긍정적인 표현이나 서양인에게는 부정적 표현이란 게 있단다. 이를테면 "You look tired"가 그러하다. "얼굴이 안돼 보이세요"라는 우리식 배려이자 인사말이나 서양인에게는 상대의 약점을 지적하는 무례한 표현이니 이를 반드시 조심하란다. 우리시대 대표적 '세계인' 박현정이 글로벌 비즈니스 현장에서 몸으로 부딪치며 체득한 지혜의 향연에 숟가락 하나만 얹으면 된다.

chapter 70

도전과 저항은 강자를 만든다

| 나를 행복으로 이끄는 도전 |

안광호, 에이원북스, 2008.

《주역周易》에서도 이야기했다. "궁즉변窮則變, 변즉통變則通"이라고. 안광호가 펴낸 《나를 행복으로 이끄는 도전》에 등장하는 주인공, 아프리카 세링게티 초원의 얼룩말 젭 역시도 꼭 그랬다. 젭의 아버지는 얼룩말 부족인 제빌족의 족장인 라온. 어머니는 제빌족 최고의 미인 수라로 한 무리의 사자 떼들에게 부모를 잃기 전까지 젭은 '정말 남부러울 것 없는' 행복한 가정에서 자란 장자였다. 그러다 하루아침에 고아孤兒가 된다. 행복이 끝나고 불행이 시작된 것이다. "이제는 이 세상에 나 혼자란 말인가."(22쪽)

이쯤 되면 인생은 극단을 의미하는 궁窮에 다다른다. 만약 여기서 포기하면 불행은 물러나지 않는다. 다시 행복을 찾으려면 어떻게 해야 좋을까. 정답은 즉변則變에 있다. 변해야 생존한다. 그것이 실천되면 가로막혔던 불행이 마침내 뻥 뚫린다通. 저자는 "누구에게나 인생을 살아가며 한두 번의 시련은 있게 마련이다"(31쪽)면서 절대로 포기하지 말라고 당부한다. 또 이 책은 그것을 잘 극복할 수 있는 '도전'의 기회를 주고자 우화寓話 형식을 빌려서 독자를 행복으로 이끄는 얼룩말의 지혜와 용기와 리더십으로 초대한다.

저자는 어느 날 인터넷을 검색하다가 흥미로운 제목('얼룩말의 파워, 사자 익사 시도 후 탈출') 덕분에 이 책의 아이디어를 얻었단다. 그러나 나는 시종일관 영화 〈라이온 킹〉이 생각났다. 아프리카의 초원을 무대로 어린 사자 '심바'가 자라나 어른이 되고, 아버지의 뒤를 이어 왕이 되기까지 벌이는 모험과 사랑의 이야기가 아주 비슷해서다. 다만 차이가 있다면 어린 사자 '심바' 대신에 어린 얼룩말 '젭'으로 그 주인공이 바뀐 것만 다를 뿐이다. 그래서다. 마치 한 편의 영화를 보는 것처럼 이 책은 감동이 '짠!' 하며 다가온다.

'라이온 킹'이 강자존의 세계를 그렸다면 이 책은 약자존의 세계를 그렸다는 것이 독창성을 발휘한다. 애초에 약자는 없다. 다만 얼룩말이 어렸을 때부터 받은 관습적인 교육인 '사자는 백수의 왕'이고 '사자에게 잡혔을 때는 오직 죽음밖에 없다'는 체념이 문제다. 이 때문에 저항하지 못하고 속수무책 당한다. 도전하고 저항하지 않기 때문에 '공포와 두려움'에 사로잡힌다. 이 점을 저자는 끄집어내어 지적한다.

얼룩말처럼 우리의 삶도 별반 다를 게 없다. 또 경영이나 비즈니스도 마찬가지다. 약자라는 강박관념과 새로운 시대적 변화(사자)를 전혀 두려워할 이유가 없다. 지레 짐작 '나는 안 된다'라는 부정적인 생각보다는 '나는 된다'라는 긍정적인 잠재의식을 지속적으로 키울 필요가 있다. 이것의 해법을 저자는 '사명문'과 '드림리스트'로 제안한다. 자신이 처한 현재 상황을 정확하게 판단하고 목표를 이루기 위해서는 인생의 멘토를 찾아 배우고 익혀야 한다. 무엇보다 중요한 것은 내 능력을 과소평가하지 말아야 한다.

결국 나를 이끄는 것은 '자신감'이다. 자신감은 끊임없이 목표와 비전을 추구할 때 생기며 긍정적인 잠재의식으로 꿈을 키워나갈 때 약자도 도전과 저항을 통해서 강자로 우뚝 승리를 거머쥘 수 있다는 이야기다.

저자는 '마음 다스리기'가 문제를 해결하는 열쇠라고 말한다. 미 연방 대법관이었던 올리버 웬델 홈스는 "어디에 있느냐는 중요하지 않다. 어디로 가고 있느냐가 중요하다"(251쪽)고 말했다면서 자신의 위치를 바로 알고, 마음을 잘 다스려 목표한 바를 이루기 위해서는 많은 노력이 필요하다며 '마인드 컨트롤' 하라고 강조한다.

얼룩말 젭이 그랬던 것처럼 "자신에게 도움이 되는 글을 눈에 잘 띄는 곳에 붙여두고 틈이 날 때마다 되풀이해서 읽고 되새긴다면 자기경영"(251쪽)에 성공할 수 있다. 성공하지 못하는 99퍼센트 사람들의 가장 큰 장애물이 바로 어릴 적부터 형성된 자아의 부정적 잠재의식이라는 발견(?)은 이 책의 가장 큰 미덕이다.

chapter 71

자기 냄새를 피우는 남자가 진짜다

| 남자들에게 |

시오노 나나미, 이현진 옮김, 한길사, 2002.

 "남자가 여자에게 매력을 느끼는 것은 어차피 그 여자를 안아보고 싶다는 생각이 들 때이고, 여자가 남자의 매력을 느끼는 것 역시 그 남자 품에 안기고 싶다는 마음이 들 때이다."(107쪽) 이 책《남자들에게》에 나오는 한 대목이다.

 밑줄을 쳤더랬다. 그럴듯해 보여서다. 그렇기에 버스나 지하철, 혹은 거리에서 생판 모를 낯선 여자에게 남자가 눈길이 가는 것은 짧은 치마를 입어서가 아니다. 그 여자에게서 발산되는 매력이 있어서다. 남자가 저질이고 음탕해서가 아니다. 여자에게서 매력을 느껴서다. 이렇듯 시오노 나나미는 남자에게 의기소침이 아니라 시나브로 떳떳함이 생겨나도록 살랑살랑 부추긴다. 게다가 여자들에게 상처를 입은 남자들의 아픔까지도 치유한다. 다정하게 어루만진다.

예컨대 '불행한 남자'를 읽으면 '행복한 남자'로 거듭날 것이다. 마흔을 넘은 남자의 경우, 운이 없다는 것은 그 사람의 어떤 성격에 기인한다고 일침을 놓는가 하면 상대가 어떻게 느낄지 생각해보지도 않고 자신의 훌륭한 생각만을 밀고나가려 해도 그리 쉽게 움직여지지 않는 것이 인간이 사는 세상이라고 살며시 약방문을 건넨다. 특히 내 경우엔 나이가 그래서인지 몰라도 마흔에 들어서도 남자가 흔들리는 것은 "우선 자신이 나아갈 길을 찾지 못한 것에 있다"(201쪽)는 구절이 좋았더랬다.

이윽고 "자신이 하고 싶다고 생각한 것을 만족하게 해낼 조건을 갖춘 사람이라면 세상이 어떤 평가를 하든 행복한 남자다"(201쪽)에서 큰 위안을 받은 적 있다. 해서 매력적인 남자가 되기 위해 "세상 사람들은 불행한 사람에게 동정은 하지만, 사랑해주고 협력을 아끼지 않는 쪽은 행복에 찬 사람에 대해서다"(203쪽)는 귀띔에 밑줄 그으며 빙그레 반겼더랬다. 무엇이 남자를 매력적으로 여자에게 돋보이게 하는지를 곧 깨달았기 때문이다.

남자들이 궁금해하는 '여자의 본성에 대하여'도 조곤조곤 설명한다. "진짜 여자는 남자와 동등해지려는 구두쇠 같은 짓에 필요 이상으로 집착하지 않는다"(247쪽)라든지 어쨌든 여자는 말하고 싶은 존재다. 아니 말하지 않고는 참을 수 없다는 식으로 여성 속내를 까발린다. 거침없는 시오노 나나미의 입담 중에 가장 인상적인 구절을 꼽자면 이렇다. "나는 마흔 이전의 운은 타고날 확률이 높으나, 마흔 이후의 운이란 그 사람 자신의 '탓'일 확률이 크다고 생각해본다."

(220쪽) 이 명언은 그야말로 기막힌 반전이자 놀라운 혜안이 돋보이는 모순어록이다.

또 있다. 여자와 핸드백이 그것이다. 핸드백은 여자의 마음이자 육체의 일부라는 이야기에선 웃음이 터진다. 특히 여자에게 연애란 자기 속에 있는 생명력에 눈뜨게 되는 현상이라는 지적은 수긍이 된다. 압권은 "생각지도 못한 어느 기회에, 남자의 출현에 의해 자신도 의식하지 못한 그 힘에 눈뜨게 되는 것이다"(307쪽)라는 구절이다. 허걱, 놀랐다. 동시에 든 내 생각은 여자의 출현에 의해 남자도 어쩌면 그럴 수 있겠구나, 하는 생각을 했더랬다.

저자는 "머리 좋은 남자에게 건배!"(313쪽)하자고 외친다. 요컨대 머리 좋은 남자란 무엇이든 스스로 생각하고, 그것에 의해 판단하고, 그 때문에 편견을 갖지 않고, 무슨무슨 주의 주장에 파묻힌 사람에 비해 유연성이 있고, 더욱이 예리하고 깊은 통찰력을 가진 남자라면서 '자기 냄새를 피우는 자'가 될 것을 충동질한다. 남자들이여, 이제는 긴장하지 말자.

인생이란 어느 정도 낙관할 필요가 있다. 언제나 긴장하고 있는 사람의 주위에는 사람들이 기쁜 마음으로는 모여주지 않는다고 이 책은 가르치지 않던가. 내 보기엔 《꿈이 있는 아내는 늙지 않는다》(명진출판)라는 책은 남자가 먼저 읽고 여자에게 선물할 책이라면, 이 책 《남자들에게》는 반대로 여자가 먼저 읽고 남자에게 선물하면 좋을 책으로 보인다. 이보다 좋은 기분전환이나 선물이 내 생각엔 없다고 보기 때문이다. 여자에게 내 남자가 앞으로 성공할지 말지에 대한 도서를 참고하기에 '딱'이다. 시오노 나나미는 '성공할 남자'에 대해서도 크게 4가지로 정리해 요약한다.

  첫째는 '몸 전체에서 나오는 어떠한 밝은 빛을 발하는 남자'다. 그러면서 우하하하 웃어대는 남자는 아니라는 단서를 붙인다. 둘째는 '어둡고 검은 쪽으로 눈이 가지 않는 남자'다. 뭐든지 부정적으로만 보는 성향이나 기질을 말한다. 셋째는 '자기의 일에 90퍼센트의 만족과 10퍼센트의 불만을 가진 남자'다. 불만족 10퍼센트가 성공을 자극하기 때문이다. 넷째는 단순하다. '보통 상식을 존중하는 남자'이기 때문이다. 즉, 인간성을 가리킨다. 나는 첫째와 넷째는 정말 자신 있다.

chapter 72

'다시, 다짐, 다행, 다음'이 후반생을 이끈다

| 남자의 후반생 |

모리야 히로시, 양억관 옮김, 푸른숲, 2003.

삼팔선, 사오정, 오륙도에게 희망과 용기와 인생역전을 할 깡의 지혜를 제시하는 책이다. 침대에서 뒹굴며 이리저리 마주보아도 질리지 않으며 사랑스럽다. 곁에다 두어도 마누라 이상으로 하자 없다. 책은 중국의 역사에서 모두 22명의 인물을 뽑아 각자 살아간 방법에 대해, 특히 후반생을 중심으로 이야기를 풀어가며 조명한다. 후반생은 스포츠로 비유하자면 후반전이다. 스포츠가 그러하듯이 인생도 결국엔 후반전을 잘해야지만 '진짜로 승리한다'는 걸 새삼 깨닫게 된다. 이 때문이다. 모리야 히로시의 《남자의 후반생》은 마흔 지나 쉰의 나이가 오기 전, 10년 안에 꼭 읽어야 할 책이다.

인생을 늦게 꽃피운 사람들(중이, 공자, 공손홍, 주매신, 위징)과 만나면 '보통 사람이라면 포기하고 말았을 그런 처지와 인생'을 통해 '다시' 시작하려는 희망의 마음가짐 상태에 머무른다. 그중 공손홍을 보자. 그는 한나라 무제를 보필한 승상이다. 제나라 설현 출신으로 젊은 시절에는 옥리獄吏였다. 그러다가 죄를 짓고 야인으로 물러난 후로는 생계를 위해 돼지를 키웠던 사람이다. 남다른 면은 마흔이 넘어서도 책을 읽으며 20년을 열정적으로 공부했다는 것이다.

공손홍은 예순의 나이에 세상에 나와 현역으로 근무했다고 한다. 실로 놀라운 실버 파워가 아니던가. 당태종 이세민에겐 위징이 있었다. 마흔일곱 살 때, 그때부터 위징은 후반생 운이 피었다. 피었다 지는 꽃처럼 위징이 세상을 떠나자 당태종 이세민은 몹시 한탄하며 슬퍼했다. 오죽하면 이세민은 이렇게 탄식했을까.

"동으로 거울을 만들면 의관을 바르게 할 수 있고, 과거를 거울로 삼으면 흥망성쇠를 알 수 있으며, 사람을 거울로 삼으면 이해득실을 알 수 있다. 짐은 늘 세 개의 거울을 지니고 나의 잘못을 고치고 예방했다. 지금 위징을 잃었으니, 거울 하나가 없어지고 말았다."(66쪽)

동서고금을 통틀어 이렇게 황제의 대단한 총애를 받았던 신하가 과연 몇이나 될까? 위징의 전반생은 사실 별로였다. 대단하지 않았다. 그러나 후반생은 완전히 달랐다. 이세민과 같이 영명하면서도 자신을 알아주는 군주를 만났기에 전반생의 불행을 모두 후반생에는 모조리 씻어낼 수 있었다. 그렇기에 자고로 남자는 후반생이야말로 진짜다.

산뜻하게 삶을 바꾼 사람들(범려, 진평, 여몽)과 만나면 나도 그들처럼 살고 싶다는 굳은 '다짐'을 스스로 목표를 세우게끔 만든다. 범려에게는 최강상술을, 진평을 통해서는 처세술을, 여몽을 통해서는 무학·무교양의 군바리일지라도 하기에 따라서는 얼마든지 만년에 이르러 자기계발에 성공할 수 있다는 역할 모델을 기대할 수 있다.

좌절을 딛고 일어선 사람들(소진, 장의, 사마천, 사마광)과 만나면 '다행'이 무엇인지를 배울 수 있다. 형제는 물론이고 부모조차 거들떠보려 하지 않았던 소진과 장의를 통해서는 '세 치 혀뿐'인 것도 다행으로 감사할 줄 아는 프로페셔널 정신을 배우고 무장하게 된다. 나이 서른여덟 살 때 궁형에 처해진 사마천. 그가 마흔세 살에 세상을 떠났지만 《사기》라는 불후의 명저를 남길 수 있었던 것은 치욕을 치욕으로만 해석하지 않는 '다행'의 철학이 내공으로 잘 갈무리가 되었기 때문이다. 《자치통감資治通鑑》의 저자인 사마광도 마찬가지다. 정치적 좌절을 좌절로만 생각지 않고 '다행'으로 기회로 받아들일 줄 알았기에 재상의 자리에 오르는 것에 성공한 것이다.

승부수를 던져 성공한 사람들(여불위, 유방, 법정)과 만나면 '다음'을 준비하는 치밀함을 공부할 수 있다. 여불위가 장사 일로 조나라의 수도 한단에 갔을 때, 우연히 진나라에서 인질로 잡혀온 자초라는 공자를 만나게 되었는데 진의 태자 안국군의 아들로 '다음'을 계산할 줄 알았기에 '인질'로만 대하려 하지 않은 것이다. 이렇듯 승자는 '눈여겨보니까'를 평소 실천할 줄 안다. 한고조 유방도 마찬가지다. 다음 필승을 위해 촌장에게도 겸손했기에 항우와의 싸움에서 마침내 이긴 것이다. 장제스와의 내전에 게릴라전으로 승리했던 마오쩌둥도 마찬가지로 '다음'을 알았기에 승리를 거머쥔 것이리라.

늘 도전하며 살아간 사람들(조조, 도간, 왕안석, 왕양명)은 '다시'로, 공명을 멀리한 사람들(왕희지, 도연명, 여신오)에게서는 '다짐'의 지혜를 엿볼 수 있다. 중국사에 뚜렷한 족적을 남긴 22명의 멋진 후반생의 성공 키워드를 4가지로 요약하자면 '다시', '다짐', '다행', '다음'으로 정리된다.

쉽지만은 않을 것이다. 전반전에 이기지 못했는데 후반전에 이긴다는 것은······. 하지만 전반생이 비록 고난과 좌절이 많았다고 하더라도 포기하거나 낙담하진 말자. 내리막길이 끝나는 지점에는 항상 오르막길이 있기 때문이다. 마흔이 넘어서도 눈앞의 작은 이익에만 집착한다면 팔순이 되어서도 후반생은 무화과無花果로 남을지도 모른다. 꽃을 피우기 위해서 봄은 겨울을 견디는 것처럼 사오십에 아직 코흘리개 처지일지라도 결코 '끝'이라고 포기하진 말자.

chapter 73

'나만의 시나리오'로 인생이 달라진다

| 당신의 인생을 바꿔줄 최고의 시나리오 |

우테 헬레나 라이프니츠, 장혜경 옮김, 리더스북, 2008.

조선 후기의 저명한 작가이자 실학자인 연암 박지원은 《연암집》(돌베개)에서 이렇게 말했다. "명분과 법률이 아무리 좋아도 오래되면 폐단이 생기고, 쇠고기 돼지고기가 아무리 맛있어도 많이 먹으면 해가 생긴다. 많을수록 유익하고 오래갈수록 폐단이 없는 것은 오직 독서일 것이다."(하, 376쪽) 그렇다. 독서는 쇠고기 돼지고기보다 훨씬 맛있고 해가 없다. 그런 책이 나왔다.《당신의 인생을 바꿔줄 최고의 시나리오》가 그것이다.

저자는 경영컨설턴트이자 작가인 우테 헬레나 라이프니츠이다. 그는 미래에 발생 가능할 몇 가지 상황을 시나리오로 쓴 다음에 대책을 마련하는 '시나리오 기법'을 토대로 기업들을 컨설팅해오고 있다. 고객사는 다임러크라이슬러, 폭스바겐, IBM, 코닥 같은 세계적으로 굵직한 글로벌 기업들이다. 그뿐만 아니다. 독일, 스위스, 스웨덴 등 국가도 컨설팅 고객이다.

저자는 그동안 기업과 국가만을 상대로 사용하던 컨설팅, 즉 '시나리오 기법'을 개인에게 적용할 수 있도록 단순화하여 '8단계 시나리오 작성법'으로 완성해서 이 책을 집필했다고 말한다. 그러면서 인생에서 찾아오는 수많은 선택의 순간, 절대 후회하지 않을 결정을 내리도록 돕는 구체적이고 실천적인 방법으로 남녀노소를 막론하고 '시나리오를 작성'할 것을 권장하고 있다. 그러면 미래에 닥칠 인생의 위기를 저마다 극복해낼 수 있다고 덧붙인다.

저자는 위기의 순간일수록 알고 보면 기회가 숨어 있다면서 위기를 극복하는 방법에 대해 이런 식으로 강조한다. '죽치고 앉아 위기가 지나가기를 기다려라'든지 아니면 '묵묵히 자기 일을 하며 언젠가 좋아지리라 기대하라'고 언급하는데, 주로 이런 방법들은 평범한 사람들뿐만 아니라 정치인들도 자주 써먹는 방법이다. 이어서 '위기를 무시하거나 미화한다'는 대목에선 그만 고소한 웃음이 터져나온다. 이런 방법들은 정부와 기업가들은 물론이거니와 평범한 부부들마저 전통적으로 많이 사용하는데 어느 개그맨의 말투처럼 "아무 문제 없어"라고 말하면 이미 문제를 제대로 인식하지 못하는 탓에 "이미 때는 늦다"(23쪽)고 단언한다.

때를 맞추려면 '위기의 원인을 분석하고 해결책을 찾는다'가 좋으나 이 방법은 상당한 노력과 명석한 두뇌와 분석적인 문제 해결력이 필요하다. 그 다음엔 '체계적으로 원인을 분석하고 문제를 해결한다'로 넘어가야 한다. 그런데 이게 저자가 강조하는 '시나리오 기법'이다. '미래지향적인 방법으로 문제를 해결한다'는 위기 극복의 전통적 방법을 분석적이고 체계적으로 미래지향적 사고와 결합시키는 방법이다. 이것이 이 책에서 주로 다루고자 하는 내용이다.

저자가 강조하는 인생의 주인공으로 살아가게 해주는 최고의 시나리오 작성법은 총 8단계이다. 1단계는 '현재 자신이 놓인 상황 분석하기'이다. 2단계는 '주변 환경이 자신에게 미치는 영향 알아보기'이며, 3단계는 '미래 상황을 영향력 요소별로 두 가지씩 예측해보기'이다. 4단계는 '여러 대안들을 한데 묶어 시나리오의 뼈대 만들기'이고, 5단계는 '실제 시나리오를 작성해 미래를 체험해보기'로 안내한다.

6단계는 '시나리오를 작성해 미래를 체험해보기'인데 이 단계에 이르면 "시나리오에 담긴 위기와 기회를 구체적으로 인식해, 개방적이고 성실한 자세로 그것들에 대처할 수 있는 아이디어와 전략을 개발하는 것이 중요하다"(153쪽)고 강조한다. 7단계와 8단계까지 다다르면 어느새 독자는 흥분할지 모른다. 허무맹랑하지 않고 실질적인 시나리오 기법인 것을 깨닫게 되어서다. "미래를 예측하는 최선의 방법은 스스로 미래를 만들어가는 것"이라는 피터 드러커의 말처럼 나만의 시나리오를 통해 이 책의 여행을 마친 당신은 예전의 당신이 아닌 걸 발견하게 될 것이다.

chapter 74
미래를 창조하는 것은 예감이다

| 된다, 된다 나는 된다 |
니시다 후미오, 하연수 옮김, 흐름출판, 2008.

4년 연속(2005~2008년) 최고 개그맨 1위는 유재석이 차지했다. 2위는 강호동이란다. 그렇다면 3위는 과연 누굴까? 3위로는 신봉선이 뽑혔다. 이들은 절대 읽을 필요가 없는 책이 나왔다. 《된다, 된다 나는 된다》가 그것이다. 내 보기엔 이들의 인기 비결은 이 책이 주장하는 내용과 별반 다를 것이 하나도 없어서다. 그러니 어쩌랴. 이 책을 손에 쥐어본 적이 없으며 읽은 적은 더더욱 없음에도 왜들 그렇게 그들은 방송인으로 잘 나가는 걸까? 혹여 이런 궁금증이 생기는가. 가능성이 있다는 궁금증이니 늦었을 때가 시작이란 마음으로 당장 한달음에 서점으로 달려갈 일이다.

'남'에겐 있다. 그러나 '나'는 그게 당최 없다. 의지, 노력, 성실 같은 단어를 꼬집어 말하는가. 이건 아니다. 실은 '운'이다. 그래서일까. 종종 사람들은 이야기한다. 타인의 성공은 운이 좋아서라고 말이다. 반면 나의 실패는 단지 운이 나빠서라고 핑계를 에두른다. 어쩌면 그것은 상당 부분 맞는 이야기일지도 모르겠으나 꼭 그렇지만 않다.

이 책의 저자인 니시다 후미오는 일본에서 이미지 트레이닝 연구·지도의 개척자로 불린다. 30여 년 전부터 과학적 멘탈트레이닝 연구를 시작해 독자적인 능력 계발 프로그램을 고안해왔다. 그가 말하길 "성공한 사람, 성공하지 못한 사람들과 상담을 해본 결과 성공과는 거리가 먼 재미없는 인생을 살고 있는 사람들은 대체로 성실하게 살았다. 성실한 사람일수록 성공이나 돈과 인연이 없었다"(37쪽)고 지적한다.

저자는 오해하지 말 것을 당부하면서 "성실함은 성공의 충분조건은 될 수 있지만 필요조건은 아니다"(5쪽)는 사실을 강조한다. 그보다는 "운이 따라주지 않으면 결코 성공할 수 없다"(6쪽)며 성공과 거리가 멀어 보이던 그 친구가 잘 나가는 이유가 과연 무엇 때문인지를 차근차근, 조목조목, 알기 쉽게 우리에게 친절히 설명한다.

예컨대 이런 식이다. "당신이 평소에 불평불만, 한탄, 험담을 일삼는 사람이라면 지금부터라도 당장 그런 재수 없는 입버릇을 그만두는 것이 좋다"(37쪽)고 충고한다. 그런가 하면 "미래를 창조하는 것은 흔히 생각하듯 의지나 노력이 아니다. 예감이다"(75쪽)고 확실하게 강조한다. 즉, 왠지 잘 안 될 것 같다는 불길한 예감이 그대로 현실로 나타난다는 뜻이다. 반면 좋은 생각을 가지는 예감은 좋은 결과를 만든다고 자신의 평소 지론을 내세운다.

어디 그뿐인가. "다른 사람에게 저 사람은 성공할 것 같다는 인상을 주는 일이야말로 행운을 얻는 필수조건이다"(124쪽)고 언급한다. 기막힌 처세술이다. 처세술에 능숙해지면 성공 비즈니스가 얼마든지 가능할 것 같다는 생각에 피식 웃음이 나온다. 나는 기억한다. 아니다. 그렇게 기억하려는 것일지도 모른다. '유재석, 강호동, 신봉선' 이 세 사람을 텔레비전에서 처음 보았을 때 시청자로서 느꼈던 생각을 두고 한 말(된다, 된다 나는 된다)이다. 막상 그러는 걸 보니 이 책이 강조하는 내용이 황당하진 않다. 구라가 아니다. 그것을 나는 이젠 확신한다.

진작 '적은 노력으로 부자가 되는 방법'과 만났더라면 부자가 빨리 될 수 있었을 텐데……. 분함에 나도 모르게 약이 올랐다. 대기업 총수인 E씨에겐 20년을 지켜온 철칙이 있다. 그것은 지갑에서 돈을 꺼낼 때마다 마음속으로 반드시 "감사합니다"라고 말하는 것이다. 그 이유는 이렇다. '지금 나가는 이 돈은 나중에 더 많은 돈으로 되돌아올 것'이라는 주문을 했기 때문이다. 이렇듯 20년 동안 습관처럼 해오다 보니 어느새 큰 부자가 되었다는 것이다. 허투루 들리진 않았다. 해서 아무렇게나 바지춤 주머니에 꾸깃꾸깃 지폐를 되는 대로 쑤셔박고 다니던 사람이 바로 나 자신이었을 발견할 수 있었다. 얼굴이 그만 부끄러워 화끈거렸다. 아무튼 감사하는 사람이 승리한다. 뇌를 유쾌한 상태로 만들어주기 때문이다. 그래서 행운을 불러들이는 최고의 비결이라는 것이다.

저자는 시종일관 강조한다. '편도핵이 즐거울 때 운이 따라온다'

고 말이다. 이것을 진작 알았고, 실천했더라면 하는 아쉬움에 속상했다. 그렇지만 한편 다행이다 싶다. 내 인생과 비즈니스에 꼬인 이유가 이 책을 읽고 앞으로는 술술 풀릴 것이란 기대가 생겨나기 때문이다. 그러니 행복하다. 절로 웃음이 실실 나온다.

《시크릿》(살림Biz)이나 《꿈꾸는 다락방》(국일미디어)이란 책을 만나 본 적 있는가? 그러고도 아직 내겐 믿음이 부족하다고 생각하는 독자들이라면 이 책은 꼭 챙겨 읽어야 할 것이다. 이제부터 수시로 틈만 나면 '된다, 된다 나는 된다'를 연거푸 외치자. 이왕이면 두 주먹을 불끈 쥐고서는 말이다. 하늘 한 번 쳐다보고, 그리고 땅을 바라보며 마지막으로는 나 자신을 향해서…….

chapter 75

마음의 성형수술이 필요하다

| 맥스웰 몰츠 성공의 법칙 |

맥스웰 몰츠, 공병호 옮김, 비즈니스북스, 2003.

역량이란 노력하기에 따라서 얼마든지 키울 수 있다. 틀리지 않는 이야기다. 그런데 한편 놀랍게도 우리에게는 스스로 성공의 씨앗을 갖고 있다는 확신이 부족하다. 그래서 그랬던가. 앞서가는 사람, 성공한 사람의 방법론이 늘 궁금했더랬다. 게다가 그것을 철저하게 해부해서 내 것으로 만들어버려야 한다는 옮긴이, 즉 경영전문가 공병호 박사의 설득이 허투루 그냥 들리진 않는다. 이 책을 두고서 공병호 박사는 "훌쩍 읽고 던져버릴 수 있는 책이 아니다"고 일찌감치(2003년) 국내에 소개했더랬다. 맞는 이야기다. 그런 느낌이 책장을 넘기는 순간부터 꽉꽉 전달되었기 때문이다.

책의 저자인 맥스웰 몰츠는 성형외과 의사다. 그는 1975년에 사망했다. 30년이 훨씬 지났지만 이 책《맥스웰 몰츠 성공의 법칙》의 인기는 여전하다. 그만큼 설득력이 죽지 않았다는 반증이다. 맥스웰 몰츠는 현장에서 수많은 상담과 수술을 통해 대오각성하고 이 책을 썼다고 한다. 알맹이는 이것이다. 즉, 성공은 외모에 있는 것이 아니다. 그보다는 실패와 부정적 신념으로 왜곡된 내면의 자아 이미지가 더 큰 문제라는 것을 지적한다.

그렇기에 외모가 아닌 '마음의 성형수술'이 성공에는 더 절실히 필요하다고 말한다. 말이 어설프거나 결코 허무맹랑하게 보이진 않는다. 오히려 하루라도 젊은 시절에 빨리 읽지 못한 게 후회되고 통한이 될 정도다. 맥스웰 몰츠는 의학, 생리학, 심리학 등 광범위한 학문적 이론에 근거해 이야기를 풀어나간다. 이뿐만 아니다. 기업가, 스포츠인, 세일즈맨 등 다양한 분야의 성공한 사람들의 조건에 대한 분석 결과를 책에 집대성해 놓았다.

책은 총 16장으로 엮어졌다. '자아 이미지부터 바꿔라'(제1장)가 그 시작이다. 자아 이미지는 요컨대 '나는 어떠한 부류의 사람'인지를 가리킨다. 즉, 자기 자신에 대한 믿음은 대부분 과거의 경험, 성공, 실패, 모욕감이나 승리감, 자신에 대한 다른 사람들의 태도, 특히 어린 시절의 경험을 통해 무의식적으로 형성된다면서 이 모든 것에서 자아가 만들어진다고 강조한다. 그러므로 자아 이미지를 바꾸지 않으면 아무것도 변하지 않는다. 따라서 성공과 실패는 자아 이미지에 의해 좌우된다는 것을 분명하게 독자에게 설득하는 셈이다.

제2장에서는 '이것이 진정한 자아 혁명이다'를, 제3장은 '상상력

을 이용하라'는, 제4장은 '잘못된 믿음을 버려라'고, 제5장은 '합리적으로 사고하라'를, 제6장은 '마음의 족쇄, 몸의 수갑을 모두 벗어던져라'는 메시지를 전한다. 여기까지는 시큰둥한 반응을 보일 수 있다. 하지만 제7장(성공과 행복은 정신적 습관이다)부터는 좀더 반응이 후끈 덥혀질지도 모른다. 특히 "부정적인 생각을 종이에 써서 불에 태워 버려라"(224쪽)는 대목과 만나면 어쩐지 무속적인 신앙 같아서 참지 못하고 개중에는 더는 책 읽기를 그만 포기하고 어깨 너머로 휙 던져버릴지도 모른다.

하지만 꾹 참고 끝까지 읽어보시라. 그러면 제8장(우리는 성공할 운명을 타고났다)부터 마지막 제16장(신발 끈을 맬 수만 있다면, 당신도 성공할 수 있다)까지 단숨에 책 읽기가 어렵지 않을뿐더러 왠지 모를 자신감에 희열을 맛보게 될지도 모른다. 그래서 그랬던가. 마음이 괴롭거나 울적할 때마다 급기야 이 책이 떠오른다. '마음의 성형수술'을 얼른 하고파서다.

그렇게 마음을 추스르다 보면 금세 기분이 바뀐다. 즉, "기분, 좋아졌어!" 하는 나를 발견한다. 그러고는 차 한 잔을 마시면서 무서운 습관에 대해 생각한다. 맥스웰 몰츠 박사는 "습관은 우리의 인격이 입고 있는 의복과 같다"(230쪽)면서 그것을 버리지 못하는 이유에 대해 명쾌하게 풀이한다. 요컨대 자신에게 딱 들어맞기 때문에 우리는 습관을 입고 있는 것이라고 말한다. 그래서일까. '세 살 버릇이 여든 살까지 간다는 것'인가 보다.

chapter 76

운명은 개척하는 사람에게 웃는다

| 미셸처럼 공부하고 오바마처럼 도전하라 |

김태광, 흐름출판, 2009.

　　　　　　　　　　　인간의 이상적인 모습을 성인聖人이라고 말한다. 성聖이란 한자는 '신의 소리를 들을 수 있는 사람'을 의미한다. 그러니 옛날에는 제사장일 뿐이고, 오늘날에는 고故 김수환 추기경 같은 종교 지도자가 바로 성인 아니겠는가. 벼락이 신의 저주라면 버락은 '신의 축복을 받은 사람'이란다. 2009년 1월 20일 미국 건국 이후 232년 만에 첫 흑인 대통령이 탄생했다. 그의 성은 오바마, 이름은 버락이다. 버락은 흑인 아버지와 백인 어머니 사이에서 태어났다. 흑백 혼혈아였다.

　귤화위지橘化爲枳라는 고사성어가 있다. 귤이 회수를 건너면 탱자가 된다고 했던가. 기후와 풍토가 다르면 강남의 귤이 강북에선 탱자로 변한다. 이렇듯 환경에 따라 사람도 얼마든지 달라진다는 것을 비유한 옛말이다. 흑인도 아니다. 백인도 아니다. 버락은 혼혈아였다. 운명(사주팔자)이 그랬다. 다만 운명에 굴하지 않았을 뿐이고 온갖 역경 속에서 떳떳함을 잃지 않고 끊임없는 도전정신으로 미국의 대통령으로 자신의 꿈을 마침내 현실로 만든 것뿐이다. 그러니 함부로 '버락'을 '벼락'으로 잘못 읽거나 균화위지 해서는 아니될 것이다.

운명은 개척하는 사람을 향해 웃는다. 이 책의 주장이다. 외롭고 쓸쓸했던 소년 버락 오바마가 어떻게 해서 타고난 운명을 바꾸었는지, 또 성공 습관을 어떻게 키웠고 인생의 반쪽 미셸을 어떻게 만났는지 등이 술술술 읽힌다. 이 책의 저자는 아직 정제되지 않은 보석과도 같은 어린이와 청소년들에게 "성공한 사람들이 인생에서 가장 중요한 10대 시절을 어떻게 보냈는지, 역경을 어떻게 극복하고 미래를 바꾸었는지"(41쪽)를 들려주고 싶었다고 고백한다. 하지만 내 보기엔 어린이와 청소년들보다는 그 부모가, 또 어른들이 마땅히 먼저 챙겨 읽어야 할 책으로 보인다. 아버지라면 책의 1부를, 어머니라면 2부를 시작으로 읽는 것이 좋을 듯하다. 역할 분담의 효율성 때문이다. 부모라면 형편이 어렵다고 혹은 단칸방에 산다 해서 그 불우함을 내세워 자식에게 처지를 변명하거나 핑계대지 말자. 차라리 퇴근해서 이 책을 읽는 모습을 자식에게 그냥 보여줄 일이다.

이 책의 주장은 특이하다. 성공하는 사람은 외로움을 기회로 바꾼다고 강조해서다. 오히려 미셸과 오바마가 그러했듯 역경에 굴하지 말고 자신의 소중한 경력으로 만들 줄 알아야 한다. 노르웨이 작가 입센의 말을 빌려 저자는 "이 세상에서 가장 강한 인간은 고독 속에서 혼자 서는 인간이다"라고……. 사장의 방에 액자로 걸어놓기에 '딱' 어울리는 내용이다. 그렇다면 가훈으로 삼을 만한 내용은 없을까? 나는 책의 첫머리에 등장하는 "없는 것을 슬퍼하지 않고, 가지고 있는 것을 기뻐하는 자가 지혜로운 사람이다"(12쪽)라든지, 아니면 "성공의 문을 여는 열쇠, 독서"(201쪽)라는 짤막한 글귀를 추천하고 싶다.

액자로 만들어 잘 보이는 거실이나 자녀의 방에 걸어도 좋을 것이다. 오바마의 성공 비결 중 하나를 든다면 '자신감'을 꼽을 수 있다고 한다. 자녀에게 '자신감'에 대해 공부방에 걸 내용을 찾고자 한다면 이것은 어떨까. 딕 체니 미국 부통령 자문관 매리 매털린에게 아버지가 들려주었다고 한다. 그 내용은 이렇다. "성공하는 사람과 실패하는 사람 사이에는 오직 한 가지 차이밖에 없는데, 그것은 돈도 아니고 머리도 아니다. 성공의 비결은 자신감이란다. 그런데 자신감을 가지려면 반드시 갖춰야 할 게 있다. 충분히 준비할 것, 경험을 쌓을 것, 그리고 절대로 포기하지 말 것, 이 세 가지란다."(150쪽)

책은 오바마 부부의 '이기는 습관'이 구체적으로 무엇이었는지를 낱낱이 추적하며 우리에게 공개한다. 어른이 먼저 읽어야 할 책이다. 책을 읽다가 보면 어느새 아들은 버락 오바마처럼, 딸은 미셸 오바마처럼 키워야 한다고 남몰래 다짐하는 자신을 곧 발견하게 될 것이다. 이 책은 '벼락'이 아니라 '버락'을 선사한다. 맞다. 신의 축복이고 또 은총이다.

chapter 77

부와 성공의 비밀, 청소력

| 부자가 되려면 책상을 치워라! |

마스다 마츠히로, 정락정 옮김, 이아소, 2008.

"잡동사니가 쌓이기 시작할 때는 뭔가 우리의 삶에 문제가 생겼음을 암시하는 것이다." 이 이야기는 외국인 풍수전문가 캐런 킹스턴이 쓴《아무것도 못 버리는 사람》(도솔)에 나온다. 명언이다. 이 책《부자가 되려면 책상을 치워라!》라는 제목에서 지레짐작 내가 아는 풍수가의 책이라고 단정했다. 하지만 예상은 빗나갔다. 저자는 일본인으로 마스다 미츠히로다. 그는 실제 청소로 운명을 확 바꿨다고 한다. 그뿐인가. 도산과 파산도 극복했다고 한다. 그 비결이 신기하다. 강력한 부와 성공의 비밀이 '청소력'이라니. 그럴 수밖에…….

책은 부자가 되고 싶거든 당장 지금 책상을 치우라고 권유한다. 신앙 간증하듯 열변을 토로한다. 우리가 성공하지 못하는 이유는 엉뚱한 일에 시간을 낭비하기 때문이란다. 게다가 부자의 책상과 빈자의 책상을 비교하라면서 절대로 부자의 책상엔 너저분한 서류더미가 없다는 걸 강조한다. 이윽고 "어지러운 방은 당신의 인생이 어지럽다는 걸 말해준다. 너저분한 책상은 당신의 업무 성과가 너저분함을 말해준다"(7쪽)는 단순하고도 명쾌하게 조언한다. 저자가 안내하는 청소력의 3가지 기술은 '버리기', '닦기', '정리정돈'이다.

청소력은 언제 필요할까? 이에 대해 저자는 일이 잘 풀리지 않아 초조해하고 허둥대는 나의 모습을 발견하는 순간이 그때라고 알려준다. 그러면서 잡동사니는 아까워하지 말고 과감하게 버릴 것을 당부한다. 예컨대 명함이 그렇다. 누군지 얼굴을 기억할 수 없다. 그러면 쓰레기통에 던져야 한다. 왜 그럴까? 얼굴이 떠오르지 않는데도 아무 생각 없이 보관하는 것은 그 사람을 곁에 둔 채 무시하는 것과 같기 때문이다. 이때 마음가짐이 필요하다. 다시 만나기를 기원하는 마음을 가지면서 버려야 한다. 다시 좋은 인연이 시작되길 바랄 수 있어서다.

요컨대 청소력은 쓸데없는 것을 제거하는 행위에서 진정한 위력을 과시한다. 즉, 청소력을 통해 빼앗는 것에서 주는 것으로 인생이 변하면 부와 성공을 움켜쥘 수 있다. 이뿐만 아니다. 머릿속이 맑지 않다. 이런저런 잡생각에 시간을 빼앗긴다. 그러면 삶에도 일에도 변화는 일어나지 않는다고 충고한다. 내 삶과 일에서 즐거움을 얻고자 하는가. 그렇다면 단지 1분만이라도 내가 직접 '닦기(청소)'를 실천해보란다. 닦기를 실천하면 온갖 잡념이 없어진다는 게 이 책의 핵심 메시지다.

결과는 놀라울 정도다. 심신이 산뜻해진다. 집중력이 생긴다. 저자는 청소 아르바이트로 취업한 후 단 6개월 만에 일약 최고경영자의 자리에 스카우트되었다. 자기를 먼저 매일매일 습관처럼 청소한 덕분이다. 왜 불륜, 바람, 섹스리스가 난무하는가? 그 가정을 보자. 거기에는 잡동사니가 넘쳐나고 쌓여 있다. 허구가 아니다. 현실이다. 또 있다. 자녀가 학교에서 왕따를 당하는가, 아니면 집에 가출 청소년이 있는가. 그들의 문제점과 비행은 '청소력'을 실천하지 못하는 것이 원인을 제공해서다.

인재개발 전문가이자 성공학 명강사로 유명한 브라이언 트레이시가 '회사 직원들이 퇴근한 뒤에 반드시 그들의 책상 위를 살폈다'고 한다. 왜 그랬을까. '눈여겨보니까' 책상을 제대로 정리하지 않는 사람은 절대로 일을 잘할 수 없기 때문이다. 따라서 저자는 수시로 (잡동사니) 버려라, (나) 닦아라, (집안) 정리하라 충고하는 것이다.

이 책의 소주제들, 즉 책상은 당신의 마음을 비추는 거울이다, 사무실은 당신 인생의 축소판이다, 불어나는 명함, 성장에 도움될 사람만 남겨라, 억만장자는 왜 화장실을 제 손으로 닦아낼까, 행복해지고 싶다면 부엌과 아이의 방을 닦아라 등은 내가 '계속하는 힘'이 뒷받침되지 않으면 아무 소용이 없다. 이 점은 참고하시길 바란다.

chapter 78

자녀교육
잘하는 법

| 부자들의 자녀교육 |

방현철, 이콘, 2007.

　　　　　　　　부자들의 자녀 교육엔 뭔가 특별한 것이 있을까? SBS 인기 드라마 〈아내의 유혹〉의 시청자로서 한마디 말하자면 "영 아니올시다"라고 외치고 싶다. 그도 그럴 것이 부자를 아버지로 둔 정교빈(변우민)의 집안과 자녀교육을 보자면 딱 그렇고 한숨이 절로 나와서다.

　교빈의 아버지(김동현)는 무엇이든 돈으로 해석하고, 돈으로 이해하는 전문부동산 졸부다. 또 어머니(금보라)는 허파에 잔뜩 바람만 든 사치스런 여자로 이중성격의 소유자다. 그러니 아들의 문제를 돈으로만 해결하려는 아버지와 어머니가 자녀교육을 제대로 했을 리가 없다. 진즉에 이 책을 알았더라면……. 안타까움이 남는다. 하여

자녀교육 하나는 똑 소리나게 잘하고픈 부모를 위한 '추천도서'로 감히 방현철 기자가 쓴《부자들의 자녀교육》을 소개하는 바다.

책은 빌 게이츠, 워런 버핏, 잭 웰치 등 세계적인 부자 10명의 자녀교육법을 집중 조명했다. 그뿐인가. 다양한 에피소드를 통해 길을 안내한다. 아울러 부자공식도 가르치니 일석이조로 자녀교육과 부자습관을 배울 수 있다. 책은 끊임없이 독서하고, 절약의 습관을 생활화하고, 노동의 가치를 귀하게 여기고, 사회적 의무를 다하면 부자가 되는 체력을 어느 가정이든 키울 수 있다고 시종일관 주장한다. 주장은 어찌 보면 평범하다. 해서 식상할지도 모른다. 책에서 말한 '부자의 공식'이 도통 '비결' 같지 않아 보여서다. 하지만 술술 읽힌다. 그 이유는 평범함이 곧 진리라고 믿어져서다. 이 때문이다.

'노블리스 오블리제'를 실천한 철강왕 앤드루 카네기가 꼭 그러하다. "나는 저축을 통해서 억만장자가 됐다. …… 백만장자의 표시가 뭔지 아는가? 바로 수입이 항상 지출을 초과하는 것이다"(15쪽)라고 했다. 즉, '수입이 항상 지출을 초과하면 되는 것'이란다. 이 얼마나 간단한 부자가 되는 법(수입-지출=재산)인가. P.T. 바넘이 말했던 부자공식과 다를 게 없다.

맞벌이 부부나 여성 가장의 경우, '해리포터' 시리즈로 돈방석에 앉게 된 싱글맘 출신의 조앤 롤링의 부자 공식부터 먼저 챙겨 읽자. 저자는 "폭력 남편을 피해 한 살배기 어린 딸을 안고 집을 뛰쳐나와 단칸방에 살면서 정부 보조금을 타서 생활해야 하는 상황이 벌어진다면 보통사람이라면 화병에라도 걸렸을 것이다"(326쪽)고 당시 조앤 롤링의 상황을 설명한다. 이런 경우엔 누구나 돈을 벌어야겠다는

'의지'는 생겨날 것이다. 하지만 의지만 가지고는 부자가 되기엔 격
格에서 부족하다. 격格이란 무엇인가? 여기서는 '이를 격'으로 읽어
야 한다. 물이 이르지 않았는데 고기가 바다로 나갈 수는 없다(수도
어행水到魚行). 그런 의미에서 격格＝도到＝시時다. 그러므로 '타이밍
timing'이 중요하다고 이야기하는 것이다. 타이밍이란 곧 운運이다. 해
서 운이란 '때'가 되었다는 것을 의미한다. 사람은 자기가 잘할 수
있는 것(수단)에서 운이 생기고 열린다.

   즉, 부자가 되려면 돈을 벌 수 있는 '수단'이 내공에 있어야 한다.
따라서 조앤 롤링의 부자 공식은 '문제 해결 능력을 키워라'가 핵심
이다. 핵심은 "가정에 불행이 닥쳤을 때 남에게 의존하지 않고 해결
하는 능력을 갖추라"(339쪽)이다. 이 얼마나 좋은가. 다행히 조앤 롤
링은 수단이 있었다. 그녀의 경우에는 글쓰기다. 이 수단은 '책 읽어
주는 부모'가 물려준 유산이다. 조앤 롤링의 부모는 이웃에게 책을
읽어주는 부모로 유명했다. 부모는 대학 문턱에도 가보지 못했지만
둘 다 스스로 책 읽기를 좋아했고, 어린 딸에게 책을 읽어주는 것도
좋아했다.

   이처럼 어려서 책 읽어주는 부모를 둔 덕분에 조앤 롤링은 부자가
될 수 있었고 자신의 자녀교육도 성공한다. 책 읽기는 자연 글쓰기
로 이어진다. 결국, 조앤 롤링은 자기한테 어울리는 '격'을 찾은 것
뿐이다.

   돈 자랑하는 졸부는 되지 말자. 그것을 저자는 강조한다. 다시 드
라마 이야기를 하자. 교빈의 아버지(김동현)나 어머니(금보라)는 졸
부는 되었는지 몰라도 부자로서 자녀교육은 내 보기엔 빵점이다. 한

편 수단(메이크업 아티스트)은 있으나, 텔레비전 속의 구은재(장서희)나 신애리(김서형)가 부자로 계속 살 수 있을지, 자녀교육에 성공할지는……. 적이 걱정된다. 복권은 찢어도 이 책은 꼭 읽자. 자녀교육을 생각하는 부모라면 누구를 막론하고 말이다.

chapter 79

내 안의 '성공지능'을 발견하라

| 사실은 대단한 나 |
정효경, 홍익출판사, 2008.

어디로 가야 할지 방향감각을 상실한 사람들이 읽으면 딱 좋을 책이 나왔다. 제목을 《사실은 대단한 나》라고 붙였다. 이 책을 관통하는 핵심 키워드는 '다중지능Multiple Intelligences' 이론이다. 다중지능 이론의 창시자는 하버드대학의 세계적인 교육학자로 유명한 하워드 가드너 교수다. 저자인 한국MI연구소 정효경 소장은 가드너를 스승으로 모시는 제자답게 현재 다중지능 이론에 근거해서 사람들의 적성과 진로 분석을 도와주는 교육 콘텐트 전문회사인 드림트리를 운영하고 있다.

수많은 커리어 상담 사례의 분석을 통해 새로운 커리어 코칭의 이론적 틀을 만들었다는 점에서 높이 칭찬하지 않을 수 없다. 누구나

이 책을 통해서 "스스로 생각하는 것보다 훨씬 더 큰 능력을 발휘할 수 있다"(13쪽)고 감히 말할 수 있다. 올바른 자기파악을 바탕으로 자신의 미래 가치를 발견하고 인생설계를 그릴 수 있도록 돕는 책으로 술술 읽히기 때문이다.

예컨대 "무엇 하나 내세울 게 없다고 자신 없어 하는 사람도 분명히 남보다 나은 강한 지능을 가지고 있다. 다만 그것을 찾아내지 못했거나 자신의 잠재지능을 강하게 계발할 기회가 없었던 것뿐이다. 강하게 타고난 자신의 잠재지능을 찾아내고 계발한다면 커리어에서 성공하는 것은 충분히 가능하다. 어느 지능이 강한지, 또는 어느 지능이 약한지는 자신의 커리어를 결정하는 아주 중요한 기초가 된다. 만약 9가지 지능 중에서 아주 강한 지능이 있다면 직업을 선택하는 데 그 부분을 활용하면 유리하고, 굳이 직업이 아니라 취미로라도 활용하면 자신의 삶이 좀더 행복해질 수 있을 것이다"(72쪽)라는 구절이 특히 그렇다.

그런가 하면 따끔한 충고도 빠트리지 않는다. "어떤 사람이 너무 좋아지거나 누군가의 경제적 조건이 너무 좋아지는 식으로 욕망이 너무 커지면, 그것이 집착이 되고 눈이 멀게 된다. 그렇게 되면 결혼이나 커리어에서 크나큰 실수를 할 수 있고, 그로 인해 아주 값비싼 대가를 치를 수밖에 없다."(233쪽) 아, 뼈에 사무치는 조언이다.

그렇기 때문에 눈을 크게 뜨고 우리 앞에서 미소 지으며 우리를 기다리고 있는 파멸의 낭떠러지를 우리는 최대한 피해가야 한다. 최선을 다해 어떤 것을 이루려고 노력하면서도 그것을 언제라도 포기할 마음의 자세가 되어 있으면 눈이 멀지 않는다. "눈을 크게 뜨고

원칙을 지키면서 정공법을 구사하라. 그 길이 당신의 길이라면 노력하다 보면 반드시 이루어진다."(268쪽)

이 책의 가장 큰 장점은 '내 안에 있는 성공지능'을 스스로 찾도록 만든 다양한 사례 분석을 꼽을 수 있다. 저자는 청출어람 식으로 하워드 가드너 교수가 주창한 '논리수리지능, 언어지능, 대인관계지능, 공간지능, 음악지능, 신체지능, 자연탐구지능, 자기이해지능'의 8가지에서 자기이해지능을 제외한 7가지 지능에다 새로이 '감각지능과 봉사지능'을 추가하는 것에 성공했다.

자기이해지능이란 무엇을 말하는 것인가? 승자와 패자의 차이부터 살피자. 승자는 '이루어진다'는 길한 마음을 품고 산다. 반면 패자는 어떠한가? 왠지 '이루어질 것 같지 않다'고 하는 불길한 마음을 버리지 못한다. 이를 이기는 습관과 지는 습관으로 이야기할 수 있다. 따라서 자기이해지능은 자기 긍정을 말한다. 자기 부정이 아니다. 어쨌거나 이 책은 '성공하는 사람들의 MI 패턴'을 추적하는 재미와 우리에게 '어떤 직업이 적합한지'에 대한 물음에 해답을 구체적으로 제시한다.

어쨌거나 성공적이고 행복한 커리어를 가지려면 자신의 타고난 재능과 성향에 잘 어울리는 직업을 찾아야 하고, 그러려면 나에게 강한 지능과 성향이 무엇이고 유난히 약한 지능과 성향은 무엇인지 정확히 알아야 한다고 저자는 강조한다. 불확실한 미래에 대해 어느 정도 참을 수 있다면 위험감수도가 높다는 이야기다. 이런 사람은 승부욕이 강하다. 창업을 하거나 뉴비즈니스 전선에 도전할 수 있다.

반면 조직적응력이 높다고 생각한다면 직장생활이 잘한 선택이다. 대신 조직 환경에 잘 적응할 수 있는 '나'인지 파악하는 것은 필수다. 프리랜서 혹은 1인 기업을 꿈꾼다면 무엇보다 자신이 주도적으로 사업 환경을 만들 능력이 있어야 성공한다. 당신은 어떤 사람인지 이 책은 묻는다. 위험감수도, 조직적응력, 환경창조능력. 이 3가지만 제대로 알아도 당신의 커리어는 더욱더 지금 현재보다 앞으로는 빛날 것이다. '조직 생활이냐, 자기 사업이냐'를 놓고 설왕설래 고민하는 독자라면 꼭 읽어야 할 책이다. 무엇보다 '사실은 대단한 나'를 발견할 수 있어서다.

chapter 80

'희망'이라는 '기적'을 만나다

| 살아온 기적 살아갈 기적 |

장영희, 샘터, 2009.

"아줌마, 굴비 좋아하죠?" 19세기 영국 작가 찰스 램은 인간을 크게 두 가지 유형으로 나누었다고 한다. '빚을 지는 자와 빚을 지지 않는 자'로 말이다. 말인즉 옳다. 하지만 꼭 그렇지만 않다고 주장하는 이가 있었더랬다. 고인이 되셨다. 이 때문이다. 2009년 5월 9일 타계한 장영희 교수는 책에서 인간은 '속는 자와 속지 않는 자'로 나누는 것도 괜찮을 듯싶다고 눙쳐 말한다. 언뜻 그럴 것만 같다.

그는 고백한다. 자신은 주로 '속는 자'에 속했노라고. 이 때문에 중국산 '부세'를 비싼 '굴비'인 줄로만 알고 제대로 된통 속았다고 고백한다. 그렇지만 저자의 책은 세상은 살 만하다고 '희망'을 담는다. 그러고는 희망 메시지를 우리에게 전한다. 왜 그랬을까. 그것은 한 개의 속임수는 천 개의 진실을 망치기도 하지만 반대로 한 개의 진실이 천 개의 속임수를 구하기도 해서다. 이 때문이다.

그래 그랬던가. 고인은 살아오면서 단 한 번도 절망하지 않았다. 오히려 인생엔 '희망이 있다'고 담담한 필체로 살아온, 살아갈 이야기를 아주 사소한 것까지 속속들이 책에 미주알고주알 풀어놓는다. 보따리는 9년 동안 월간《샘터》에 연재한 글을 모은 에세이다. 에세이에서 우리는 병마와 싸우면서도 좌절하지 않고 꿋꿋하게 나아가는 저자의 용기를 발견한다. 그러고는 감탄한다. 그뿐만 아니다. '희망'이라는 '기적'을 만나게 된다.

그러므로 책은 보물이나 다름없다. 이 때문이다. 생의 마지막 순간까지 저자가 직접 교정을 본 이 책을 대하면 허리가 자동 곧추 세워진다. 덩달아 저자의《내 생애 단 한번》(샘터)이나《문학의 숲을 거닐다》(샘터)라는 책들을 또 다시 만나고 싶어진다. 그래서일까. 나 같은 이가 많아졌나. 이 책과 마찬가지로 전작들이 지금 덩달아 독자들에게 뜨거운 찬사를 받고 있다. 왜, 그랬을까. 눈물이 핑 돈다. 목이 멘다.

생각해보자. 그 무거운 책가방을 메고 목발을 짚고 눈비를 맞으며 힘겹게 도서관에 다니던 여학생을. 또 있다. 놀고 난 뒤끝이 허탈해서 밀린 일은 아예 쳐다보기도 싫었다는 여교수. 아아, 그랬던가. 장영희 교수님도. 20년 늦은 편지로 아버지의 사랑을 기억하는 둘째 딸과 만나면 아닌 게 아니라 눈물이 왈칵 쏟아진다. 단 한번도 엄마였던 적 없지만 건우에게 엄마 같은 사랑을 쏟으려 애썼던 이모. 그런가 하면 평소 자주 늦는 버릇 때문에 남들에게 민폐를 엄청 끼치기도 하는 장씨 가문의 여자.

어디 그뿐인가. 옛날 옛날에, 이웃집에 살던 봉수를 어머니와 추억으로 공유할 줄 아는 효녀. 먼저 말을 하고 보는 편인 자신의 성격을 굳이 숨기려 들지 않는 사람. 돈이냐, 사랑이냐를 갈등하는 제자를 따뜻하게 감싸면서 사랑할 줄 아는 너무나 인간적이었던 스승. 그래서일까. 책은 평범하면서 자질구레한 일상을 담으면서도 읽으면 읽을수록 아연 비범함에 가슴이 감동으로 놀라 아아 하고 나지막이 탄성을 지르게 만든다.

이를테면 '내가 살아보니까'는 특히 그러하다. 좋다! 그대로 옮기자면 이렇다. "내가 살아보니까 정말이지 명품 핸드백을 들고 다니든, 비닐봉지를 들고 다니든 중요한 것은 그 내용물이라는 것이다. 명품 핸드백에도 시시한 잡동사니가 가득 들었을 수도 있고 비닐봉지에도 금덩어리가 담겨 있을 수 있다. …… 내가 살아보니까 내가 주는 친절과 사랑은 밑지는 적이 없다. 내가 남의 말만 듣고 월급 모아 주식이나 부동산 투자한 것은 몽땅 다 망했지만, 무심히 또는 의도적으로 한 작은 선행은 절대로 없어지지 않고 누군가의 마음에 고마움으로 남아 있다."(119~120쪽)

내 보기엔 장영희 교수는 사람들에게 더러는 속았으나 자신에겐 철저했고 결코 '속지 않았던' 기적을 희망으로 보여준 셈이다. 그러니 어쩌랴. 우리는 앞으로 '살아갈 기적'에 희망의 에너지로 그를 기억하며 살아가면서 고마워해야 할 것이다.

chapter 81

성공하고 싶다면 뼛속까지 바꾸라

| 스물일곱 이건희처럼 |

이지성, 다산라이프, 2009.

불륜은 거개가 유전된다. 부모에게서 자녀들이 그대로 물려받는다. 예나 지금이나 틀림없이 그렇다. 정말 이런 사람이라면, 행실을 따라하지는 말아야 할 것이다. 옛날에 있었던 이야기다. 고전 《시경》에 나온다.

아버지가 아들을 장가보내려고 이웃마을 처녀를 데려왔다. 새 집까지 장만했다. 그러나 아버지는 처녀가 얼굴이 반반하다는 소문을 듣고는 빼앗아 살 욕정으로 아들 대신 처녀를 맞아들인다. 내막을 알고 보니 아버지는 자기 아버지의 첩이자 서모와 정을 통해 자식을 낳았더랬다. 아버지가 죽었다. 며느리가 될 법했던 후처가 아버지가 죽자마자 곧바로 불륜을 저질렀다. 전처의 아들, 즉 서자와 정을 통해 자식을 다섯이나 낳았다고 전한다. 아버지는 위나라 선공을 말한다. 전처는 이강, 후처는 선강이다. 이야기 출처가 자못 궁금한가. 그렇다면 고전《시경》(청아)〈신대新臺〉혹은 〈군자해로君子偕老〉편을 참조하면 된다.

얼마 전 임세령(대상그룹 임창욱 회장 장녀)과 이혼한 이재용의 아버지는 이건희 전 삼성 회장이다. 이건희의 아버지는 모두 알다시피 그 유명한 삼성의 창업주인 이병철이다. 이 책은 다행히도 '삼성'이라는 담장에 고만 얽히고설킨 찔레덩굴처럼 복잡한 재벌 집안의 이야기를 시시콜콜 다루지는 않는다. 해서 '불륜'이나 '이혼' 등에 유독 관심이 많은 독자라면 하등 도움이 되진 않을 것이다. 하지만 서른 즈음에 해당되는 독자이거나 '자기계발'에 목마르다면 보물 같은 책이고, 오아시스를 발견한 기쁨을 누리게 되리라는 것은 가히 장담할 수 있다.

저자가 누구던가. 이지성이다. 그는 스무 살 3월부터 글을 쓰기 시작한 이후 10여 년간 대한민국에 존재하는 거의 모든 출판사들의 출판 거절을 받았던 경력을 갖고 있다. 하지만 오늘날 출판사 섭외 1순위에 오른 베스트셀러 작가로 변신에 성공한다. 이지성, 그는 일찌감치 부자가 되는 공식(R=VD, 생생하게 꿈꾸면 이루어진다는 뜻)을 우리에게 《꿈꾸는 다락방》(국일미디어)으로 소개한 바 있는 자타가 인정하는 '국내 최고의 자기계발 동기 부여가'라고 하겠다.

아무튼 늙은 아버지처럼 가난하게 살지 않기 위해서라면 젊은 자식은 꼭 읽어야 할 책이다. 책은 '자기계발' 측면에서 이건희를 오로지 했다. 이 점에서 놀랍다. 또 신선하다. 물론 특유의 '성공의 공식'도 빠뜨리지 않는다. 저자에 따르면 "현실감각, 성공관념, 진짜공부이 세 가지를 갖추면 반드시 성공한다"(36쪽)고 성공의 비결을 요약한다. 그러면 "당신이 현재 몸담고 있는 분야의 최고가 되는 것은 기본이다"(36쪽)라고 무릇 장담한다. 스물일곱 이건희가 그랬던 것처럼……. 대신 '마음속 깊은 곳부터 뼛속까지 바꾸라'고 주문한다. 이것이 알맹이다.

그러면서 자기계발 서적을 몇 권 읽었는지, 또는 유명한 사람들의 강의를 많이 들었느냐 혹은 멘토에게 얼마나 많은 가르침을 받았느냐가 중요한 것들이 아니라 "당신의 마음이 얼마나 뜨겁느냐 하는 것"(117쪽)이 우리가 배울 점이라고 충고한다. 요컨대 뜨거운 마음으로 자기계발에 올인하라는 충고의 이야기다. 자기계발은 서적, 강의, 멘토링 자체보다 그것에 임하는 마음가짐과 자세가 무엇보다 중요하다. 얼마나 내가 간절한지가 성패의 관건이다. 단지 양量만 채운다고 자기계발에 성공한다고 말할 수는 없다. 그러므로 성공자의 사고방식을 갖게 될 때까지 자기 자신를 세뇌시켜야 한다.

그런 의미에서 이제는 정주영식 모델이 아니라 이건희식 모델이 자기계발에서 필요하다. 저자는 이건희에게서 배울 점을 7가지로 정리한다. 일의 목적을 명확하게 안다, 일의 본질(업의 개념)을 파악한다, 숲을 먼저 보고 나무를 본다, 일의 본질에 바탕을 두고 우선순위를 판단한다, 정보를 확인하고 활용한다, 최종결심을 한다, 일이 되도록 진행한다(1과 2는 '일하는 원칙'이라 하고 3을 '일하는 습관'이라고 저자는 적었다). 요컨대 책은 세계 삼류였던 삼성을 초일류로 만든 이건희의 공부법을 배우라는 것이다. 그렇다. 불륜은 부모 탓이 강하다. 하지만 내가 잘 살고 못 사는 것은 순도 99.9퍼센트 내 탓이다.

chapter 82

서른 살,
그대는 그것을 가졌는가?

| 심리학이 서른 살에게 답하다 |

김혜남, 걷는나무, 2009.

"도를 아시나요?" 어느 날이었다. 낯선 남자가 길을 막는다. 그러면서 뚱딴지처럼 난데없이 말을 건넨다. 그는 서른 즈음 나이로 얼핏 보였다. 요새는 바쁘다고 그들을 애써 무시한다. 그냥 지나친다. 괜히 본능적으로 대꾸하다가는 시간만 낭비한다. 또 특유의 말재간에 시나브로 혼쭐나기가 딱 십상이기 때문이다. 도道란 무엇인가? 어떤 이는 내게 말하길 '도'는 잘못 알면 '독'이 된다고 한다. 반면에 잘 알면 '돈'이 되기도 하며, 그것을 아예 무시하면 '돌' 같은 인생을 살게 된다고 말했는데, 곰곰 생각해보니 논리가 제법이다. 아주 그럴듯해서다.

도道가 무슨 의미인가? 바로 말하면 '길'이란 뜻에 지나지 않는다.

하지만 어느 날, 한 낯선 남자가 내게 다가와서는 뜬금없이 내뱉었던 "도를 아시나요?"의 궁극적 의미는 그냥 찾아갈 장소의 약도를 몰라서 묻는 게 아닐 것이다. 짐작건대 어떻게 사는 것이 잘 사는 것인지? 아니면 삶의 갈피를 못 잡아 자꾸만 줏대 없이 흔들리는 인생의 길을 뜻하는, 즉 '길道'을 진정 묻는 것이리라.

서론이 그만 길어졌다. 각설하겠다. 다만 서른 즈음에 청춘에게 권하고 싶은 책을 소개하고자 한다. 2008년에 주목받았던 《서른 살이 심리학에게 묻다》(갤리온)의 저자인 김혜남 나누리병원 정신분석 연구소장이 2009년에 내놓은 후속작 《심리학이 서른 살에게 답하다》가 바로 그것이다. '묻다'가 도道라면 이를테면 '답하다'는 덕德이라 하겠다. 해서 시리즈는 '도덕'으로 책의 가치는 완성된 것이나 진배없다.

저자는 정신분석 전문의다. 성형외과 의사가 얼굴을 고쳐 마음을 바로잡는 것에 치중한다면 정신분석 전문의는 마음을 바로잡는 것을 시작으로 얼굴빛을 자신自信있게 만드는 것으로 치중하는 것이 같은 의사면서 추구하는 치료가 서로 다른 점일 게다. 서른 즈음에 닥친 "내 인생, 도대체 뭐가 문제인 걸까?" 묻고 싶다면 당연히 '묻다'를 제일 먼저 챙겨 읽을 일이다. 다음 수순은 당연히 '답하다'를 챙겨 읽으면 될 터이다.

책은 풍부한 실전 상담 사례와 자신의 경험에 비추어 때로는 따끔하게 지적하고 때론 진정어린 충고와 위안을 아끼지 않는다. 이를테면 살면서 가장 경계해야 할 것은 호기심을 잃는 것이라고 지적하는가 하면 다시 시작할 힘은 이미 당신 안에 있다고 위로한다. 호기심이 발동하여 모든 게 즐겁고 재미있을 때는 시간이 가는 것이 너무 아까워 묶어 두고 싶을 만큼 매 순간이 소중하게 느껴진다.

호기심은 좋은 것이다. 나이에 상관없이 사람을 젊게 만든다. 실업자가 100만 명을 넘어섰다. 아니다. 350만 명이 넘었다고 한다. 그래서일까. 멀쩡하게 회사를 잘 다니던 직장인이 하루아침에 실직자 신세로 거리에 나앉는다. 이렇듯 사람들은 보통 자신의 힘으로 어쩔 수 없는 일이 일어났을 때 자괴감과 극심한 무력감을 나타낸다.

누구나 살다 보면 고난을 겪는다. 다만 패자는 '다'에 모든 것이 끝났다고 마침표를 찍는 사람이라면, 승자는 '다'라는 글자에다 시작하는 마음의 '시'를 덧붙여 '다시'라고 적을 뿐이다. 이것만이 차이다.

저자는 "100명 중 25명만 당신을 싫어한다면 성공한 인생이다" (27쪽)라고 말한다. 그런가 하면 차라리 자기의 '약점을 고치려 애쓰기보다 강점을 더 키우라'는 식으로 상처를 치유하며 아픈 마음을 어루만진다. 특히 심금을 울렸던 처방은 "같이 손잡고 울어줄 수 있는 사람을 두 명 이상 만들어라"(92쪽)이다. 이는 절망이 아니라 희망이 있는 자신감을 심어준다. 나와 같이 울어줄 사람이 누구나 두 명쯤(아내와 자녀)은 있으리라 믿어지기 때문이다.

그러니 어쩌랴. 알고 보면 인생 잘 살고 못 살고는 내가 하기 나름이다. 별게 아니다. 발 벗고 도와주는 사람들(아내, 자식, 친구)이 당신은 몇인가? 당신은 그런 귀인을 가졌는가? 나중에는 있을 거라고? 나중은 필요 없다. 지금이 중요하다. 세상에서 가장 값비싼 금은 '지금'이다. 지금 후회 없어야 잘 사는 것이다.

chapter 83

십이지 동물들의 전설을 만나다

| 십이지 이야기 |

모로하시 데쓰지, 최수빈 옮김, 바오, 2008.

자축인묘진사오미신유술해. 즉, 십이지 동물들의 기원과 의미, 예부터 전해져오는 역사적 사실을 사냥하고 또 전설 같은 다양한 이야기를 책 한 권으로 만나 읽는 재미는 신나면서 퍽 쏠쏠했다. 책은 《대한화사전大漢和辭典》(다이슈칸)의 편찬자로 너무나 유명한 일본이 대놓고 자랑하는 세계적인 석학 모로하시 데쓰지가 저자이다. 저자의 해박한 고전 지식과 구수한 입담, 자문자답 구성이 독창적이면서 가히 매력적이다. 스테디셀러 되기에 부족하지 않는 책이다.

더구나 양의 해에 태어난 저자가 무려 여든다섯의 나이에 쓴 책이라는 걸 감안하면 한마디로 놀랍다. 독자로 하여금 육칠십의 나이가 되어서도 다시 책꽂이에서 꺼내도록 만들 것이다. 계속 마주하고픈, 심신을 기쁘게 만드는 책으로 다가오고 읽혀서다.

　서론에 해당하는 '십간과 십이지'를 읽다가 보면 괜스레 사주팔자를 시나브로 따지게 된다. 또 십이지에 첫 번째인 쥐를 뜻하는 자子나 소를 의미하는 축丑이 이른바 짐승 자체의 모습을 본떠서 만든 것이 아니라는 것에 놀라면서도 이러한 사실을 알게 되므로 새삼 기쁘고 흐뭇해진다.

　2009년은 소띠 해다. 그래서일까. "암컷牝은 항상 고요함으로써 수컷牡을 이긴다"(63쪽)라는 대목이 유독 내 마음속에 들어왔다. 또 소는 옛날부터 제물로 바칠 때 죽임을 당해도 태연하게 받아들이는 동물이다. 그래서 후대에 '희생정신' 같은 한자 말은 모두 소우 변을 썼다고 해박한 지식을 드러낸다.

　나는 용띠다. 그러기에 책의 제5장을 차지하는 진辰을 읽을 때 흥분되는 전율을 몸소 느낄 수밖에 없었다. 그러고는 가족에게 말하길 "용의 성질은 매우 모질고 사나우며, 거칠고 악하다. 하지만 정반대로 귀엽고 어린아이 같은 모습도 가지고 있다"라고 자랑했더니 그만 가족들이 모두 깔깔 웃었다. 그러면서 한 명씩 자기 띠는 어떻게 쓰여 있는지 모두 호기심으로 눈이 반짝였더랬다. 이렇듯 책은 가족뿐만 아니라 친구들, 심지어는 직장일지라도 '상대를 이해하는 소통과 어색한 분위기도 밝게 만드는 이야기'로 여실히 매력적으로 다가온다.

　한 고조 유방 이야기도 등장한다. 유방이 아직은 신분이 낮아 일개 정장(지금의 면장 정도의 낮은 관직)에 지나지 않았던 시절에 한 마리 양을 쫓아가서 그 뿔을 뽑고 꼬리를 떼어버리는 꿈을 꾼 일이 있었다. '양羊'이라는 글자에서 뿔에 해당되는 부분을 떼고, 또 꼬리에 해당되는 부분을 없애자 '왕王'이라는 글자가 되었고 훗날 유방은 왕이 진짜 되었다고 전설을 곁들여 재미나게 설명한다.

정현종 시인은 "아침에는 운명 같은 건 없다"(《아침》)고 했다. 그 옛날 한나라의 명장 소무蘇武의 이야기를 읽노라면 꼭 그렇지만 않다는 생각이 든다. 소무는 흉노족을 정벌하러 갔지만 불행하게도 흉노족에게 잡혀 움막에 갇히는 포로 신세가 되었다. 어쨌거나 "자신에게 닥친 혹독한 상황 속에서도 소무는 한나라 조정에서 하사받은 절節을 끝까지 놓지 않았다"(197쪽)라고 책은 설명한다. 절이란 장군 같은 이가 나라 밖으로 정벌을 나갈 때 조정에서 받는 지팡이 모양의 물건으로, 전권을 위임받았다는 중요한 표식이다.

반면 지난날의 동료이자 친구였던 이릉李陵은 흉노족의 포로가 되었지만, 그는 일찍이 항복했다. 그랬기에 의식衣食 걱정 없이 평화로운 생활을 하고 있었다. 이릉은 소무를 향해 "인생은 아침이슬과 같거늘 어째서 고통스러운 일을 이와 같이 자초하는가?"(197쪽)라고 하며 자신처럼 항복하라고 권고하지만, 소무는 완강하게 의지를 굽히지 않았다고 한다.

소무가 이릉보다 행복해 보이는 이유를 무엇일까? 말하자면 '오로지 새날'이 왔기 때문이다. 즉, 19년의 세월이 지나고 홍안이었던 젊음이 비록 머리와 수염이 모두 하얗게 되어 있었어도, 소무는 결국에 고국으로 돌아올 수 있었다. 어쨌거나 설날 맞이한 아침에 나는 이 책을 읽은 덕분에 무척 행복했더랬다.

chapter 84

붓 끝을 도끼 삼아 글을 쓰게나

| 연암에게 글쓰기를 배우다 |

설흔·박현찬, 예담, 2007.

　　　　　　이 책을 읽으면서 누군가 '글쓰기'를 배우고자 한다면 꼭 추천하기로 진작 마음먹었다. 더구나 내용이 소설 형식을 빌렸으니 가히 읽기가 그리 어렵지 않아서 좋다는 것도 아울러 밝힌다. 책은 조선 최고의 문장가 연암 박지원과 그에게 글쓰기를 배우려는 제자 지문의 이야기를 소설로 꾸민 것이 독창적으로 다가온다. 그것이 충격적이고, 신선하다. 독후감이 그러하다.

　연암이 지문에게 가르치는 글쓰기 비법은 이것이다. "논어를 천천히 읽게. 할 수 있는 한 천천히 읽어야 하네"(67쪽) 식으로 일본의 프로 독서가로 유명한 히라노 게이치로가 쓴 《책을 읽는 방법》(문학동네)이 주장하는 내용이나 전혀 다를 바가 없다. 이른바 '슬로 리딩'이다.

'슬로 리딩'이란 될 수 있으면 책 한 권에 많은 시간을 공들여 읽는 것을 가리킨다. 히라노 게이치로는 책을 잘 읽지 않는 사람, 독서가 영 서툴고 고통스럽게 여겨지는 사람은 사실 독서법에 문제가 있다는 걸 지적한 바 있다. 이에 대해 연암 박지원도 마찬가지였다. 연암은 1월부터 4월까지 무려 넉 달간이나 책(논어) 한 권을 붙들고 씨름했다. 이 때문이다. 조선 최고 문장가의 독서도 이러했다. 그랬건만 하물며 일반인, 즉 범인의 독서가 속독에만 만족하고 숙독을 할 줄 몰라서야 어디 쓰겠는가.

그래 그랬던가. 한결같이 독서의 최고는 양보다는 질이라는 것이리라. 그리하면 어떻게 되는 것일까? 자연 글쓰기를 배우게 된다. 그러니 책은 가만가만 '우우량량'하라고 충고한다. 우우량량은 원래 홀로 터벅터벅 길을 걸어가는 모습을 형용하는 말이다. 해서 글이 잘 되고 못 되고는 전적으로 내게 달려 있는 것이지 남에게 달려 있지 않다. 이를 가르친다. 어디 그뿐인가.

책이 말하는 글쓰기 핵심은 이러하다. 이를테면 "글을 쓸 때는 내 생각을 다른 이에게 전달할 수 있어야 하네"(151쪽)와 같이 혹은 "붓끝을 도끼 삼아 거짓된 것들을 찍어버릴 각오로 글을 쓰게나"(155쪽)처럼 매우 치열한 자세와 마음가짐이 필요하다. 또한 쓰는 사람이 자신의 의중을 읽는 사람에게 정확히 전달할 수 있을 때 비로소 좋은 글이라 할 수 있다. 그러기 위해서는 아집과 독선에서 벗어나 객관적인 근거를 제시하는 정밀한 글을 써야 한다는 주장을 편다. 아들 종채가 기억하는 아버지 연암의 글쓰기 가르침이다.

책을 읽으면서 저자들의 상상력에 그만 혀를 내둘렀다. 저자들은 연암을 중국 최고의 문장가 '사마천'에 비견한다. 이를테면 "연경에 갔을 때 점을 본 일이 있다. 그때 점쟁이가 한 말이 기억나는구나. 사마천과 같은 사주라는 게지. 아, 이 운명을 어찌해야 할꼬"(165쪽) 식으로 말이다. 이는 뛰어난 상상력이 만들어낸 허구가 재미있는 이유다.

어쨌거나 책은 연암 박지원 선생을 통해 오늘날 '글 쓰는 사람의 자세'를 말하고자 했던 것일지도 모른다. 따라서 책은 죽은 연암을 내세워 산 후손에게 글쓰기가 어떠해야 하는지 요목조목 일러준다. 이를테면 글쓰기는 '연암처럼'이 본보기라는 것이다.

"선생님, 어떻게 하면 좋은 글을 쓸 수 있습니까?" 이 물음에 책은 이렇게 답한다. "세속의 명예나 이익이 아닌 순정한 마음으로 쓰는 글, 거짓된 소리가 아닌 진심으로 쓰는 글만이 세상과 맞설 수 있는 힘을 지니고 있음을 가르쳐주려 했던 것이다. 그것이야말로 연암이 과거를 포기하고 평생토록 글을 쓰고 살면서 얻고자 바랐던 가치일 터였다."(279쪽) 요컨대 이 책이 말하고자 하는 것은 연암 박지원의 글쓰기 '비법'을 이러쿵저러쿵 늘어놓는 것만이 아니라 '자세'일 것이다.

그러니 어쩌랴. 제대로 된 글을 쓰고 싶다면 제대로 읽어야 하는 것이다. 이게 아닐까. 해서 '글쓰기의 기본은 읽기'라고 고수들은 일관되게 강조하는 바다. 저자들은 밝힌다. 연암 박지원의 글쓰기 방법론을 소설 형식으로 서술한 이 책의 서사는 역사적 사실과 꼭 일치하지 않는다고.

아무튼 책은 "그대가 쓰고자 하는 글은 그대의 몸속에 이미 들어 있다"고 말한 소설가 한승원의 《한승원의 글쓰기 비법 108가지》(푸르메)와 더불어 히라노 게이치로의 《책을 읽는 방법》과 이 책을 서로 삼위일체로 비교하며 서가에 두고 읽으면 글쓰기 발전에 더더욱 좋아질 것이다. 기필코 장담하는 바다.

chapter 85

동갑내기,
인생과 성공을 말하다

| 워너비 오드리 | 멜리사 헬스턴, 이다혜 옮김, 웅진윙스, 2009.
| 워너비 재키 | 티나 산티 플래허티, 이은선 옮김, 웅진윙스, 2009.

뻥. 픽션. 장 보드리야르가 말한 하이퍼-리얼(파생 실재). 불교 용어의 공중화空中華. 이 모두 뜻이 엇비슷하다. 뻥은 말 그대로 빈말이라는 의미이고, 픽션은 알다시피 허구이며, 파생 실재든 아니면 공중화든 그것은 팩트가 아니다. 이 모두 분명하다. 사실이다. 그러나 사실이 아닐 때 우리는 얼마나 공허한가. 그런 의미에서 어느 시인은 한때 '껍데기는 가라'는 시로 노래했는지도 혹 모른다. 그렇지만 실재하는 것들은 재미가 없다. 이게 문제라면 또한 문제다. 책들의 경우도 마찬가지다.

예외가 아니다. 하지만 《워너비 오드리》와 《워너비 재키》는 좀 차원이 색다르다. 여타의 스타 인물을 다룬 책들과는 달리 매력적으로

다가온다. 첫인상도 좋거니와 무엇보다 페이지가 술술술 잘도 넘어간다. 한마디로 책은 "재미있다!"

오드리와 재키는 동갑내기다(1929년생). 태어난 곳은 서로 다르다. 하지만 '성공한 여자'로서 남녀를 불문하고 전 세계인에게 지금까지 사랑받고 있다. 공통점이다. 이 점에서 남자인 나도 그녀들이 솔직히 부럽다. 하물며 21세기를 사는, 성공을 꿈꾸는 여성인들 오죽하랴. 그것을 참지 못했음인가. 마침내 일을 저지른 작가가 여기 둘이 나 있다.

멜리사 헬스턴은 사랑스러움의 대명사 오드리 헵번을 모델로 삼아 '사랑받는 여자의 10가지 자기관리법'을 하나하나 독자를 위해 소개한다. 어릴 때부터 재키의 열렬한 팬이었던 티나 산티 플래허티. 그이도 힐러리와 미셸 오바마의 멘토로 재키를 들이대며 부드러운 카리스마가 빛나는 '당당한 여자를 만드는 8가지 자기주문법'을 하나하나 독자를 위해 파헤치며 소개한다.

오드리의 경우는 김혜자와 심은하가 얼른 생각났다. 한국인 롤 모델로 외형상 이미지가 가장 닮은 듯 적합해서다. 재키의 경우는 소설가 공지영과 가수 이효리가 내 머릿속을 채우는 인물로 그려졌다. 아차, 또 한 명 있다. 영화배우 김해숙이다. 한국인 롤 모델로 많이 비슷한 이미지를 갖고 있기 때문이다. 하지만 명심해야 한다. '스타'가 된다는 말의 의미는 '피곤'과 마찬가지다. 오드리도 그랬다. 두 편의 브로드웨이 작품과 두 편의 영화를 단 3년 만에 모두 소화해내야 했다. 오드리는 열심히 일했다. 그녀는 모든 인터뷰에 응답했다. 겨우 스물다섯의 나이에.

아무튼 책들은 일종의 '워너비 시리즈'인 셈이다. 그리고 세월이 흐를수록 점점 더 반짝이는 여자들의 성공한 삶을 조명하는 '자기계발서'라고 하겠다. 내 보기엔 20대 여성을 시작으로 따분한 일상과 나태함, 막다른 길에서 우왕좌왕 방황할 때, 인생의 조언자로 책꽂이에서 꺼내 읽기에 좋을 책으로 보인다.

행복해지려면 '애티튜드attitude'가 중요하다. 또 성공하려면 옷은 자신감이다. 아니면 아름다워지려면 술과 담배는 적당히 해야 한다. 그리고 낭만적 사랑을 하려면 무엇보다 상처받는 것을 두려워하지 말아야 한다는 오드리의 조언은 명언일 게다. 무엇보다 그럴듯한 명언은 이것이다. "와인잔을 앞에 두고 세상을 보라. 그것이 바로 장밋빛 인생이다."

오드리는 평생 독서를 중요한 여가활동으로 삼았다고 한다. 반면에 사적으로 만난 남자건 공적으로 만난 남자건, 모든 남자를 자기편으로 만드는 재키의 능력도 알고 보면 평생 독서광으로 살아온 이력에서 나온 것이다. 재키는 외부 행사에 지나치게 연연하지 않았다. 또 저녁에 집에서 유익한 책을 읽거나 아이들과 같이 시간을 보내거나 하고 싶은 일을 하는 경우가 많았다고 한다. 그렇다. 하고 싶은 일을 할 수 있어야 스타이고 부자가 맞다.

미모를 가꾸려면 단점은 패션 센스로 극복하고 낮은 목소리로 천천히 이야기하기를 즐길 줄 알아야 한다. 또 꿈을 이루려면 구체적으로 꿀 것이며, 작은 것부터 실천해야 한다. 그리고 언제나 사람에게 고마움을 표시할 때는 24시간 안에 재키처럼 하면 성공한다. 책 두 권이 주장하는 바 뻥이 아니다.

chapter 86

여행가방은 잃어도
나는 잃지 말자

| 잃어버린 여행가방 |

박완서, 실천문학사, 2005.

"옛사람이 집터를 잡는다는 건 당장 살기 위해서라기보다는 앞으로 몇백 년을 두고 후손이 번창할 자리를 잡는다는 뜻이었다."(31쪽) 마을을 휘감고 있는 강을 나룻배를 타고 건너면 하회河回마을을 한눈에 내려다볼 수 있다면서 풍수지리설 쥐뿔만큼도 아는 게 없는 주제에도 옛사람의 집터 잡는 안목에 감탄과 신비감을 느끼게 된다고 작가 박완서는 이 책에서 도란도란 이야기를 건넨다. 기행산문집으로 거의 해마다 단골로 작가가 여행하는 정든 고장 이야기들이 숨겨졌던 보물처럼 그득 쏟아져 나온다.

남도, 하회마을, 섬진강, 오대산 기행을 좇아 한 장 한 장 또 한 장을 읽는다. 차마 시가 되지 못한 절경을 보는 기분이라니……. 기분이 들뜬다. 얼른 가방을 싸서 훌쩍 혼자라도 여행을 떠나고픈 충동이 가슴 밑바닥에서부터 활활 일어난다. 그래 그랬던가. 충동을 억누르지 못했다. 버스를 탔다. 자전거 여행을 떠났다. 틈만 나면 책을 들고 무작정 남도, 하회마을, 섬진강, 오대산 여행을 혼자서 다녀왔던 기억이 아직까지 또렷하다. 그중에 섬진강 여행이 가장 좋았다.

작가는 섬진강을 두고서 '생각하면 그리운 땅'이라고 묘사했다. 다시 화창한 봄이 시작될 때마다 남원을 시작으로 곡성 하동의 쌍계사 벚꽃 길, 화계장터, 섬진강 모래 빛, 백운산 매화 등이 사무치도록 보고프다. 아아, 해마다 봄이면 그리움이 더해지는 땅. 작가는 "그 길은 몇 번을 가도 싫증나지 않을 뿐더러 소록소록 정이 깊어지는 우리나라 제일의 예쁜 고장이라고 생각한다"(36쪽)면서 이윽고 섬진강을 있는 그대로 실감나게 담아낸다.

봄이 오면 산으로, 강으로 바람처럼 여행하고 싶어진다. 그럴 때면 으레 책꽂이에서 습관처럼 꺼내드는 책이 《잃어버린 여행가방》이다. 아무데나 펼쳐도 책은 여행을 시작한다. 그뿐만 아니다. 위로가 되고 위안이 된다. 또 자유와 행복이 찾아든다. 한마디로 짜릿하다! 낄낄대며 히죽히죽 웃음이 터진다. 해서 마흔이나 쉰 아니면 예순의 나이에도 읽으면 더욱더 보석처럼 값지게 빛나는 책으로 손색없다.

박완서는 섬진강을 두고는 "사람 평야가 아니라 산간을 흐르는 강이건만 흐름이 급하지 않고 은빛 모래사장이 넓고, 그리고 사람 사는 아기자기한 마을을 겁주지 않고 가까이 끌어당겨 동무해서 흐른다"(36쪽)라고 말한다. 대문이 따로 없어 마당인지 길인지 분명치 않은 곳곳에 백일홍, 맨드라미, 봉숭아, 도라지, 깨꽃, 기생초 등이 선연하게 그러나 아무도 안 가꾸는 야생초처럼 아무렇지도 않게 피어 있는 들꽃을 두고는 이름을 알 수 있어서 반가운 꽃이라 한다. 그러면서 이름을 안다는 건 좋은 일이라고 쓴다.

당신은 그런 경험이 단 한번만이라도 있는가. 장마 진 날 들판을 하염없이 적시는 빗줄기를 바라보면서 둘러앉아 뜨뜻한 수제비나 부추부침을 나누어 먹으며 행복해 하는 나我 말이다. 작가의 여행은 국내만 한정되진 않는다. 세계를 자유롭게 넘나들기 때문이다. 중국, 에티오피아, 인도네시아, 티베트 등을 얼떨결에 눈으로 여행하다 보면 어느새 작가의 발자취를 따라할 욕심으로 여행가방 챙기는 자신을 발견할지도 모른다.

작가는 충고한다. 여행을 떠날 때 절대로 양말이나 속옷을 많이 가방에 담아 가져가지 말라고. 왜냐하면 잃어버린 가방을 누군가 열어보고 실망하고 분노하고 경멸할 수도 있어서다. 해서 양말이나 속옷은 그날그날 빨아서 입는 습관을 가지는 게 좋다고 슬며시 조언한다. "걱정이란 요리조리 빠져나갈 구멍을 궁리할 때 생기는 법이다." (63쪽) 세상만사 걱정할 시간에 차라리 여행을 훌쩍 떠나자. 그러는 게 비록 여행가방 잃어버리는 각오는 하더라도 자기 행복을 찾는 길이다. 역시 박완서 작가다. 최고다!

chapter 87
당신의 '18번'은 무엇입니까?

| 직장생활에서 놓쳐서는 안 될 33가지 기회 |

신인철, 토네이도, 2008.

요즘 방송가에서 최고로 잘 나가는 MC를 꼽자면 강호동과 유재석이란다. 강호동은 얼핏 단순하고 무식해 보이지만 천천히 그를 보면 참 지혜로운 걸 알 수 있다. 그는 언젠가 개그맨 '이경규'를 선배로 가장 존경한다면서 "우스운 사람이 되지 말고, 웃기는 사람이 되어라"는 충고를 참 고맙게 생각한다고 눈시울 붉히며 고백한 적 있다. 어찌 보면 방송인도 엄연한 직장인이다. 직장생활에서 잘 나가는 인재와 마찬가지로 방송인도 스타로 성장하는 비결이 똑같다. 다르지 않다. 공통점은 3가지로 좁혀진다. '성실'과 '충성'과 '팀워크'가 그것이다.

이 책 《직장생활에서 놓쳐서는 안 될 33가지의 기회》를 쓴 신인철

도 기업이 원하는 인재상을 두고서 그렇게 정리한다. 수천 명에 달하는 직장인들의 연수·교육을 담당하면서 쌓은 풍부한 실전 경험과 사례를 통해 평범한 직장인과 엘리트 직장인의 '차이'를 3가지 키워드를 중심으로 출발해 분석한다. 이론에만 그치지 않고 실제 적용이 가능하다. 책의 장점이자 매력이다. 구체적으로 저자는 '33가지 놓쳐서는 안 될 기회'로 독자를 초대한다.

이를테면 '분위기 메이커가 되고 싶다면 십팔번을 만들어라' 든지, 'CEO가 되고 싶다면 퇴근할 때 세 번 생각하라'는 식이다. 또 '주목받고 싶다면 오하라의 미소를 훔쳐라', '상사의 눈에 들고 싶다면 상사의 눈으로 바라보라'는 등 덕목도 눈에 띈다. 이를 통해 직장생활의 지혜를 전해준다. 이 점에서 실용서다. 따라서 신입사원이나 대리로 있을 때에 반드시 읽어야 할 책이다.

다만 주의할 게 하나 있다. 천천히 음미해서 읽어야만 한다. 그래야지 비로소 깊은 속맛을 보여주고 지혜를 깨닫게 만들어서다. 따라서 바쁜 직장인들에게 하루에 딱 5분만 투자하길 권한다. 아무튼 "사람이 진정으로 어떠한 일에 집중하고 초고도의 몰입을 할 수 있는 시간은 고작해야 5분에 불과하다"(138쪽)라는 저자의 지적을 그대로 따라서 읽다가 보면 어느새 직장생활이 신나는 일터로 확 바뀌어 있을 게 분명하다.

지방대학 비인기학과 출신이라고 미리 좌절하지는 말자. 혹은 승진 인사를 지레 겁먹지도 말자. 그런 이유 때문에 취업을 포기할 이유는 없다. H씨의 사례에서 보듯이 잘만 따라하면 채용과 승진의 기회는 우리 주변에 왕왕 널려 있다. 그는 처음부터 정식사원은 아니었다. 하지만 각종 인터넷에 한 일본계 전자회사 제품을 적극적으로 홍보했다. 덕택에 구직에 쉽게 성공했다. 그만의 이러한 활동이 본사에까지 알려졌고 마침내 사장 초청으로 일본에도 다녀왔다. 또 차후엔 승승장구 승진도 했다. 이것을 책은 분명하게 강조한다. 그리고 H씨에게는 무엇보다 '성실'과 '충성', '팀워크'하는 태도가 자산으로 돋보인다.

인맥이 좋지 않다고 출세를 포기할 것인가? 그것은 이유가 되지 않는다. 인맥은 나 하기 나름이다. 저자는 "만남에서 중요한 것은 누구를 만나느냐가 아니라 어떻게 만나느냐"(194쪽)가 중요하다고 강조한다. 그는 "한 달에 한번쯤 내가 모르는 사람을 만나보도록 하자"(194쪽)고 조언하고 있다. 정말, 기막힌 지적이다. 백수들을 보라. 그들이 누구를 만나던가. 바로 자신처럼 똑같은 백수들뿐이다. 백수가 아니라 만나는 사람 중에 직장인이 있어야 한다. 직장인은 내 보기엔 그들에게 '새로운 사람'이다.

이제라도 회사에서 기회를 잡고 싶은가. 그러한 마음가짐이 생기는가. 그렇다면 '철강왕' 앤드루 카네기처럼 행동할 일이다. 그는 집무실 벽에 낡은 그림을 하나 걸어 놓고서 "반드시 밀물 때가 온다"고 자신을 믿으며 기다릴 줄 알았다고 한다. 마치 인디언의 기우제처럼, 비가 올 때까지 기도할 줄 알았기에 성공했던 것이다. 이처럼 많은 노력과 정성, 신경을 쏟아야 운(기회)은 내게 다다르는 것이다.

다시 연예계 이야기로 돌아가자. 방송인 강호동이 꼭 그랬다. 최근 한 신문에는 강호동처럼 강한 추진력이 있는 성격이 헤드헌터 사이에서 표적 1순위라는 조사결과도 나왔다. 이경규 선배가 도와줘서 정상에 우뚝 선 것이 아니다. MC로 방송 최고스타에 오른 이유는 단 하나다. '웃기는 사람'이 되고자 밤낮없이 고민하고 배움을 멈추지 않고 노력해서 얻어낸 결과다. 그리고 '성실'과 '충성'과 '팀워크'가 밑바탕에 깔려 있었다. 이처럼 노력하자. 그러면 누구나 상대가 갖지 못한 단 1퍼센트 차이 때문에 헤드헌터가 기회를 줄 것이 뻔하다.

chapter 88

친구는
봄날의 꽃이다

| 친구 |

쟈핑와, 김윤진 옮김, 이레, 2008.

    곽경택 감독의 영화 〈친구〉(2001년)에 이어서 2009년 여름 MBC가 제작한 드라마 〈친구〉가 다시 주목받고 있다고 한다. 내 생각엔 친구는 다다익선多多益善이다. 그러나 가끔은 정말이지 그런 것일까, 궁금했다. 친구란 무엇일까? 한자로 친구는 '親舊'다. 사전적 의미는 '가깝게 오래 사귄 사람'이 맞다. 두 글자가 아닌 한 글자로 된 친구를 뜻하는 한자는 없을까?

  왜 없겠는가. 있다. '붕朋'과 '우友'가 그것이다. 먼저 붕朋이란 '스승 밑에서 함께 동문수학한 사이'를 의미한다. 요컨대 학교 동창생이다. 그렇다면 우友는 무엇을 의미하는가. 그것은 스승과 상관없이 서로 '뜻이 통하는 사이'로 학벌·나이·연고를 따지지 않는다. 오히려 그것들을 무시한다. 다시 영화 속으로 들어가자.

곽경택 감독은 친구에 주목하여 친구란 개념을 "함께 있을 때, 우린(친구) 아무것도 두려울 것이 없었다"로 정의한다. 여기서 중요한 것이 있다면 '함께 있을 때'이다. 영화 속 주인공 준석(유오성)과 동수(장동건)는 친구가 맞다. 다만 문제의 사단은 학창시절(함께 있을 때)에만 친구朋이지, 사회에 나와서는 친구友가 되려고 하진 않는다. 서로 뜻이 통하지 않았기 때문이다. 그래 그랬던가. 감독은 영화 속 명장면, 명대사를 만들어낸다.

영화를 본 사람들은 기억할 것이다. 동수가 뜻이 다름을 준석에게 이렇게 말한다. "내가 니 시다바리가?" 또 있다. 준석이 동수에게 하와이로 가라고 이야기하니 동수 왈, "니가 가라, 하와이?" 문제는 학교가 아니라 사회다. 사회에서는 뜻이 내 마음 같이 통하지 않는다. 해서 하와이로 가라는 충고가 진정성을 발휘하지 못하는 것이다. 왜? '이익'이 서로 같지는 않으니까.

다시 책 이야기로 돌아가자. 이 책《친구》는 중국 소설가 쟈핑와가 쓴 자전적 에세이다. 이 에세이는 진정한 의미에서 '친구란 무엇인가'를 고민하게 만든다. 그러고는 신묘한 매력을 선사한다. 중국 현대문학을 대표하는 쟈핑와는 위화, 모옌과 더불어 중국 최고의 반열에 오른 뛰어난 작가다. 미국 페가수스 문학상, 프랑스 페미나 문학상을 몽땅 휩쓴 바 있다. 그는 이렇게 말한다. "인생이라는 것은 알고 보면 부단히 친구를 찾아다니는 과정이다." 와! 멋지다. 이 얼마나 철학적이고 그 의미가 간결한가.

좀더 쟈핑와의 내공을 엿보자. "누구는 내가 친구를 잘 사귀는 사람이라고 이야기한다. 그러나 이런 이야기를 하는 사람들은 내 시간의 대부분을 친한 친구들이 점령하고 있다는 사실을 전혀 모른다. 항상 나는 밥상에 놓인 생선요리와 같다는 느낌이다. 이 사람도 와서 한 점, 저 사람도 와서 한 점씩 발라먹어 결국 뼈밖에 남지 않는 그런 생선 말이다."(53쪽)

나는 허걱, 하고는 몇 번씩 반복해 읽었다. 너무 좋아서다. 주의할 점이기도 하다. 왜냐하면 한 번만 읽으면 오해가 생겨나서다. 그럴 소지가 다분한 명문장이다. 왠지 한 번만 읽으면 손해가 생겨나는 기분이 든다. 하지만 반복해 가만가만 생각하면서 읽다 보면 의미가 완연히 달라진다. 그래서다. 명문장이라고 그러는 터. '행복하다!'고 이실직고 하는 것처럼 의미가 읽혀서다.

명문장이란 무엇인가. 조선 후기를 대표하는 명미당明美堂 이건창 선생은 제자가 글을 어떻게 지어야 훌륭한 문장인가 하는 질문에, "말과 뜻이 서로 넘침이 없어야 하고" 또 "소리가 울려도 리듬이 없는 글은 죽은 것"이라고 했다. 이 책이 딱 그러하다. 이쪽에서 저쪽으로 책장을 뒤적일 때마다 말과 뜻이 서로 넘침이 없다. 그뿐인가. 문장에는 리듬이 살아 있다. 하여 읽는 맛이 죽인다. 무엇보다 좋은 것은 친구에 대한 그릇된 생각을 바로 고쳐준다는 것이다. 치유하는 능력을 발휘한다.

책은 자칫 소원했던 인간관계와 친구, 가족 '사이'를 반성하고 전환점의 기회를 마련한다. 그러나 "친구는 역시 친구일 뿐이다. 친구는 봄날의 꽃이다. 겨울에는 찾아볼 수 없는 꽃이다"(57쪽)는 사실을 나부터 인정해야 사이는 '친구'로 남게 될 것이다.

chapter 89

모차르트의 재능은 유전이 아니다?

| 탤런트 코드 |

대니얼 코일, 윤미나 옮김, 웅진지식하우스, 2009.

"술이부작 述而不作." 《논어》를 읽다가 따로 적어두었다. 의미심장했기 때문이다. 그러다가 이 책 《탤런트 코드》를 만나고는 경중경중 기분이 뛸 듯이 좋아졌다. 기록할 뿐 창작은 하지 않는다는 뜻으로 '술이부작'을 이해하면 된다. 또한 기자와 작가라는 업의 차이를 극명하게 가르는 말로 보아도 크게 틀리지 않는다. 그래 그랬던가. 저자인 대니얼 코일의 정체가 몹시 궁금했다. 프로필을 훑었다. 그랬더니 "아, 역시 그렇구나!" 하는 탄성이 나도 모르게 터져나왔다.

대니얼 코일은 기자로 활동했다. 그러니 처음부터 작가는 아니었던 셈이다. 이 책 또한 알고 보니 〈뉴욕타임스〉 커버스토리에 실렸던 기사를 책으로 집필된 경우에 해당한다고 하겠다. 내 보기엔 '재능을 지배하는 세 가지 법칙'을 밝힌 이 책의 내용을 한마디로 압축하면 '술이부작'이다. 그러니 어쩌랴. 뻥이나 거짓말의 창작소설이 결코 아니다. 우리가 믿어도 좋을 땀냄새 풀풀 나는 발로 뛴 취재 기록물로 보고 감사하며 진지하게 읽어야 마땅할 것이다.

책은 인간의 특별한 재능(탤런트)에 대한 잘못된 고정관념을 발칵 뒤집는 데 성공한다. 어디 그뿐인가. 동일한 법칙을 적용할 수 있는 '탤런트 코드'를 법칙으로 발견한다. 우리가 흔히 타고난 신동이라고 생각했던 모차르트나 브론테 자매들의 경우, 또는 전 세계를 발칵 뒤집어놓은 랜스 암스트롱 같은 위대한 운동선수의 경우에서도 비밀의 실체는 부모에게서 유전되거나 타고나는 것이 아니라 '어떤 방식으로 연습하고 어떻게 완벽을 추구하느냐'가 관건이라는 주장이다.

요컨대 이 책이 말하는 '재능의 세 가지 법칙'을 제대로 알고 실천하면 자기 능력을 연습이 아니라 능력, 즉 탤런트로 전환하는 것이 현실적으로 가능하다는 증거를 저자는 독자에게 들이대는 셈이다. 책의 핵심을 차지하는 '재능의 세 가지 법칙'이란 끝까지 연습하기(1부), 자신을 폭발시킬 점화 장치를 찾아라(2부), 마스터 코칭(3부)으로 크게 나뉜다.

사람은 누구나 실수를 한다. 다만 뛰어난 능력을 보이고 안 보이고의 차이는 어떤 이는 '실수를 할 때마다 멈추고' 아무렇지 않게 행동하지만 뛰어난 능력을 보이는 어떤 이는 그저 '처음부터 다시 시작하거나 실수한 부분으로 돌아가기'를 지속적으로 반복하는 것일 뿐이다. 브라질 축구 선수들의 집단적인 재능이 그 모범적인 사례다. 그들이 축구에서 보이는 천재성은 저자가 책에 밝힌 심층연습의 결과물에 지나지 않는다.

또 있다. 1934년 겨울 미국 대통령은 골치가 아팠다. 뛰어난 비행사들이 전쟁 중에 죽는 것이 아니라 비행 기술 부족으로 추락사하는 일이 다반사로 일어났기 때문이다. 이렇듯 초창기 조종사 사망률은 25퍼센트에 육박했다고 한다. 그러다가 '링크 트레이너'의 등장으로 인해 사망률을 크게 줄일 수 있었다고 말한다. 그러니 문제는 장비나 환경이 아니다. 어떻게 '연습'하느냐에 달려 있다.

어쨌든 자기 능력을 향상시키려면 무엇보다 심층연습이 더욱 필요하다. 그러기 위해서는 에너지와 열정, 헌신적인 노력을 할 수 있는 동기를 부여하는 연료가 필요한 법이다. 이를 저자는 '탤런트 코드'의 두 번째 성분으로 표현하며 일명 '점화 장치'를 찾으라고 당부한다. 물론 세 번째 성분은 위대한 스승과의 만남, 즉 '마스터 코칭'이다. 저자는 재능을 지배하는 세 가지 법칙 중 '심층연습'을 세포가 증식하는 과정으로 비유하고 '점화 장치'를 동기부여를 제공하는 에너지로 이야기했다면 그 다음으로는 '재능을 끄집어내는 데 비상한 재주를 가진, 보기 드문 사람들을 만나볼 차례'라고 소개한다. 마치 2002년 한일월드컵 축구 4강의 신화를 남겼던 히딩크 감독을 한국 선수들이 만났던 것처럼.

책과 성공 SUCCESS

성공이란 무엇일까? 돈이 많아도 자신이 불행하다고 느낀다면 그것은 '성공'이 아니다. 성공은 반드시 불행한 감정이 아니라 행복한 감정이 동반되어야 완성된다. 성공의 법칙이 궁금한가. 그렇다면 1975년에 사망한 맥스웰 몰츠Maxwell Maltz가 지은 《맥스웰 몰츠 성공의 법칙》은 성공이 무엇인지 공부하기에 참 좋을 입문서로 딱 알맞다.

얼마 전 일이다. 경제 주간지 〈매경이코노미〉 '스타재테크 코너'에 형제 가수인 '수와진'이 경기도 용인에서 운영하는 라이브 카페를 심층 취재한 적이 있었다. 그때 나는 "용인에 라이브 카페를 운영 중이다. 잘 운영할 수 있는 방법을 알려 달라"는 질문을 받았다. 나는 어떻게 답변하면 좋을까 궁리하다가 생각 끝에 'SUCCESS(성공)'란 단어로 정리한 적이 있다.

"'S=Sense', 센스 즉, 감각을 의미한다. 매장의 콘셉트를 리포지셔닝해야 한다. 매출에만 오로지 관심을 갖는 공간(사장, 종업원의 생각)이 아닌지 살펴봐야 한다. 그러기 위해서는 파는 사람의 입장이 아니라 팔아주는 사람의 입장에 서야 한다. 'U=Understanding'을 뜻한다. 'C=Concept'를 말한다. 고객 입장에서 지급하려는 값어치가 있는 공간인가? 그것을 헤아려보고 사소한 오류(불편사항) 발생을 억제하고 제거해야 한다. 'C=Charming'을 가리킨다. 매력과 쓸모가 있는 공간인지 또 가격 · 서비스 · 안주 · 종업원 경쟁력 등이 있는지를 고민해야 한다. 'E=Esteem'이다. 존경심을 뜻한다. 고객에게 존경한다는 느낌을 줄 필요가 있다. 그렇지 않으면 고객(님)은 멀리 가버리게 마련이다. 'S=Self-confidence'다. 자신감이 매출을 일으킨다. 종사자 모두에게 필요한 마음가짐이다. 마음가짐에는 최고의 서비스를 제공한다는 철학이 필요하다. 마지막으로, 'S=Story-marketing'이다. 요일별로 색다른 스토리 마케팅을 펼쳐야 매출 한계를 벗어날 수 있다.

이 내용은 솔직히 고백하자면 맥스웰 몰츠의 'SUCCESS(성공)'을 훔친 것이다. 그러나 100퍼센트 훔치진 않았다. 살짝 내용을 바꾸고 비틀었다. 이 때문에 법적으로 문제될 것은 없다. 반 이상을 고쳤기 때문이다. 하지만 내 양심이 부끄럽다. 그 이유는 독창적이지 못하고 벤치마킹을 했기 때문이다. 하지만 긍정적으로 보자면 이것도 '책의 힘'이라고 해야 할 것이다. 참고로 맥스웰 몰츠는 'FAILURE(실패)'(F=욕구 불만 Frustration, A=공격성[잘못 인도됨]Aggressiveness[misdireted], I=불안감 Insecurity, L=고독감[통일성의 결여]Loneliness[lack of oneness], U=불확실성 Uncertainty, R=분노 Resentment, E=공허 Emptiness)라는 단어로 실패 매커니즘의 경고 신호를 자세히 언급했는데 정말 기막힌 해석이고 심리치료다. 따라서 'FAILURE(실패)'를 제대로 알면 'SUCCESS(성공)'한다고 말해도 과언이 아닐 것이다.

나는 책을 읽으면서 인생은 전반생(40세 이전)이 중요한 것이 아니라 후반생(40세 이후)이 진짜 중요하다는 걸 몸소 깨달았다. 특히 남자는 말이다. 나이 마흔을 넘어서도 운이 없다는 것은 그 사람의 어떤 성격에 기인한다고 지적하는 시오노 나나미의 통찰력은 맥스웰 몰츠의 발견과 다름없게 설득력을 발휘한다.

시오노 나나미는 이렇게 멋진 명언을 던진다. "자신이 하고 싶다고 생각한 것을 만족하게 해낼 조건을 갖춘 사람이라면 세상이 어떤 평가를 하든 행복한 남자다." 또 "세상 사람들은 불행한 사람들에게 동정은 하지만, 사랑해주고 협력을 아끼지 않는 쪽은 행복에 찬 사람에 대해서다"라고 이야기를 한다. 이 이야기는 남자의 성공이 과연 무엇인지를 가늠하기에 부족함이 없어 보인다. 그렇다. 행복에 찬 남자들에게 운과 성공은 기회가 열린다. 그리고 무엇보다 운과 성공의 기회는 나이 마흔 이후가 더더욱 중요하다.

당태종 이세민은 자신의 성공을 이렇게 멋지게 빗대어 말했다고 한다. "동으로 거울을 만들면 의관을 바르게 할 수 있고, 과거를 거울로 삼으면 흥망성쇠를 알 수 있으며, 사람을 거울로 삼으면 이해득실을 알 수 있다."

그렇다. 마흔 이후, 거울도 안 보는 남자가 일과 인생에서 성공을 거머쥘 수는 없는 법이다. 나는 '책이 곧 거울'이라고 생각한다. 책을 보지 않으려는 마흔 이후의 후반생은 찬란한 꽃을 피울 수 없다. '이미 늦었다'고 말하는 남자들에게 운과 성공은 다가오지 않는다. 그러나 '늦지 않았다'고 자아를 믿는다면 이야기는 사뭇 달라진다.

성공하는 사람들에게는 흔히 두 가지 특징이 있다. 한 가지는 생각하는 습관이다. 생각을 하면 번뜩이는 아이디어로 부의 기회를 힘껏 끌어당길 수 있다. 한 가지는 성공하는 사람은 모두 메모하는 습관을 보인다. 이는 책을 통해 아이디어를 창출하는 것이고 책을 통해 눈여겨보는 습관이 키워져서 자발적으로 메모광이 되려는 것이다.

나는 얼굴만 예쁘다고 여자들이 직장에서 성공한다고 보진 않는다. 여자의 외형적 예쁨은 20대 시절이 절정의 전부이다. 그렇기 때문에 미스코리아, 혹은 슈퍼모델을 부러워하고 질투할 이유가 없다. 그렇다고 해서 마음이 고와서 한 남자에겐 아내가 되어 사랑을 혹 받을 수 있을지는 몰라도 반드시 그녀가 사회적·경제적으로 성공한다고 볼 수는 없다.

단 책 한 권도 읽지 않으려는 마흔 이후의 여자는 평범하다 못해 추해 보인다. 늙어서도 오드리와 재키가 예쁘게 보이는 이유는 그녀들이 책을 가까이 했다는 역사적 사실에 있다. 수천만 원을 들여서 피부미용을 하고 다이어트를 하고 화장을 하더라도 세월 앞에 늙어가는 자신의 얼굴을 20대 청춘 시절로 되돌릴 수는 없다.

눈빛이 추한 여자는 예쁘지 않다. 다만 나이를 먹어서도 여자가 예쁘게 보이는 이유는 눈빛이 맑고 살아 있어 보일 때다. 그렇기 때문에 1만 원짜리 책 한 권을 들고 있는 여자의 얼굴이 나는 수천만 원을 들인 여자의 얼굴보다 훨씬 더 예쁘게 보이고 끌린다.

나는 세종대왕이 부럽다. 처첩을 많이 거느려서가 아니다. 솔로몬은 예순 명의 왕비와 여든 명의 후궁을 두었다고 한다. 솔직히 나는 다윗의 아들 솔로몬이 부럽지 않다. 단 한 번도 거절당해본 적이 없는 사랑을 이미 보여주었기 때문이다. 이는 옛날만이 아니라 오늘날 재벌가 아들 역시도 솔로몬처럼 비슷하지 않을까 싶다.

돈이 많아서, 권력이 강해서 단 한 번도 거절된 적 없는 사랑을 자랑하는 남자를 나는 부러워하지 않는다. 단, 돈이 없어도, 권력이 없어도 젊어서는 수없이 거절되었지만 늙어서도 괜찮은 젊은 여자가 다가와 '사랑한다'고 속삭이는 괜찮은 남자를 발견하면 그가 나는 몹시 부럽다. 이게 진짜 내가 바라는 성공이다.

제4부

책에서 경제를 발견하다

chapter 90

경제도 '질병'에 걸린다

| 경제병리학 |

최용식, 새빛에듀넷, 2009.

경제학이란 사람들이 어떻게 결정을 내리는지를 연구하는 학문이라고 한다. 이것은 교과서 속의 말이다. 공부할 때 교과서는 꼭 필요하다. 하지만 졸업하면 끝이다. 사회 현실에선 극히 쓸모가 없어진다. 경험이 항상 지식을 앞서는 이유다.

경제학은 보통 경제를 살아 있는 유기체로 간주한다. 이것은 상식이다. 하지만 이상한 노릇이다. 경제가 유기체라면 병리학이 있어야 한다. 그런데 지금까지 세상엔 그런 것이 전혀 없었다. '경제를 보는 새로운 시각'이라는 부제가 붙은 최용식 21세기경제연구소장의 《경제병리학》은 경제도 '질병에 걸린다'는 사실을 발견한다. 제때 치유하기 위해선 병리학적 접근이 무엇보다 필요하다. 이를 강력하게 주장한다.

주장의 핵심은 대한민국 경제의 밝은 미래를 선도하기 위해서다. 경제병리학 주창자인 저자에 따르면 경제의 미래를 읽어낼 수 없는 경제학은 이미 '죽은 경제학'이라고 한다. 따라서 이 책의 가치는 학교가 아닌 현실에선 매우 유용해 보인다. 책은 한마디로 여태껏 몰랐던 경제를 보는 새로운 시각을 제공하는 셈이다. 경제공황, 금융위기, 외환위기, 인플레이션, 경기침체 등등. 이것들을 하나의 질병으로 새롭게 바라보게 만든다. 그러면서 독자들에게 경제를 어떻게 진단하고 치유할 수 있는지 처방전을 내린다. 예컨대 금융위기도 질병의 근원을 찾아서 처방하면 얼마든지 치유가 가능하다는 식이다. 또한 경제 질병을 이겨내기 위한 처방전으로 '경제정책'이 매우 중요하다는 논리를 전개하는 셈이다.

사람과 마찬가지다. 경제병리학의 임상경험을 축적시켜야 한다. 그러면 경제정책의 후유증과 부작용을 미연에 방지할 수 있다. 설사 큰 질병에 걸렸다손 치더라도 얼마든지 치유할 수 있다. 그러므로 경제란 스스로 회복력을 보일 때까지 시장이 해결하도록 기다려서도 안 되고 적극적으로 회복될 수 있도록 처방전을 내려야 한다. 그것을 적절하게 정부가 경제정책으로 활용해야 한다. 이 책의 핵심 주장이다. 하지만 그것을 전적으로 믿어야 할지는 솔직히 잘 모르겠다.

그러나 책의 내용이 꽤 설득력이 있고 또한 매력적인 가치를 독자에게 선사한다는 점은 인정하지 않을 수 없다. 특히 6장 '정부가 알려주지 않는 외환위기의 실체'는 마치 '무릎팍 도사'를 보는 것처럼 속이 뻥 뚫린다. 개운하다.

저자에 따르면 외환위기는 예정되어 있었다고 한다. 국제수지 적자의 누적이 외환위기를 초래했다는 것이다. 그런데 국제경쟁력 약화(수입이 수출보다 크게 증가한 이유)의 이면에는 경기를 억지로 부양하거나 경기가 갑자기 과열된 탓인데 이러면 질병이 곧바로 생긴다는 것. 그러면서 한국의 외환위기 극복이 세계적으로 각광을 받은 이유를 설명한다. 그것은 외환위기가 발발한 지 불과 1년 만에 고도성장 가도에 들어섰기 때문이라고 주장한다. 말하자면 1997년 말에 IMF 구제금융을 받았는데 어떻게 해서 이런 기적이 일어났는지에 대해 이 책은 실체를 감추지 않으며 여실히 보여준다.

어떻게 해야 경기를 일으킬 수 있을까? 저자는 경기가 회복되기 위해서는 공급자 시장 Supplier's Market이 조성돼야 한다고 시종일관 강조한다. 어디 그뿐인가. 경제병리학이 제대로 자리를 잡아야 한다고 주장한다. 그렇게 된다면 경제 질병을 최소의 비용을 투자해서 이겨낼 수 있기 때문이다. 따라서 "경제를 유기체로 간주하는 경제학에 병리학이 없다니, 이것은 이상한 일이다"(8쪽)는 저자의 육성 肉聲이 낯설지 않다.

아무튼 책은 심각한 지경에 처해진 국내 경기를 어떻게 성공적으로 회복시킬 수 있는지 경제위기의 해법을 병리학적으로 접근해 제시한다는 점에서 정책 입안자들이 한번쯤은 참고할 만큼 유용하다.

chapter 91
경제학자의 눈으로 세상을 읽자

| 경제학 프레임 |
이근우, 웅진윙스, 2007.

참여정부는 한마디로 실패작이다. '옳지 않아'서다. '옳다'는 뜻의 한자 정正을 파자破字하면 정치적으로는 '한 번—으로 그쳐라止'로 풀이된다. 반면에 정치가 아니라 비즈니스에 중심을 두고서 뜻을 풀 경우엔 의미가 아주 색다르게 변한다. 하늘인 '고객—에게 비즈니스를 맞춤하라止'는 뜻으로 해석되기 때문이다.

까만 안경을 쓰면 세상은 온통 까맣게 보인다. 핑크색 안경을 쓴다면 세상은 온통 핑크빛으로 보이게 마련이다. 이렇듯 프레임은 마치 안경 색깔이 무엇인지에 따라서 세상 풀이가 종전과 다르게 보이는 '틀'을 새로이 제시한다. 프레임만의 신묘한(?) 마술이다. 그런 의미에서 이근우가 펴낸 《경제학 프레임》이란 책 제목은 참 좋다. 바르다. 콘텐츠도 알차다.

저자가 누구인지 자세히 살피라. 그렇지 않으면 외국도서의 국내 번역서로 오해할지도 모른다. 출판사에 따르면 《경제학 콘서트》, 《괴짜 경제학》의 맥을 잇는 한국판 경제교양서가 출간된 셈이라 한다. 그러니 저자가 한국인 맞나 하는 오해는 당연히 무리한 생각이 아니다. 저자는 현직 기자다. 그래서일까. 콘텐츠가 현장감으로 똘똘하다. 펄펄 살아 있다. 책을 읽으면 읽을수록 연신 감탄을 쏟게 만든다. 해박한 경제 지식과 맛깔스런 글 솜씨가 고스란히 책 속에 녹아 있기 때문이다.

책은 정부의 지나친 간섭과 규제가 어떤 피해를 가져오는지에 대해 시장, 세금, 금융 등에 걸쳐서 40여 개 주제로 세밀하게 다루고 있다. 뮤지컬 〈캣츠〉에 빗대어 "서비스업 분야의 빗장을 확 풀어 경쟁을 강화해야 한다"(55쪽)는 지적은 공감이 적지 않다. 최저임금제의 문제점을 파헤친 '경비원 월급을 올렸더니 아파트에 도둑이 들었어요'라는 대목에서는 신선한 감동이 일었다. 또 '강제적인 임금 인상은 일자리를 줄인다'는 이야기엔 고개가 절로 끄덕여진다. 철저하게 '시장의 눈'으로 '정부를 들여다보는' 통찰력을 키워주는 책이다.

또한 '무엇이 옳은 정치인가' 하는 질문에 정치 희망자가 그 답을 찾고자 한다면, "정책은 사람을 돕는 것이어야지 맹목적으로 특정 집단을 돕는 것으로 변질되어서는 안 된다"라는 경제학자 밀턴 프리드먼의 명언을 책에서 읽고 밑줄 긋고 경청할 필요가 있다. '아프리카에 에이즈가 많은 진짜 이유(경제적 유인)'를 적나라하게 파헤치는 분석은 진지하면서도 날카롭다. 어디 그뿐인가. '뒷방늙은이 신세로 전락한 막걸리(규제의 역설)' 대목과 만나면 예리한 시장 분석에 그만 감동하고 놀라지 않을 수 없다.

　책은 초지일관, 시장 논리를 왜곡하는 정치 규제와 간섭 등에 신랄한 비판을 아끼지 않는다. 중요한 경제개념(나비효과, 거미집 이론, 깨진 유리창 가설, 독점과 가격차별, 포트폴리오 이론, 버블 등)도 배울 수 있다. 그러기에 흥미롭다. 무엇보다 짭짤한 독서 재미는 '리딩트리'가 아닌가 싶다. 무척 인상적이었다.

　'경제학자의 눈으로 세상을 읽자'는 저자는 정부의 시장개입에 대해 이렇게 비판한다. "인간의 욕망을 무시한 채 이상론에만 치중했던 사회주의 실험이 막을 내린 지 거의 한 세대가 지나가고 있다. 시장이 초래한 모순을 치유한다는 명목으로 시작된 정부의 무리한 개입은 집단 이기주의와 얽혀 변질되면서 더 큰 부작용을 가져왔다. 참여정부도 마찬가지 전철을 밟았다. 위험을 회피하기 위한 수단으로 발전해온 각종 첨단 금융상품들은 결국 인간들의 탐욕이 어우러지면서 새로운 위험으로 재생산되고 있다."(6쪽)

　하지만 건드리지 마라. 제발 건드리지 마라. 시장 경제는 알아서 잘 움직인다. 정부가 경제를 도와주는 길은 '아무것도 하지 않는 것'이라는 주장은 어쩐지 설득력이 약하다. 그렇다면 시장 경제는 누가(?) 잘 움직여야 한다는 이야기인가!

chapter 92

석유 위기는 오지 않는다?

| 당신이 몰랐으면 하는 석유의 진실 |

레오나르도 마우게리, 최준화 옮김, 가람기획, 2008.

뿌리 뽑힌 나무는 비가 와도 말라 죽고, 줄 끊어진 연은 바람이 불어도 추락한다. 이것은 상식이다. '석유'도 그렇다. 장차 뿌리 뽑힌 나무인 양 바닥을 드러낼 것이 분명하다. 그래서다. 대개는 미래 석유에 대한 두려움과 불안감으로 한참 고민이 심각하다. 2008년의 글로벌 빅 이슈는 단연 '석유'다. 심지어는 제3차 오일쇼크가 일어난 것과 다르지 않다고 말하는 이들도 상당수다.

석유업계가 연일 파업이라는 뉴스와 하늘 모르고 치솟은 고유가 행진 속도에 서민들의 심정은 하루하루가 고통스런 지옥이라고 한다. 게다가 끊임없이 제기되는 석유 고갈 문제는 물론이거니와 석유

산유국의 힘, 무엇보다도 심각한 것은 석유를 대체할 만한 에너지원이 아직 발견되지 않았다는 사실(?)에 주목한다면 더더욱 두렵다.

그런데 불안했던 마음이 이 책 《당신이 몰랐으면 하는 석유의 진실》과 만나보니 "괜한 걱정을 했구먼" 하고 말할 만큼 속 시원하게 확 풀린다. 석유 부족이나 석유 위기는 오지 않을 것이라는 믿음이 이 책을 대하면 왠지 생겨나서다.

저자는 레오나르도 마우게리다. 그는 이탈리아 에너지 회사 ENI의 전략·개발 담당 수석 부회장으로 석유 비관론과 종말론에 반박한다. 또 석유의 역사·경제·지정학에 대해 생생하고 통찰력 있는 논리와 주장을 펼친다. 참고로 ENI의 경우, 세계 60대 석유회사에 올라 있다. 여섯 번째로 세계에서 큰 에너지 회사다.

이 책은 '석유의 역사와 오해'가 핵심 주제다. 그것은 1부(역사)와 2부(오해)로 나뉜다. 1부 석유의 역사의 시작은 20세기 초 신흥재벌 '록펠러의 저주받은 유산'을 필두로 '이란의 비극과 7대 회사 카르텔'을 추적한다. 그런가 하면 '제1차 석유파동'과 '제2차 석유파동' 등의 지나간 과거를 언급하고, 21세기에 일어났던 '석유 가격의 붕괴와 대형 합병' 등의 이유와 사례도 세밀하게 분석한다.

기업인으로서 저자의 면모도 확인할 수 있다. 가령 록펠러를 언급하면서 "가장 어려운 경쟁은 강력하고 지적이며 보수적인 경쟁자로부터 오는 것이 아니라, 몹시 위험한 상태의 가격을 무시하는 사람으로부터 온다"(21쪽)는 직설이 특히 그렇다. 기업인이 아니라면 도저히 가질 수 없는 관점이기에 마음에 든다.

1부는 술술 읽힌다. 2부보다 훨씬 재미있다. 가령 미국 생산량을 간단히 앞질렀던 러시아의 석유 생산 박차가 결국 세 가문(노벨, 로스차일드, 사무엘)의 노력이 결합된 것이라는 등의 역사적 추적이 마치 '당신이 몰랐으면 하는 것'을 낱낱이 공개하며 모두 빠트리지 않고 기록한 것 같다.

결론적으로 저자는 석유가 부족하지도 않고(현재), 석유 산유국이 석유로 공갈협박을 할 일도 없다고 단언한다. 오히려 이 흐름을 잘못 파악하고 오해하여 잘못된 정치적 선택을 한다면, 이것이야말로 석유를 통해 일어날 가장 끔찍한 결과를 초래할 것이라고 경고한다.

석유는 고갈될까? 이러한 두려움을 일반화시키는 것은 옳지 않다고 저자는 강조한다. 석유를 잘 모르는 사람들을 위해 최소한의 경고는 필요하다면서 '석유의 오해, 그리고 미래의 문제점'을 집중적으로 2부에서 언급한다. 저자는 휴버트 학자들을 비판한다. 그들은 자신의 이론을 세계 석유시장에 적용했지만 오류가 있었다는 것이다.

미국 대륙에 대한 휴버트의 예측이 증명되어서 영웅이 되었지만, "이미 성숙한 미 대륙조차도 아직 많은 양의 석유가 묻혀 있을 수 있다. 경제적 혹은 기술적인 이유로 오늘날까지 발견되지 않았을 뿐이다"(279쪽)는 식이다. 그러니 절망하기는 '때가 이르다'는 지적인 셈이다. 석유 고갈을 걱정할 수는 있다. 하지만 그것을 예측할 수 있는 과학적 근거는 없다. 이것이 저자가 던지는 문제이자 희망 메시지다.

chapter 93

시장은 합리적으로 움직이지 않는다

| 상식 밖의 경제학 |

댄 애리얼리, 장석훈 옮김, 청림출판, 2008.

저자는 행동경제학계의 떠오르는 다크호스다. 행동경제학이란 심리학과 경제학을 결부시킨 것으로 학계의 새로운 연구 영역이다. 경제학에서 보통은 인간이 완벽한 이성적 능력을 갖추었다고 가정한다. 이를테면 경제학은 인간이 이성적 존재라는 기본적인 전제하에 경제이론을 세우고 예측하고 조언하는 학문을 일컫는다. 하지만 이 책을 읽으면 알 수 있듯이 인간의 행동은 사실상 기존 경제학이 주장하는 이성적 능력과는 거리가 멀 정도로 '비이성적'이라는 게 문제다. 저자에 따르면 인간의 비이성적 행동은 충동적이거나 맥락 없이 이루어지는 일이 아니다, 그런다. 오히려 그것은 체계적이며, 거듭 반복되는 것으로 볼 때 예측 가능하다고 주장한다. 나심 니콜라스 탈레브의《블랙 스완》(동녘사이언스)에서 말하는 주장과는 사뭇 다른 측면을 이야기한다. '예측 가능하다'고 해서다. 그렇지만 이 책은 제목《상식 밖의 경제학》에서 짐작할 수 있듯이 우리가 상식으로 어렴풋이 알고 있었던 '보이지 않는 손'으로 비견되는 합리적 인간의 합리적 선택에 의해 시장이 움직인다는 애덤 스미스의 고전경제학을 향해 '틀렸다'며 핵폭탄을 터뜨린다. 그래 그랬던가. 충격적이다.

우리는 보통 스타벅스나 할리스 커피는 아무렇지 않게 마신다. 그러면서 자판기 커피값 100원 오르는 것에는 민감한 반응을 보이며 아까워한다. 이렇다. 이성적이 아니라 상식에 어긋나는 비이성적으로 행동한다. 책은 그것을 신랄하게 꼬집고 비판한다. 왜 친구가 자장면을 시키면 나는 짬뽕을 시키고 싶어질까? 이처럼 흥미로운 질문에 명쾌한 해답은 물론이거니와 다양한 실험과 사례가 책에는 풍부하게 수록되어 있다. 아마도 책과 만나면 세상을 바라보는 시각이 달라질 것이다. 그뿐인가. 문제의 해답도 얻을 수 있다.

수많은 사람들이 종교처럼 맹신하는 게 하나 있다. 예컨대 시장의 가격이 그러하다. 일반적인 경제학 상식에서 가격은 수요와 공급에 의해 결정된다고 우리는 믿고 있다. 상식이다. 즉, 시장참여자들이 이성적이고 합리적으로 판단하기 때문이라고 문제의 해답을 생각한다. 하지만 정말 그럴까. 결론은 '그렇지 않다'가 맞다. 왜 우리는 계획에도 없는 장바구니 소비를 백화점이나 대형할인점에만 가면 비합리적으로 행동하는 걸까? 이 때문이다. 저자는 인간은 절대 이성적인 존재가 아니라고 말한다. 따라서 이 책은 우리가 실생활에서 얼마나 비합리적이고 비이성적으로 행동하는지 여실히 되돌아보게 만든다. 한마디로 인간행동의 수수께끼와 의사결정의 이면과 아이러니를 속 시원하게 비춰주는 책이라고 하겠다.

이 책의 미덕은 소비자의 비합리적 행동만을 들춰내는 데만 초점을 맞추진 않는다는 것이다. 다양한 실험 결과를 바탕으로 정부와 기업이 어떻게 대책을 마련해야 하는지에 대해서도 실마리를 풀어준다. 또 아낌없이 조언하는 점이 책의 가치에서 백미로 가장 돋보인다. 저자는 다양한 실험을 통해 사람들 대부분이 자신의 존재를 제대로 인식하지 못하고 있다는 사실에 주목하여 앵글 초점을 들이댄다. 그러면서 소비자 감동, 즉 민심을 얻으려면 '공짜 전략을 활용하라'고 조언한다. 많은 정치가들, 정책 입안자들이 공짜라는 카드가 자신의 손에 쥐어져 있는 줄도, 그것을 사용할 줄 모르는 것 같다고 비판한다.

공짜 정책은 예산을 줄이려고 애쓰는 요즘 시대흐름에 역행하는 정책이지만, 그 정책에는 분명 엄청난 효과가 있다고 강조하며 주장한다. 이를테면 자전거 이용자를 늘리기 위해서나 저출산 등을 방지하려면 단순히 세제혜택을 주고 장려금을 주는 것으로 정책은 효율적이지 못함을 지적하는 것이나 마찬가지다. 공짜로 자전거를 주라. 아니면 유치원이나 학원을 공짜로 이용하게 하라는 식으로 사회정책을 시행할 때도 공짜 전략이 필요하다고 설명한다.

어쨌거나 우리는 상식으로 안다. "공짜로 뭔가를 얻으면 기분이 좋아지게 마련이다."(89쪽) 하지만 그것은 이성을 마비시키는 공짜의 매력일 게다. 해서 공짜에 휘둘리지 않으려면 고만 '상식 밖'으로 치명적인 함정에서 스스로 벗어나야 할 것이다. 뻔히 보이면 그것이 상식이다.

상식 밖으로 나오고 싶은가. 그렇다면 이제라도 얄팍한 상술에 쉽게 넘어가면 안 될 것이다. 차라리 어떻게 예측하고 대비해야 좋을지 이 책을 통해 배우자. 비이성적인 행동들을 예측하고 통제할 수 있다면, 가정경제 살림이 필 것이 분명하다.

chapter 94

저축은 '순정'이고 투기는 '욕정'이다?

| 서브프라임 크라이시스 |

브루스 E. 헨더슨·조지아 가이스, 김정환 옮김, 랜덤하우스코리아, 2008.

　　　　　가수 남진을 아시나요? 환갑이 훌쩍 넘었다. 그렇지만 그는 여전히 잘 생겼으며(자기관리가 뛰어나다) 아직도 '인기가수'다. 그가 부른 불후의 명곡 〈님과 함께〉(1972년)의 가사를 나는 기억한다. "저 푸른 초원 위에 그림 같은 집을 짓고 사랑하는 우리 님과 한 백년 살고 싶네~"로 시작된다. 이 노래가 유행했던 덕택일까.

　'내 집 마련'의 그럴싸한 꿈이 내 어릴 적엔 초가집에서 기와집으로, 그러다가 양옥집에서 점차 아파트로, 최근엔 그림 같은 전원주택으로 바뀌었더랬다. 초가집에서 기와집까지. 그것은 부동산 투기용 대출보다는 알뜰한 저축(?)이 이루어낸, 그야말로 빛나던 '새마을운동'이었지 싶다. 어느새 부모님들은 바람과 함께 사라지셨다. 대신 그 자리를 내가 어른이 되어 슬며시 차지했다.

2000년이 시작되었다. 그러면서 아파트 대신에 서민들도 누구나 정말로 그림 같은 집을, 즉 '전원주택'을 부동산으로 소유하는 꿈을 하나쯤은 가지고 산다. 미국도 예외는 아니다. 주범은 있다. 금융신상품 '모기지론'이 바로 그것이다. 서민에게 그림 같은 집을 소유하는 환상을 얼렁뚱땅 식으로 잽싸게 심어주었다. 다행인즉《서브프라임 크라이시스》를 읽다 보니 대한민국에서는 시기상조로 아직은……. 왜? 대한민국은 미국이 아니라는 생각이 들었기 때문이다.

이 책을 대하면 자연 저축은 '순정'이고 투기는 '욕정'이라는 것을 깨닫게 된다. 아직도 '서브프라임'이 도대체 무엇인지 모르겠다는 한국인을 위해 장보형 하나금융경영연구소 수석연구위원이 친절하게 해제를 달았다. 예컨대 "서브프라임은 서브프라임 모기지의 줄임말인데, 서브프라임은 영어로 subprime, 즉 '아래'를 뜻하는 sub와 '우대(우량)'를 뜻하는 prime의 합성어로 '우대 이하' 혹은 '비우량·저신용'을 의미한다"고 친절히 설명한다.

요컨대 우리 식으로 설명하자면 '저신용 주택담보대출 시장'을 가리킨다. 할리우드 영화에 자주 등장하는 '잘 손질된 잔디 정원에 흰 울타리가 둘러쳐진 교외의 주택'을 신용도가 낮은 사람들에게도 서브프라임 모기지를 이용하면 꿈이 아니라 현실로 가능하게끔 부시 정부가 밀어붙였지 싶다. 여기서 대재앙 사단이 쓰나미(폭풍)로 시작됐노라고 저자들은 지적한다.

책은 복잡한 경제학이나 금융 지식이 없이도 편하게 읽힌다. 또 사건 전말의 내용을 쉽게 알려주고 해법을 제안한다. 이 점에서 매력적이다. 기자 출신답게 저자들의 '이해하기 쉽고 간결한 문장'이 돋보인다. 그뿐만이 아니다. 분석이 몹시 '날카롭다'는 점이 고개를 절로 끄덕이게끔 만든다. 이를테면 이런 식이다.

"서브프라임 주택담보대출은 많은 사람들에게 자기 집을 가질 기회를 제공한 것이 아니라 사실은 그 반대다"(90쪽)라는 관점이 그렇다. 또 '압류가 미치는 전염 효과'는 미국에서뿐만 아니라 언제든지 국내에서도 발생할 수 있다는 점에서 밑줄을 긋게 만들 것이다.

지금 미국에서는 서브프라임 모기지 위기의 영향으로 '소형 대여 창고업'이 번성하는 중이란다. 많은 사람들이 집에서 쫓겨날 때 자신들의 소유물을 보관할 곳이 없기 때문에 생겨난 신종 사업이다. 한국에서도 응용이 가능하다. 이 점에서 창업시장에도 '뉴비즈니스'로 시사하는 바가 결코 적지 않다. 저자들은 '쉽게 벌고 쉽게 쓰기' 풍조가 만연하고 있다면서 신용카드 산업이 이를 조장하고 있다고 매우 안타까워한다. 또 기업이 돈을 버는 것이 문제가 아니라 '어떻게' 버느냐가 문제라고 지적한다.

단지 수수료를 더 벌기 위해 위험성이 큰 고객에게 서브프라임 모기지 계약을 맺게 한 결과로 주택담보대출이 범람했다는 주장과 만나면 국내 금융시장 종사자들은 뜨끔할 것이다. 서브프라임 모기지 문제가 많은 미국인에게 아메리칸드림에 대해 다시 생각하도록 만들었듯이 이 책은 한국인에게 부동산과 금융시장 투기에 대해 '다시 생각할 기회'를 생생한 현장의 목소리로 들려준다. 이 점에서 정부·금융기관·부동산업자들부터 챙겨 읽어야 할 책이다.

chapter 95

'세상을 바로 보는 눈'을 키워라

| 19금 경제학 |

조준현, 인물과사상사, 2009.

슈퍼주니어 멤버가 왜 13명이며 소녀시대는 왜 9명이고 '노바디'의 원더걸스는 왜 5명이나 될까? 궁금하다. 그런 사람이라면 읽기에 딱 좋을 책이 나왔다. 경제학자 조준현이 쓴 《19금 경제학》이 그것이다. 경제학 교수인 저자는 일반인의 궁금증을 역시 경제학으로 푼다. 그런데 전혀 난해하지 않다. 오히려 읽는 재미가 쏠쏠하다. 대중음악 역사상 가장 위대한 그룹인 비틀즈가 왜 해체됐는지도 추적한다. 한마디로 날카롭다.

비틀즈 멤버는 4명이었다. 존 레논은 '오빠', 매카트니는 '섹시 가이', 기타리스트 조지 해리슨은 '친구'와 같은 이미지였다. 그렇다면 빠진 한 사람은 누구? 링고 스타가 빠졌다. 그가 멤버로 왜 필요했을까? 그 이유에는 경제학 논리가 숨어 있다고 저자는 설명한다. '위험분산 효과'를 계산했기 때문이다. 마찬가지로 수많은 팬들의 다양해지는 욕구를 충족시키고자 멤버가 5명, 9명, 13명 하는 식으로 늘어날 수밖에 없었을 것이라는 주장이다. 그러면 두루두루 인기도 얻고 위험분산 효과도 얻을 수 있다. 하지만 문제가 없진 않다. 다른 비용을 지불해야 한다고 못을 박는다. 일득일실 得 失 인 셈이다.

경제학에 단골로 등장하는 '탄력성 Elasticity'도 언급한다. 깔깔 웃게 만든다. 경제학자인 저자처럼 비경제학자인 나도 그랬던 적이 있다. 탄력성이란 말을 처음 접하고는 여자의 스타킹 이야기인 줄로만 알았기 때문이다. 참고로 가격의 변화에 소비자들이 반응하는 정도를 가리켜 경제학에서는 탄력성이라고 부른다. 이뿐만 아니다. 책의 내용은 유쾌·상쾌·통쾌하다.

마치 '벼락부자가 되는 법'에서는 해악인 양, 또는 '포르노의 유혹'처럼 섹시하고 말랑말랑한, 그러면서도 '경제학자가 가장 좋아하는 라면은?'과 같이 아주 논리적으로, 또 '대학은 왜 가는가'처럼 현실적인 비판의 잣대로 세상을 바로 보는 지혜로 우리를 안내하고 초대한다. 가장 통쾌하고도 까칠한 경제학 이야기의 대목을 꼽자면 '엄마가 더 좋아, 아빠가 좋아?'라는 질문일 것이다. 답은 이렇다. 세상에 공짜 점심은 없다는 것이다. 요컨대 경제학에서 말하는 '비용편익 분석'이 그것이다. 마치 성장이 우선인지 아니면 복지가 우선인지라는 질문처럼 당연히 편익과 비용이 같아질 때까지가 그 정답이라는 것이다.

누구나 비용이 더 크면 선택을 포기한다. 반면 편익이 크면 그것을 선택한다. 그러니 어쩌랴. 영원히 아빠가 좋거나, 영원히 엄마가 좋은 것은 자식에겐 아니다. 그때그때마다 편익을 더 제공해주는 쪽으로 내 자식일지라도 선택하기 십상이기 때문이다.

저 위대한 '18세기의 제비' 카사노바가 끊임없이 새로운 연인을 찾아다닌 이유는 과연 무엇일까? 경제학 설명이 가능하다. 이는 '한계효용 체감의 법칙'으로 설명할 수 있어서다. 요컨대 한계효용 체감이란 아무리 예쁠지라도 애인이 결혼해서 내 아내가 되면 더는 예뻐지지 않은 것과 마찬가지다.

경제를 잘 알고 싶은가. 그렇다면 어려운 경제이론 따위를 배우려고 애쓸 것이 아니라 '세상을 바로 보는 눈'을 키우라고 저자는 충고한다. 충고의 요지는 경제와 경제학을 제발 혼동하지 말라는 것이다. 건강에 관심이 있다면 운동을 하면 된다. 굳이 체육학을 배워야 하는 게 아니다. 책이 비단 '경제학'을 제목으로 달았으나 19세 이하도 읽기가 가능하다. 쉽다. 장점이다. 다만 19세는 몸이 아니라 마음이 19세 이하라면 절대 입장불가다.

끝으로 한마디 더 보태자. 만약 창업한다면 어디에 가게를 열 것인가? 이 물음에 명쾌하게 답한다. 업종 불문하고 가장 경쟁자가 많은 시장(상권)에 가게를 열라고 조언한다. 맞는 이야기다. 이는 꼭 경제학을 배우지 않아도 알 수 있다. 시장에서 장사를 해보았다면 몸이 답을 알고 있어서다. 그런 의미에서 가수 태진아의 전략은 의미심장하다.

경쟁자가 많은 곳에 고객도 많다. 이 사실을 알았을까? 태진아는 언제나 송대관과 함께 텔레비전에 나온다. 심지어 행사도 같이 다닌다. 또 있다. 영화 〈친구〉에서 준석(유오성)이 동수(장동건)에게 하와이로 가라고 말했지만 끝내 동수는 가지 않았다. 왜? 동수는 하와이에 가면 경제적으로 먹고 살 수 있는 '나와바리'가 없다고 판단했기 때문이다. 그래서 그랬던가. 영화 속에서 동수는 준석에게 "니가 가라, 하와이?"라고 대사할 수밖에. 한국 영화 〈타짜〉에서 가장 감명 깊었던 명장면, 명대사는 아귀(김윤석)의 "자본주의적으로 살자"는 말이었다는 경제학자 이야기를 읽는 재미가 쏠쏠해지는 책이다.

chapter 96

인심을 얻어야 부자가 될 수 있다

| 옛사람들에게 묻는 부자의 길, 전도 |

서신혜, 시대의창, 2008.

제목 그대로 옛사람들과 만나서 어렵지 않게 부자가 되는 방법, 돈을 쓰는 방법, 직업관과 재물관 등을 경청할 수 있는 귀한 책이다. 옛날이나 지금이나 돈 벌기는 그리 만만치가 않다. 하기는 그것이 손쉽다면야 누구든지 금방 부자가 될 것이다. 가수 김광석이 노래했던가. 왜 '서른 즈음에'라고. 노랫말처럼 내게도 서른이 올 때까지는, 세상은 무섭지도 않거니와 참 자신만만했다. 그 시절은 그랬다. 그러다 이내 깨우쳤다. 다행이다.

어렸을 적에 막연히 동경하며 바랬던 부자가 되는 꿈이 "점점 더 멀어져간다"는 것을. 또 세월은 어땠는가. 김광석의 노랫말처럼 "머물러 있는 청춘인 줄 알았는데 …… 더 아무것도 찾을 수 없네" 하며 남몰래 혼자 서럽게 엉엉 울어본 적이 부지기수다. 내 나이 마흔 하고도 다섯 때다. 왠지 모르게 마음은 답답했다. 답답한 심정에서 읽기 시작했던 책이다. 결과는? 대만족이었다.

이 책은 '어떻게 살면' 부자가 될까, 그러는 바보 같은 물음에 빠진 사람들에게 친절한 선생님처럼 '부자가 되는 길'로 안내한다. 또 잘 가르친다. 예컨대 충청도 부자 '고비의 가르침'은 대단하다. '낭떠러지 쪽으로 뻗어 있는 나뭇가지'에 매달려 '이제 한쪽 손을 놓으시오' 하는, 즉 떨어지면 죽는다, 그러는 생각으로 한쪽 팔에 온 힘을 다해 당신에게 들어온 재물을 꽉 잡으면 부자가 될 수 있다고 가르친다. 허걱! 여태 나는 왜 그것을 몰랐을까?

장담하건대 '고비'의 가르침대로 해서 장차 부자가 되지 않을 사람은 하나도 없다. 그러나 내가 원하는 바는 아니다. 설사 그렇게 해서 부자만 되고 남을 돌보지 않는다면 정말 문제는 행복하진 않을 것이라고 저자는 주장한다. 맞는 이야기다. 동감하는 바다. 그렇기에 '자린고비'의 고비로 살아가고 싶진 않다.

요컨대 진정한 부자는 대구성 밖에 살았던 '참외 장수 노인'처럼 인심을 얻어야 천심을 얻어서 부자가 될 수 있다. 이것을 저자는 강조하고 싶었던 것이다. 또 부자는 어떻게 되는 것인가? 이 물음에 "큰 부자는 하늘이 내지만 작은 부자는 근면에서 오는 것"이라고 《명심보감》을 인용해 답한다. 사람이 먼저인가? 아니면 돈이 먼저인가? 그것이 문제라고 할 적에도 마찬가지다. "서로 얼굴을 아는 사람은 온 세상에 가득하지만 마음을 아는 사람은 몇이나 되리오?相識滿天下 知心能幾人"(30쪽)라는 구절로 우리에게 부의 지혜(?)가 무엇인지를 가르친다.

가장 압권은 '돈이란 무엇인가?'를 설명하는 대목이다. 돈을 뜻하는 한자 전錢은 '두 개의 창 과戈를 쓰니, 이 물건이야말로 싸움을 일으키는 것이 분명하다'. 또 재물 재財와 재앙 재災, 재물 화貨라는 한자와 재앙 화禍라는 한자의 음이 같은데, "이것도 우연히 그런 것은 분명히 아니야"(102쪽)라고 하는 대목에서 '가난한 부자'와 '부자이지만 불쌍한 사람들'이 아주 다르고, 앞으로는 새롭게 세상이 보일 것이다.

조선 명종 때 활동했던 윤현을 통해서는 개인의 재산뿐 아니라 국가의 재정도 풍족하게 만들 수 있는 모범적인 재테크 방법을 공직자들도 한 수 제대로 배울 수 있다. 어디 그뿐인가. 책방 운영, 소설 읽어주는 직업, 화장품 방문판매원이 비록 시시해 보일지라도 '자신의 능력을 숨기며 사는 고수'일 수 있음을 다시 생각하며 그들을 무시하지 않는 겸손도 곧 재테크라는 걸 배우게 된다. 부자 되는 방법을 다룬 재테크 도서와 마찬가지로 이 책의 주장도 별반 다르지 않다. 안목, 사람, 가치, 공부, 효용, 힘, 처세, 베풂, 행복, 기부 등을 여기서도 만나고 배울 수 있기 때문이다.

저자는 우리에게 질문을 던진다. 이를테면 가난이 끔찍하게 싫으면 싫을수록 사람은 반대 방향을 향해 극단적으로 달려가기 쉽다. 가난이 싫어 돈 벌기에만 혈안이 되고, 그것을 모으기 위해 전전긍긍하며, 안 그래야 할 때까지 인색하게 굴면서 끝없이 재산을 모은 사람들은 그래서 생겨난다. 그러나 절약하고 축적하며 사는 것이 진정으로 잘 사는 것인가?

조선 후기 어느 때에 남대문 안쪽에 한 주막이 열렸다. 개점 첫날 새벽 한 상주_{喪主}가 혼자 들어와 해장국 한 그릇과 술 한 잔을 시켰다. 조용히 먹고 마신 후 일어서더니 당당하게 말했다. "내 오늘은 돈이 없으니 이담에 갚으리라." "그렇게 하슈." 1년이 지났다. 주막은 장사로 큰돈을 벌었다. 이를 눈여겨보던 공무원 한 사람이 이 집 장사가 잘 된다는 소문을 듣고는 많은 돈을 주고 주막을 인수했다. 큰돈을 벌리라 부푼 꿈을 안고 개점한 첫날 새벽, 한 상주가 혼자 들어와 해장국과 술을 마시고는 말했다.

"내 돈이 없으니 내일 갚으리다." "뭐야……? 이놈이, 새 가게에 외상술이 어디 있어? 빨리 돈 내놔." 주막 주인의 심보가 고약하다는 소문이 나면서 그 많던 손님조차 발길이 뚝 끊겨 결국 가게 문까지 닫았다고 한다. 여기서 나는 직업병이 고만 도졌다. 상주가 많은 걸 보면 오늘날 장례식장 정문 앞 해장국집으로 비유할 수 있다. 이러한 상권 특징을 파악하지 않은 채 역세권에서 해장국집을 장사하면 외상을 주면 망한다는 것이 내 생각이다.

어디까지 이야기는 이야기일 뿐이다. 이를 경영 상술로 오해하진 말자. 그렇지만 이 책이 가르치는 바는 크다. 특히 스물과 마흔 사이, 즉 '서른 즈음에' 이 책과 부디 만날 수 있다면 행운이다. 그러고는 '점점 더 멀어져간다'라는 부자의 꿈을 가까이로 모실 수 있을 것이다.

chapter 97

멍청한 여우와 힘 없는 비둘기

| 월스트리트 게임의 법칙 |

존 랄프 · 피터 트룹, 최재형 옮김, 위즈덤하우스, 2008.

　'투자'라는 말은 '내가 유리할 때'에 곧잘 사용한다. 반면에 '도박'은 '내가 불리할 때'에 자주 변명하는 말이다. 침대에서 뒹굴면서 읽기에는 좀 버거운 소설이 나왔다. 《월스트리트 게임의 법칙》이 그것이다. 유쾌한 아드레날린이 충만해지는 비즈니스 소설이다. 하지만 심장이 약한 노약자나 임산부, 청소년은 '절대 읽지 말 것'을 이 책은 단서조항으로 달았다. 왜? 이 책을 대하면 하루아침에 세상이 겁난다. 그뿐인가. 심신이 약해져서다.

　하지만 머니게임에 호기심이 있다면 '금서'가 아니라 '필독서'이다. 2000년 미국에서 출간되었다. 원제는 'Monkey Business'다. 8년이 지나서야 국내 독자들과 맞닥뜨릴 기회가 생긴 셈이다.

옮긴이 최재형은 미국 시카고 일리노이공대 경영대학원에서 경영학 석사를 마치고 K은행에서 국제부와 심사부 등을 거쳐 현재 금융시장에서 리스크 관리부문에 종사하고 있다.

그가 소개한 것에 따르면 "투자은행에 청춘을 바친 두 젊은이(이 책의 저자로 존 랄프·피터 트룹을 말한다)가 월스트리트라는 정글 속에서 바나나를 얻기 위해 줄타기를 하며 눈알이 핑핑 돌도록 뛰어다니면서 경험한 성공의 빛과 그림자가 생생하게 그려져 있다"(335쪽)고 한다. 그러면서 "월스트리트 방식의 게임의 법칙을 한 수 보여주고 있다"고 덧붙여 안내한다.

무엇보다 이 책의 가장 큰 미덕은 '딱딱하지 않다'는 비즈니스 소설인 점을 들 수 있다. 시종일관 시니컬하면서도 재치 넘치는 입담으로 금융 세계를 풍자한다. 웃음을 선사한다. 또 실제로 월스트리트 사람들의 삶을 생생하게 그리고 추적하고 묘사했다. 이 점에서 참 놀랍다. 편편Fun Fun한 책으로 술술 잘 읽힌다.

미국 최고의 MBA인 하버드와 와튼스쿨을 졸업한 저자들은 치열한 두뇌 싸움과 엄격한 시험을 통과해 월스트리트의 거대 투자은행 DLJ에 청운의 꿈을 안고 입사한다. 고급 수제 양복으로 근사하게 빼입은 선배 은행원들, 최고급 술집과 레스토랑, 리무진과 비행기 일등석의 황홀한 서비스, 선택받은 소수에게만 주어지는 골프클럽 멤버십, 화려한 파티, 전 세계 주요 도시로 떠나는 출장 여행……. 마치 영화처럼 펼쳐지리라 기대했지만 "암탉 우리에 제 발로 걸어 들어간 멍청한 여우였다"(60쪽)라고 주인공은 자신들의 심정을 고백한다.

심지어는 하계 인턴십이 끝났을 때 랄프는 트룹의 상태를 이렇게 표현한다. "DLJ의 사냥꾼들은 가장 먼저 트룹을 사냥 나왔다. 그는 힘 없는 비둘기에 불과했다. 그가 구구거리며 불평하는 소리가 한참 아래쪽에 있는 와튼스쿨에까지 들려왔다"(103쪽)고 말이다. 그러니 어쩌랴. 밖에서 보는 세상과 안에서 겪는 세상은 사뭇 다른 것이다. 오죽하면 그랬을까. "랄프와 나는 둘 다 흥분과 열정에 가득 찬 머저리들이었다."(110쪽)

이 책은 금융계 취업을 이상적으로만 희망하던 한국의 젊은이들에게도 많은 깨우침과 시사점을 던져준다. 어디 그뿐인가. 저자들은 금융시장에 취업하려는 사람들에 대해 '지천에 수없이 널려 있는 작은 원숭이들'로 노골적 비유까지 서슴지 않고 솔직히 드러낸다. 그러고는 "투자은행의 엄격한 계급구조"(121쪽)를 설명하면서 골드만삭스, 모건 스탠리, 메릴린치 등 각각의 투자은행에 대해 거론한다.

어쨌든 행복과 불행도 알고 보면 한 끗 차이다. 이 책은 경험을 토대로 쓰인 비즈니스 소설이다. 입사를 시작으로 치열한 경쟁에서부터 거기에서 빠져나오기까지의 두 주인공의 힘든 여정을 오롯이 담았다. 투자은행원으로 취업하기를 바란다면 읽어봄직하다. 하지만 관심이 없다면 서가에 꽂아둔 채 임자가 나타나길 기다리는 것도 책의 쓰임새이고 또 하나의 방법일 것이다. 아무튼 '자신이 어디로 가고 있는지조차 몰랐기 때문'에 불행하다면 행복은 '자신이 어디로 가고 있는지 분명 알고 있기 때문'이 아닐까.

그런 의미에서 금융계 진출을 장밋빛으로 꿈꾸는 청년들에게 취업 가이드로 잘 읽힐 것이다. 그러기에 책은 안성맞춤이다. 더군다나 소설로 읽을 수 있으니 금상첨화가 아닌가! 또한 딱딱하지 않아서 읽기에 부담스럽지 않다. 즉 '내게 유익하다면' 이 책은 '투자'이고 '내게 유익하지 않다면' 이 책은 '도박'인 셈이다.

chapter 98

얼마나 인간은 탐욕스러운가

●

| 작전 |

정철진, 위즈덤하우스, 2008.

          이 책은 두툼하다. 그런데도 단숨에 읽힌다. 《작전》이라는 제목도 잘 어울린다. 책은 《대한민국 20대, 재테크에 미쳐라》(한스미디어)의 저자로 잘 알려진 전직 기자 출신 정철진의 첫 장편소설이다. 사실일까, 또 어디까지가 허구일까, 궁금할 정도로 재미있다. 이야기를 엮어가는 글쓰기가 맛깔스럽다. 내용이 푸지되 전혀 헤프지 않다. 그래서다. 차※ 마시듯 절로 술술 읽힌다.

    그렇다고 '옥에 티'가 아주 없진 않다. 생생한 현장감을 살리고자 의도한 것이라고 짐작되지만 이 책에 난무하듯 출몰하는 작전 용어들(예를 들면 구미, 주포, 쫀지포, 부티크 등등)의 불친절함 때문에 책을 읽다가 다시 앞쪽을 펼치게 된다. 이건 좀 번거롭다. 참고하자. '구미'는 조직이고 '주포'는 작전 총괄 책임자다. '쫀지포'는 주포가 아닌 세력들을 말하고, '부티크'는 비제도권 유사 투자자문회사를 가리킨다. 한참을 공부했으니……. 전혀 몰랐던 세상을 덕분에 알았으니 그것은 고맙다.

'주포' 역할을 하는 정민재. 그는 주인공이다. 국제그룹 사장이었던 아버지의 몰락으로 하루아침에 상류사회에서 하류사회 즉 바닥으로 떨어진 주인공은 서울대학교 경영학과를 졸업하고 생명보험사에 입사한다. 그러고는 7년간의 사랑을 키웠던 부잣집 딸내미 '서진'과의 이별이 단 한 통의 전화로 시작된다.

"그대가 쓰고자 하는 글은 그대의 몸속에 이미 들어 있다"고 소설가 한승원은 《한승원의 글쓰기 비법 108가지》(푸르메)에서 가르친 바 있다. 저자의 첫 소설이지만 이 책의 완성도가 높은 이유가 그러하다. 저자 또한 소설 속 주인공처럼 서울대학교 경영학과를 졸업하고 삼성생명을 똑같이 거쳤기 때문이다. 그러한 까닭에 저자의 자전적 이야기일지도 혹 모른다. 아니다. 그렇다. 저자의 몸속에 이미 들어 있었던 이야기가 자연스럽게 누에고치 실 풀리듯이 소설이 된 것이리라.

이 책에서 말하는 '작전'의 핵심은 이러하다. 단적으로 말해 "멀쩡한 한 인간을 탐욕의 구렁텅이에 빠뜨려 눈을 멀게 만드는 것"(89쪽)으로 보면 된다. 또 자신의 잇속만 챙기고자 하는 무리들이 "될 듯 될 듯, 걸릴 듯 걸릴 듯하게 미끼를 던져 탐욕의 개미(소액투자자)들을 절대로 판(주식시장)에서 떠나지 못하게 해야 한다"(89쪽)가 '놈'(작전세력)들의 실체다. 하지만 개미들인 당신들을 먹잇감으로 노리는 작전이 시작됐는지도 모르고서 여기에 빌붙어 한몫 잡으려고 기웃대는가, 이 소설은 묻는다.

온갖 사회현상이 한데 집약된 주식시장. 그 안에서 건전한 꿈을 혹은 일그러진 욕망을 안고 사는 사람들의 모습을, 아귀가 탁탁 맞아 떨어지는 구성으로 실제 사건처럼 느껴지는 현실감과 마지막 절박한 순간의 통쾌한 반전이 담긴 이야기를 통해 저자는 '뱀의 유혹'에서 벗어날 것을 우리에게 주문한다. 즉, '작전주'라는 중독에 빠져 헤어나지 못하는 이들의 모습을 통해 인간의 진정한 자유를 이야기하고 싶었는지도 모른다.

증권부 기자 출신 저자가 주식시장과 작전주를 심층 취재하고 분석한 바탕에서 집필했기 때문에 그 내용이 매우 구체적이다. 치밀하다. 어디 그뿐인가. 인생·경영·철학 모두 깊이 녹아나는 책 속의 명언이 그득하다. 이를테면 민재의 정신적 지주이자 스승인 강 부장의 말이 그러하다. 그대로 옮겨 적는다. "세상에 한번 맛들이면 죽어도 못 바꾸는 직업 두 개가 뭔지 알아?"(159쪽) 거지하고 창녀란다. 그러면서 그것은 누군가 죽어야 끝낼 수 있다고 민재에게 충고한다. 이를테면 "작전도 똑같아, 결국 죽어야 끝나. 엄마가 죽든, 와이프가 죽든, 자식새끼가 죽든, 아니면 본인이 죽든"(159쪽). 주식 투자에 관심 있다면 꼭 읽어야 할 대목이 있다. '그들은 그렇게 주식 피라미드를 무너뜨렸다'가 그것이다. 어쩌면 민재의 가슴 저 깊은 곳에서 울컥하고 뜨거운 무언가를 느끼게 될 것이다.

어쨌든 이 소설은 책 속에 녹아 있는 주식 관련 지식은 물론 통정매매나 허수주문, 호가 페이스 조절, 차트 만들기 등과 같은 작전 테크닉은 주식 투자시 참고해도 손색이 없다. 그러나 이 책의 백미는 마지막 문장에 있다. "그래, 내일 이맘 때쯤엔 정민재, 넌 이제 자유다"(447쪽)라는 대목에서 정민재를 통해서 독자로 하여금 '자유'가 진정 무엇인지 깨닫게 해서다. 수레의 방향을 북쪽(미련)으로 틀어놓고 남쪽(자유)으로 갈 수는 없다. '잘못되었다 싶을 때 즉각 그 잘못을 인정하는 것'이 필요하다고 이 책은 강조한다. 만일 당신이 작전에 얽매이지 않고 진정 자유롭게 살고자 한다면.

chapter 99

아직도 살아 있는 경제학자의 아이디어

●

| 죽은 경제학자의 살아 있는 아이디어 |
토드 부크홀츠, 이승환 옮김, 김영사, 2005.

세계맥주전문점 대표 브랜드 '와바 WA-BAR'의 이효복 대표는 프랜차이즈 업계에서 주목받는 뉴리더다. 일본, 중국, 홍콩을 무시로 오간다. 특히 홍콩은 한 달에 꼭 한 번꼴로(일주일 동안) 비행기를 탄다. 갈 때는 3시간인데, 돌아올 때는 3시간 30분이 걸린다고 말한다. 그는 마이크로소프트의 빌 게이츠 회장을 존경한다. 어느 날이었던가. 그가 전화로 말했다. "어릴 때 마을 도서관이 없었다면 오늘의 나는 없었을 것이다"라고 빌이 말했다는 걸 기억한다나. 하여 홍콩에서 일주일을 이제는 '독서주간'으로 정했노라고. 그러면서 경제학 책을 읽고 싶다고 했다. 추천해 달라고 한다.

한참 고민했다. 그러고는 이 책《죽은 경제학자의 살아 있는 아이디어》를 권했던 적이 있다. 이 책은 1994년에 초판이 국내에 출간되었다. 이후 2005년에 다시 개정판을 출간했다. 그럴 만큼 꾸준히 잘 나가는 스테디셀러다. 출판사에 따르면 지금까지 약 35만 부 이상 팔렸다고 한다. 그러니 스테디셀러면서 동시에 베스트셀러라고 하겠다.

저자는 토드 부크홀츠다. 미국 하버드대학에서 경제학을 가르치던 시절에 학생들의 투표로 '최우수강의상'을 수상했단다. 글발만 좋은 게 아니라 말발도 아주 좋았나 보다. 그래서일까. 이미 죽은 경제학자들의 이론을 전해주는 말솜씨, 글솜씨가 장난 아니다. 한마디로 "감동의 도가니다!"

경기가 불황일 때에는 소비자를 벌주지 말아야 한다. 또 '성공에는 종종 배고픔과 겸손, 준비운동이 필요하다는 것'을 가르친다. 선거운동 기간은 경제학자들에게는 시련의 시간이라고도 말했다. 틀리지 않는 지적이다. 우리는 경제학자들을 무시해 버려야 할까? 저자는 애덤 스미스 이래 인류 역사가 배출한 대경제학자의 수는 그리 많지 않다면서 이 세상은 주요 경제학 이론들로는 설명 못할 현상들이 허다하다고 솔직하게 말한다. 그리고 한 가지 더. 경제학이라고 해서 꼭 지루해야 한다는 법은 없다고 못 박는다. 해서 죽은 경제학자들을 이용해서 그들의 가르침을 습득하고 그들의 명예를 회복시켜줌으로써 '경제학'을 모든 이들에게 가까운 거리에서 쉽게 설명코자 이 책을 쓴 것이다.

"역대 대통령들치고 경제원리를 제대로 이해한 이는 거의 없었다."(20쪽) 이 이야기는 쾌변독설이다. 시원시원하나 독설이다. 대한민국 역대 대통령들도 해당되지 않을까. 책은 13장. 곤경에 처한 경제학자들을 시작으로 애덤 스미스의 재림, 맬서스, 데이비드 리카도, 존 스튜어드 밀, 카를 마르크스, 앨프레드 마셜, 구제도학파와 신제도학파, 케인스, 케인스학파와 통화주의들의 대결, 공공선택학파, 합리적 기대가 지배하는 기상천외의 세상, 먹구름, 그리고 한줄기 햇빛으로 끝난다.

애덤 스미스가 그랬다. "모든 인간은 보다 잘 살고 싶어한다"라고 말이다. 이 명언을 박정희는 알았을까. 그건 잘 모르겠다. 하지만 '새마을운동'을 왜 했던 걸까, 그러는 생각을 잠깐 했더랬다. 이명박의 대운하 정책도 예외는 아니고 마찬가지다. 국가 경제와 국민을 잘 살도록 만들고자 정책 목표를 설정했을 것이 분명하다. 다만 아쉬움이 있다면 이것이다.

밀턴 프리드먼이 고안한 용어 중 '샤워실의 바보'가 그것이다. 이 대목에서 나는 왜 전 기획재정부 강만수 장관이 갑자기 떠올랐던 것인지 이 글을 쓰면서도 씁쓸하다. 정치적 발언은 더는 언급하고 싶지 않다. 죽은 경제학자들과 신나게 놀고 싶다. "돈이 세상을 돌아가게는 못할지라도, 돈이 세상을 도는 것은 틀림없다."(117쪽) 나는 개인적으로 데이비드 리카도를 존경하며 사숙한다.

참고로 그는 애덤 스미스와 쌍벽을 이루는 경제학 이론 체계를 완성시킨 대표적 경제학자로 유명하다. 1809년 리카도는 경제평론가로 데뷔한다. 부크홀츠는 이 시대를 이야기하면서 "기업인들은 상공회의소 같은 곳에서는 시장의 자유를 외치기를 즐기지만 국회에 가기만 하면 정치가들의 귀에다 특혜 요청을 속삭이기에 바쁘다"(110쪽)는 촌철살인의 명언을 남긴다.

다시 돈 이야기를 하자. 돈이란 좋은 것이다. 왜 사람들은 돈을 벌려고 혈안일까. 애담 스미스는 돈을 버는 것은 개인의 '이기심' 때문이라고 했지만, 돈이 없으면 '사는 게 힘들어서'가 아닐까? 그래서 모든 아버지는 돈을 벌고자 비행기 타고, 삽과 곡괭이 들고 논밭으로 일 나가는 것이다. 또 있다. 모든 아버지는 아들을 잘 키우려고 한다. 그렇다고 해서 딸은 아니라는 뜻이 아니다. 부모 마음은 똑같다.

홍콩에 아내와 아들을 보낸 이효복 대표의 심정도 마찬가지일 것이다. 그에게 '존 스튜어드 밀의 격정적 일생'을 먼저 읽어보라고 권했다. 왜냐하면 "아버지 제임스는 14세의 존 스튜어트와 매일 숲 속을 산책하면서 리카도의 경제학을 가르쳤다"(140쪽)는 대목에 끌렸기 때문이다. 매일은 아니어도 좋다. 일주일 홍콩에 머무는 동안만 아들과 함께 산책해도 자녀교육은 좋아지리라 믿기 때문이다. 또 하나 이유는 사랑에 빠진 밀과 해리엇의 이야기가 "엄청, 재미있다!"고 느껴서다. 마치 '아내가 결혼했다'는 제목의 책과 영화를 자꾸만 생각나게 만든다. 비행기 타는 동안 심심치 않을 것이다.

chapter 100

매장은 상품을
파는 곳이 아니다

| 콜래보 경제학 |

데본 리, 흐름출판, 2008.

뼛속까지 시원해지는 책이 나왔다. 《콜래보 경제학》이 그것이다. 세 번을 반복해 읽었다. 또 읽고 싶다, 그럴 만큼 재미있고 독특하여 인상적이다. 이 책을 처음 읽었을 때는 "아, 맞다!"며 연신 흥분했더랬다. 두 번째는 "아아, 그게 이랬구나"로 눈과 마음이 반짝이고 뿌듯했더랬다. 다시 또 읽었다. 그랬더니 "아아, 아이디어가 샘솟는다"는 감정이 확 몰려왔더랬다.

참고로 '콜래보 경제학'이란 콜래보레이션 Collaboration과 이코노믹스 Economics의 합성어로 '협력의 경제학'을 의미한다. 스스로 경제에 대해 바보 온달이라고 생각하는 독자라면 이 책이 분명 평강공주로 신부처럼 다가올 것이다. 그러니 아둔함이 곧바로 총명함으로 바뀌어 찬란하게 빛나는 무엇(?)이 자연 보일 것이다. 나는 이 책과의 만남이 마치 신혼의 느낌이었다.

책은 '왜 콜래보노믹스가 밥 먹여주는가'(1장)에 대해서, 그리고 '콜래보레이션의 5가지 유형'(2장)도 상세히 사례를 적용해서 설명한다. 마지막으로는 '콜래보노믹스 실전 활용술'(3장)을 논한다. 즉, 서론·본론·결론 순으로 일목요연하게 잘 구성되어 있다. 저자인 데본 리는 학창시절부터 브랜드와 소비자 행동에 깊은 관심을 보였다. 내공이 만만치 않다. 그래서 그랬던가. "매장이 단순한 제품 판매 장소라는 인식에서 벗어나 고객과 브랜드가 만나는 접점이라는 중요성을 인식해야 한다"(126쪽)는 구절에 밑줄 쫙 표시를 했더랬다.

"상품이 아니라 라이프스타일을 파는 곳이 되어야 한다"(128쪽)는 '앤트로폴로지의 사례'를 들어 설명하는데 기막히다. 어디 그뿐인가. 소니의 플래그십 스토어(전문 매장)의 성공도 마찬가지다. "매장의 운영 목적이 판매에 있지 않다"(133쪽)는 안목이 예리하다. 그러고는 대책을, 문제 해결을 '일종의 갤러리'로 보이는, 이런 변화가 성공을 이끌었다고 날카롭게 분석한다. 시장과 소비자는 계속 변화한다. 다만 창업자나 종사자가 모를 뿐이다.

그런 까닭에 이 변화에 발맞춰서 적과의 동침을 두려워하지 않을 각오로 소비자를 상대해야 한다. 이는 기업의 매장뿐만 아니라 동네 구멍가게도 귀담아 들어야 할 빼어난 조언이다. 특히 "소비자인 사람들을 모으려면 지역의 랜드마크가 돼라"(138쪽)는 메시지는 기업의 마케터는 물론이거니와 소자본 창업자의 성공 마케팅을 위해서 시사하는 바 크다. 예컨대 쌈지길이 그렇다.

"인사동 쌈지길은 상업 공간이자 복합 문화 공간이다. 4층까지 이어진 경사로에 올망졸망하게 붙어 있는 가게들을 보면 무언가 재미있겠구나 하는 호기심이 들고 시간을 잊게 만든다. 그 결과 쌈지길은 평일 하루 6,000여 명, 주말에는 1만여 명이 넘는 방문객을 자랑한다."(142쪽)

뭔가 번쩍하고 영감이나 아이디어, 벤치마킹할 만한 '대박의 그림'이 그려지지 않는가? 데본 리는 강조한다. 랜드마크가 될 수 있는 지역을 찾아 대표성을 획득하면 사람들을 모으는 집객 효과는 자연스럽게 커진다고 말이다. 마케팅의 성패는 시장점유율에 있다고? 천만에. NO! 이제 마케팅의 성패는 소비자들의 공감을 얻을 수 있는 '마음 점유율'에 있다. 이것이다.

그래서일까. 데본 리는 지금부터 새로운 부를 창출하기 위해 고객의 동향을 면밀히 살필 것을 우리의 성공을 위해 주문한다. 그러고는 고객들이 원하는 감정의 본질적인 면을 채워주고자 하는 '하이컨셉 콜래보레이션'에도 관심을 가지라고 이야기를 건넨다. 압권은 '테크 파탈족의 마음을 훔쳐야 성공한다'이다. 테크 파탈족은 첨단 기술을 뜻하는 '테크'와 치명적인 매력을 지닌 여인을 일컫는 '팜므 파탈'의 합성어다. 이는 '창업 트렌드'로 변화 흐름으로 읽어도 손색없다. 김혜수 식으로 말하자면 바로 '에지$_{edge}$'일 터.

"지금까지 남성이 주도하던 디지털 제품 시장은 여인 천하가 된 지 오래다"(169쪽)라는 이야기에서 새로운 창업 아이템이 아이디어로 마구 샘솟으며 떠올랐기 때문이다. 주의할 점도 언급한다. "동종업계의 벤치마킹은 1위 기업보다는 후발업체에게 적당한 전략이라면서 최고나 최초를 지향하는 기업에게는 큰 효과를 기대하기 어렵다"(160쪽)라는 분석 등이 그렇다. 기업 대신에 프랜차이즈, 혹은 소자본 창업자로 바꿔 말해도 똑같은 주의사항일 것이다.

퓨마와 질 샌더, LG전자와 프라다, 루이비통과 아이작 마즈라히……. 이들 브랜드가 어떻게 해서 경쟁에서 살아남았고, 또 협력으로 새로운 시장을 창조했는지 알고 싶다면 이 책은 필독서다. 하지만 LG전자 칭찬 일변도는 어딘지 모르게 찜찜한 구석을 남긴다. 그러나 나는 데본 리의 다음 역작이 기다려지는 것도 사실이다. 만족했기 때문이다.

책과 경제 Economy

잘 나가는 리더나 경영자들에겐 압축되는 한 가지 공통점이 있다. 한자로 '多(다)'가 바로 그것이다. '多(다)'의 뜻을 풀이하면 '저녁이 두 번 있다'는 의미로 해석할 수 있다. 그렇다. 평범한 사람들과 달리 저녁이 두 번씩이나 있으니 성공하는 것이리라. 그렇지만 잘 나가는 리더나 경영자, 일반인들에게 하루는 단지 24시간이 그 누구를 막론하고 전부이긴 마찬가지다. 그렇지만 왜 똑같은 하루를 살아가는 데 결과는 차이가 벌어지는 걸까? 혹 그것의 비밀이 무엇인지 궁금해 실체(?)를 파악하고 싶지는 않는가.

성공하는 사람들에게는 반드시 이것이 있다. 이것은 '나만의 신성불가침 시간을 만들자'에 엄청 심혈을 기울이면 기울였지 함부로 방치하거나 소홀하지 않았다는 것이다. 커피 브랜드 스타벅스의 하워드 슐츠 회장은 주말에는 가능한 한 출장 등의 스케줄을 잡지 않으며, 아무리 바빠도 저녁식사만큼은 집에서 식구들과 함께하려고 노력한다고 한다. 주말과 저녁시간만큼은 가족들과 보내야 할 신성불가침의 시간으로 정했다고 한다. 이는 어느 평범한 직장인 남편들과 크게 이상하게도 다를 바 없는 내용인지라 어쩌면 적잖이 실망했을지도 모를 일이다. 하지만 실망하지는 마시라.

하워드 슐츠 회장은 평범한 일반인과 다른 특징의 비범함을 하나쯤 보인다. '취침 전 5분'이 그것이다. 단 5분 만은 온전히 그를 위해 시간을 쓴다고 한다. 내일의 계획을 세우기 위해서다. 그래서다. 그는 아시아 최고 재벌인 홍콩의 청쿵그룹 회장인 리카싱 李嘉誠의 '취침 전 30분'처럼 저녁이 두 번씩이나 있다는 것을 발견할 수 있다. 참으로 무서운 습관이다. 약간

성격은 다르지만 삼성그룹의 이건희 전 회장도 놀랍기는 마찬가지다.

때는 2002년. 당시 삼성은 창립 후 처음으로 일본의 소니를 이겼다고 한다. 바로 그 순간 이건희 회장은 사장단을 데리고 '50시간 연속 회의'를 직접 주재했단다. 2010년까지 삼성전자를 GE, 소니와 동등한 기업으로 만들겠다는 꿈을 세우고 그 꿈을 이루기 위한 구체적인 전략을 세우기 위해서였다. 여기서 중요한 것은 '연속'이다. 잠도 자지 않고 무려 3일을 불철주야로 비전을 세우기 위한 회의로 시간을 오로지 투자했다는 뜻이니 그저 놀랍다.

그렇다. 남과 똑같은 시간을 투자하고 쪼개서는 도무지 성공할 수 없다. 다른 방법을 찾아야 한다. 또 자신만을 위한 시간을 별도 정해 지속적으로 투자해야지 자신이 원하는 성공을 이룰 수 있다. 하버드대학교 도서관에 쓰인 낙서 하나. "지금 잠을 자면 꿈을 꾸지만, 지금 공부를 하면 꿈을 이룬다." 그렇다. 나는 책을 통해 알게 된 사실 하나로 이렇게 도서관 낙서 글을 흉내낸다. "지금 잠을 자면 꿈을 꾸지만, 지금 책을 읽으면 꿈을 이룬다."

그렇다. 나는 시간이 없다는 사람들이 오히려 비경제적인 걸 발견한다. 반면 시간이 많다는 사람들이 일과 인생, 가정에서 결과적으로 경제적인 인간으로서 성공하는 걸 자주 목격한다. 그런 의미에서 성공하는 사람들은 보통의 상식으로 행동하지 않는다. 오히려 비상식(상식 밖)으로 행동하는 인간의 전형을 보여주는 셈이다.

일반인은 무진장 공짜를 바라고 좋아한다. 공짜로 뭔가를 얻으면 기분이 좋아지기 때문이다. 하지만 내가 아는 성공한 사람들을 눈여겨보니까 그들은 공짜를 싫어하고 믿지 않는다. '세상엔 공짜가 없다'는 사실을 잘 알고 있기 때문이다.

나도 돈 많은 부자가 되고 싶다. 그렇다고 해서 '자린고비의 가르침'*을 따르고 싶진 않다. 반면 '참외 장수 노인'은 내가 추구하는 경제 역할 모델인 셈이다. 인심을 얻어야지 천심을 얻어서 부자가 될 수 있다는 논리가 내 마음에 들어서다. 하지만 분명한 사실은 큰 부자는 아니더라도 경제적으로 여유를 찾고자 한다면, '근면'이 부자가 되는 길에서는 지름길이 되지 싶다. 그렇기 때문에 남에게는 없는 '저녁이 두 번 있다'를 자신의 것으로 즉, 습관으로 몸에 익혀야 할 것이다. 잠잘 것 다 자고, 놀 것 다 놀고자 한다면 이는 비경제적인 행동이다. 그러나 잠잘 것을 아끼고 나아가서는 일부 시간(5분, 30분, 1시간, 3시간 등)을 쪼개 오로지 자기계발에 투자한다면 그것이야말로 나는 경제적인 행동이라고 확신한다. 물론 책을 통해 배운 것이지만······.

책을 통해 알게 된 또 하나의 경제 진실. "세상에 한번 맛들이면 죽어도 못 바꾸는 직업 두 개가 뭔지 알아?" 정답은 '거지와 창녀'다. 그것은 죽어야 직업이 끝난다. 또 있다. 작전(주식투기)이 그렇다고 한다. 그것은 도박으로 부자가 되는 꿈을 꾸는 것이나 마찬가지다. 책을 통해 내가 발견한 '경제의 이해'는 이쯤이다.

정리하자면 이렇다. 경제학이란 사람들이 어떻게 결정을 내리는지를 연구하는 학문이라고 한다. 경제공황, 금융위기, 외환위기, 인플레이션, 경기침체 등등. 이것들을 하나의 질병으로 간주하는 새로운 시각의 최용식 21세기경제연구소장의《경제병리학》은 뜻밖의 만남이었다. 이 맛에 책을 읽는지도 모른다. 또 중요한 경제개념을 배울 수 있는 이근우의《경제학 프레임》과의 만남도 경제를 이해하는 데 큰 도움을 준 것이 사실이다.

이렇듯 책을 통해 경제를 발견하는 재미는 의외로 짭짤하다. 17세기의

---

*고비는 이렇게 가르친다. 낭떠러지 쪽으로 뻗어 있는 나뭇가지에 매달려 한쪽 손을 놓으라고 말이다. 말하자면 당신에게 들어온 재물을 필사적으로 꽉 잡으면 부자가 될 수 있다는 뜻이다(서신혜,《옛사람에게 묻는 부자의 길, 전도》, 시대의창, 2008년).

영국의 철학자 프랜시스 베이컨이 1625년 에세이에서 이런 말을 했다고 한다. "맛을 음미하며 먹어야 하는 책도 있지만, 들자마자 곧장 삼켜 버려도 상관없는 책도 있다. 그리고 비록 수는 적지만 이리저리 잘 씹어서 확실히 소화시켜야만 하는 책도 있다." 그렇게 책도 읽어야 하고, 또 그렇게 비록 적은 수의 경제서적을 이리저리 잘 씹어서 확실히 소화해야지 싶다.

연암 박지원은 독서에 대한 소감을 이렇게 피력했던 적 있다. "명분과 법률이 아무리 좋아도 오래되면 폐단이 생기고, 쇠고기 돼지고기가 아무리 맛있어도 많이 먹으면 해가 생긴다. 많을수록 유익하고 오래갈수록 폐단이 없는 것은 오직 독서일 것이다."*

프랜시스 베이컨이나 연암 박지원이나 책을 음식에 비유해 설명하는 대목이 무척 재미있고 인상적이다. 돈이 많더라도 책을 읽지 않으면 해가 생길 터이니 부디 조심하고 책을 가까이 할 일이다.

---

*연암은 아들에게 말하길 "책을 대하면 하품도 하지 말고, 책을 대하면 기지개도 켜지 말고, 책을 대하면 침도 뱉지 말고, 만일 기침이 나면 고개를 돌리고 책을 피하라. 책장을 뒤집을 때 손가락에 침을 바르지 말며, 표시를 할 때는 손톱으로 하지 마라"고 했는데, 옛사람들의 독서가 얼마나 치열한 자세를 요구했는지 존경스럽고 또 엄숙해진다.

책, 세상을
경영하다

심상훈 지음

발 행 일 초판 1쇄 2009년 10월 16일
발 행 처 평단문화사
발 행 인 최석두

등록번호 제1-765호 / 등록일 1988년 7월 6일
주   소 서울시 마포구 서교동 480-9 에이스빌딩 3층
전화번호 (02)325-8144(代) FAX (02)325-8143
이메일 pyongdan@hanmail.net
ISBN 978-89-7343-310-0 03320

ⓒ 심상훈, 2009

*잘못된 책은 바꾸어 드립니다.

이 도서의 국립중앙도서관 출판시도서목록(CIP)은 e-CIP 홈페이지
(http://www.nl.go.kr/ecip)에서 이용하실 수 있습니다.
(CIP제어번호: CIP2009002955)

저희는 매출액의 2%를 불우이웃돕기에 사용하고 있습니다.